战国百家争鸣考论

卢中阳 著

黑龙江人民出版社

图书在版编目（CIP）数据

战国百家争鸣考论／卢中阳著. — 哈尔滨：黑龙
江人民出版社，2021.1（2023.1重印）
ISBN 978 - 7 - 207 - 12378 - 7

Ⅰ. ①战… Ⅱ. ①卢… Ⅲ. ①先秦哲学—研究—中国
—战国时代 Ⅳ. ①B220.5

中国版本图书馆 CIP 数据核字（2021）第 022230 号

责任编辑：常　松　孙国志
封面设计：徐　媛　滕文静

战国百家争鸣考论
ZHANGUO BAIJIA ZHENGMING KAOLUN
卢中阳　著

出版发行　黑龙江人民出版社
地　　址　哈尔滨市南岗区宣庆小区 1 号楼
网　　址　www. hljrmcbs. com
印　　刷　北京一鑫印务有限责任公司
开　　本　787×1092　1/16
印　　张　15.25
字　　数　240 千字
版　　次　2021 年 1 月第 1 版
印　　次　2023 年 1 月第 2 次印刷
书　　号　ISBN 978 - 7 - 207 - 12378 - 7
定　　价　68.00 元

序

　　卢中阳博士出自史学名家赵世超先生门下,学有专精,于先秦制度史颇得赵先生学术思想要旨。他所著《商周指定服役制度研究》一书已于2013年由台湾花木兰文化出版社刊梓,学术界多有好评。我在陕西师范大学攻读历史学硕、博学位期间,有幸获赵先生的启蒙指导,受益良多。由是之故,中阳博士与我虽无同门之缘,但有共学之谊。近来他以新著《战国百家争鸣考论》书稿见示,要我写几句话以充作序。我于先秦诸子思想向无深入学习,本无置喙余地,然推之再三,只好冒贻笑之嫌,赘言几句,聊以为序。

　　"战国"一词,在《战国策》中已多次出现,原义当如学者所言,"盖为攻战之国,意即军事国家"。而它作为中国历史上的一个特定时期,恐应晚至西汉末期,刘向为《战国策》所写的《序录》中云:"以为战国时游士辅所用之国,为之策谋,宜为《战国策》。"战国应与这一时期列国间长期战乱不息的社会现实密切关联。大国吞并小国,强国蚕食弱国,致使战国初期尚存的30余国最后只剩下齐、楚、秦、燕、韩、赵、魏、宋、中山等数国而已。列国间长期为争夺土地、财富而进行的残酷战争,不但导致人口大量迁徙和死亡,也使得社会生产遭受严重破坏,所谓"争地以战,杀人盈野;争城以战,杀人盈城",正是对当时战争残酷性的真实反映。

　　春秋以来,王权衰微,周人建立的礼乐文明遭到严重破坏,诸侯争霸不休,社会由"礼乐征伐自天子出"转而变为"礼乐征伐自诸侯出",甚至出现"陪臣执国命"的局面,此皆因于旧秩序毁坏而新秩序未建。秩乱而生战,因此,"乱"成为战国之世的社会特点之一。在长期战乱不息的过程中,社会阶层产生新的分化,一些旧贵族沦为"士"阶层,一些底层成员因军功而升为新贵族,正所谓"高岸为谷,深谷为陵"。战国之世七雄并立,成为中国历史上分裂对抗最严重和持久的时代之一。因而,这一时期所体现出的另一社会特点可以用"变"字来概括。社会之"乱"与人心思"变"为诸子学派的兴起

以及有识之士的自由流动，提供了生存空间和可能性。各国诸侯为富国强兵而寻求变革，底层民众久苦于乱而人心思定，久乱思变是当时社会的大势。然而变法革新尚无成例可循，各国统治者深谙国家强大与否实际取决于人才的竞争，打破旧的用人机制汲取新鲜血液进入国家机构当中，成为各国的当务之急。这为诸子学派的兴起与思想的发展起了巨大助推作用，同时也为各家游走列国，推行其政治学说提供了良好的社会环境和平台。代表不同阶层利益、倡导不同治国理念的各个学派，或授徒立说、以传其道、求广其学，或游说列国、相与辩论、互为攻难。各家在自我承扬的基础上，亦汲取其他学派思想之有益成分为己所用，在长期的相互辩论、冲突中走向共融，从而造就了中国历史上第一个思想发展的黄金时期。可以说，战国时期诸子的兴发和百家争鸣局面的出现，离不开当时特定的历史背景。关于这一点，作者在本书第一章"百家争鸣的历史背景"及第九章"百家争鸣的历史原因"中已有很好的阐述，无须赘言。

战国时期，诸子之学纷繁，学派林立，《史记·屈原贾生列传》载汉初政论家贾谊年少时便"颇通诸子百家之书"，"诸子百家"之说，自乃统言、夸张之辞，论其显要者不过数家而已。司马谈将先秦诸子分为阴阳、儒、墨、名、法、道六家，及至刘歆又于"六家"之外增纵横、杂、农、小说而成"十家"。十家之中，小说家属于艺文，除此则有九家，又称九流。是以《汉书·艺文志》云："诸子十家，其可观者九家而已。"《汉书·叙传》亦云："刘向司籍，九流以别。"当然，这种划分也不尽符合当时实际。如孟子就曾抱怨"杨朱、墨翟之言盈天下；天下之言不归杨，则归墨"。"墨"，指以墨翟为代表的墨家学派。"杨"则指以杨朱等为代表的杨朱学派。由孟子所论，可知杨朱学派在当时影响颇大，堪与墨学并驾齐驱。过去将杨朱之学列入道家，然其从个人本位出发，提倡"贵己"、"为我"、"轻物重生"，视个人感官的物质利益高于一切的思想主旨，与老、庄为代表的道家学说多有不同，应是独立一家。此外，《汉书·艺文志》尚载有兵家，其代表人物有孙武、孙膑、尉缭、赵奢、白起等。因此九流、十家之说，也只是择其要者而已。由社会影响来看，为时世所重者亦不过儒、墨、道、法、纵横诸家而已。齐国设立稷下学宫，以道家为主，兼有儒、阴阳、法、名等学派。魏、楚、韩、秦等国则先后重用李悝、吴起、申不害、卫鞅等法家人物进行变法，其中卫鞅在秦的变法收效最显，并为秦兼并六国、一统天下奠定了坚实基础。孔子开创儒学，弟子三千，其贤者七十二人。孔子身后,儒虽八分,然而弟子子夏曾教于西河,培养出李克、吴起等一批优秀弟子。被世人称为儒家亚圣的孟子,也曾不辞舟车劳顿游走于宋、滕、魏、齐等国,得获"后车数十乘,从者数百人"的礼遇。墨家学派的创建者墨翟,不仅广收弟子积极宣传自己的学说,而且还不遗余力的反对兼并战争,在当时形成声势浩大的墨家学派,得到底层广大民众的大力拥护。因此墨学与儒学在当时并称"显学",形成天下之学"非儒即墨"的盛况。纵横家的代表人物苏秦、张仪,前者兼佩六国相印,以合纵之策而享大位。后者则以连横之说先后出任秦、魏二国之相国,位极人臣。《战国百家争鸣考论》一书阐述各家代表人物及其思想要旨,以儒、墨、道、法四家各成一章,而阴阳、纵横、名、兵、杂、农合为一章分节论之,这种章节分配上所体现出的详略不同,应该正是本书作者基于各家学说在战国时期不同社会影响力而做出的合理安排。

学成经世术,仕于君侯家,这是当时各学派共同的政治目标。只是各家所代表的阶层利益不同、对当时社会的认识各异,从而决定了其学术思想和主张也自有差别。以对人性的探讨而言,战国之世诸子百家几乎没有不谈人性问题。总其成说,大致可以分为性善论、性无善无恶论、性有善有恶论、性自然论、性利己论、性恶论等。其中,性善论是孟子的主张,他强调"正人心,息邪说,距诐行,放淫辞"。孟子"道性善,言必称尧舜","道性善"就是宣扬"性善论"。孔子仅言"性相近也,习相远也",即不以善、恶讲性,只认为人的天性都是相近的,所谓的相异,皆由于后天之"习"所致。孟子顺着孔子仁性一路发展,以良心、本心论性善,始创性善论;与孟子同时的思想家告子,则提出人性无善无恶的观点,认为现实社会中会有"善"和"不善"之分,乃是后天教育和环境的影响所致;世硕、宓子贱、漆雕开、公孙尼子则主张人性有善有恶论。在世硕等人看来,人性中既有善的一面,也有恶的一面,若能培养和发展善的一面,则会成为性善的好人。反之,若任由恶的一面滋长和发展蔓延,则会成为性恶的坏人。因此,是成为好人还是成为坏人,全在于后天的教化培养;道家的代表人物老子认为包括人在内的天地万物皆为"道"所生,都体现和遵循着"道"的自然之性。庄子则赋予"性"以"生之质"的涵义,并从此出发,提出"人性自然"的观点,形成了更为系统、完善的性自然论;先秦法家多秉持性利己论,认为趋利避害的利己之心是人之本性;荀子主张性恶,他把人的生理和心理本能等自然属性等同于人性,并由此推断出人的本性乃是先天的、固有的恶性。在他看来，人的本性是恶的，其善良是后天人为培养的结果，所谓"人之性恶明矣，其善者也"。由于人性论是关于人的本质问题的学说，是人生哲学建立的理论基础，也是各家确立道德原则、施教方法和个体自我教育完善的出发点。因此，战国诸子在人性问题上的观点自然也就成为各家立论的基石。孟子主性善论，继承孔子的仁学思想，提出仁政说，主张法先王；荀子主性恶论，继承并发展孔子的礼学思想，主张隆礼重法、法后王。孟、荀有关人性的认识看似针锋相对，但都强调后天教化熏陶对于个体人性的重要影响。只是孟子以人性向善，强调道德修养的内在自觉性。而荀子以人性有恶，强调道德教育的外在必要性；告子主性无善无恶论、世硕等人主性有善有恶论，因此他们均重视后天的教化培养对个体道德养成的重要性；道家的老子、庄子从人性自然论出发，提出了自然无为的思想；法家则认为趋利避害是人之本性，人人"皆挟自为之心"，故而主张顺应人的利己之性，只能以法一行于天下。中阳博士《战国百家争鸣考论》一书，不但对孟子的性善论、荀子的性恶论、庄子的自然人性说等做了精辟的分析，而且对各家基于人性的不同认识所提出的思想主张也给予深入阐释，读来不无启示。

本书对各家学派思想学说的流变也做了很好的分析，既有对同一学派内部学术思想传承发展的讨论，也有对不同时期代表人物思想主张差异性的分析。《汉书·艺文志》论儒家为"游文于六经之中，留意于仁义之际，祖述尧舜，宪章文武，宗师仲尼，以重其言，于道为最高"。孔子身后，孟、荀均以其学说之传人自居。虽然二者同为战国时期儒家代表人物，各自的政治思想却大不相同。法家作为一个学派，后世多评论其"严而少恩""不别亲疏，不殊贵贱，一断于法""信赏必罚，以辅礼制"。然若析言之，则其主张又因人而异。如慎到重"势"、申不害重"术"、商鞅重"法"，及至战国末期的韩非子，则集法家学说之大成。他批判地吸收了法家各派的思想，形成了以"法"为核心，"法"、"术"、"势"三位一体的法治理论体系。通过这些分析，让读者能在整体把握某一学派思想共性的同时，亦能对其学派内部不同时期代表人物之思想有较清晰的认识。

此外，书中对于各家的主张，不是简单的分派叙述，而是多有比较性的分析。如对于儒、墨二家的尚贤主张，作者指出在尚贤原则上，墨子以"有能则举之"为标准，孟子则主张以"亲亲"为原则。墨子的尚贤思想是对儒家基于宗法血缘之任人惟亲原则的否定,这让处在社会底层的贤者也有参与国家政事管理的机会。再如儒、墨二家均强调"爱"。但儒家的"仁爱"是建立在血缘基础之上,以"亲亲"为原则,故而其倡导的"爱"是有等差的。而墨家倡导的"兼爱"却是无等差的平等之爱,体现了人人平等的原则。这种主张虽然具有理想的性质,却反映了小生产者对等级社会的不满,进而发出追求自身解放的呼声。同时,兼爱学说提出了人的物质利益原则,把人的价值和一定的经济生活条件联系起来,为争取人的生产权力而奋斗,这在当时是一个伟大的创举。这些有关不同学派思想学说的对比性分析,对读者来讲均具有启发性。

《战国百家争鸣考论》一书是中阳博士长期阅读先秦诸子原典心得的总结。他把纷繁深奥的战国诸子思想以深入浅出的文笔娓娓道来,虽无故意立异之处,却不乏新义纷呈。此书的刊布,对有兴趣于先秦诸子思想的读者,定能从中得到启示。我们期待这位青年才俊能在史学园地中产出更多学术成果,嘉惠学林!

吕亚虎
己亥岁仲秋草于城南一得斋

目　录

绪　　论

　　战国时代,随着礼坏乐崩、士人崛起、文化下移,各种学派和思想如雨后春笋般涌现。诸子各家针对当时动荡的社会现实,各抒己见,著书立说,并对其他学派的思想和主张进行尖锐批评,从而形成了各流派及其思想争芳斗艳的历史盛况,人们习惯上把这一时期创造的文化现象称为"百家争鸣"。

　　"百家"一词出自汉代司马迁的《史记》。《史记·屈原贾生列传》说:"贾生年少,颇通诸子百家之书","百家"之名首现。而关于诸子的归纳,却源于司马迁的父亲司马谈。他将诸子首次总结为阴阳、儒、墨、名、法、道六家。① 后来刘歆又在司马谈的基础上,增加了纵横、杂、农、小说等为十家。到了班固的时代,仅有九家见于记载。故班固在《汉书·艺文志》中说:"诸子十家,其可观者九家而已。"并把这九家称为"九流",谓:"秦人是灭,汉修其缺,刘向司籍,九流以别。"②应劭注释曰:"儒、道、阴阳、法、名、墨、从横、杂、农,凡九家。"③自此,古代学人都依从班固,将战国诸子"百家"称为"九流"。今人吕思勉又增加了"兵"和"医"两家,认为:"故论先秦学术,实可分为阴阳、儒、墨、名、法、道、纵横、杂、农、小说、兵、医十二家也。"④总之,"百家"是对先秦诸子的统称,并不是确指。

　　回顾现代学术史,对诸子百家的研究主要集中在哲学史和思想史的领域。哲学史的代表性著作,如胡适的《中国哲学史大纲》、冯友兰的《中国哲学史》、任继愈的《中国哲学史》等。以思想史为名的著作,主要有钱穆的《中国思想史》、侯外庐的《中国思想通史》、韦政通的《中国思想史》、何兆武的《中国思想发展史》、葛兆光的《中国思想史》等。这些著作主要集中在对诸

---

① 《史记·太史公自序》。
② 《汉书·叙传下》。
③ 班固:《汉书》,中华书局 1962 年版,第 4245 页。
④ 吕思勉:《先秦学术概论》,上海书店出版社 1992 年版,第 13 页。

子生平、著作、思想等方面介绍,缺乏纵向与横向的比较研究。对此,葛兆光说:"思想的历史也就自然成了思想家的博物馆,陈列着他们的照片。一半仿佛编花名册,把已经逝去的天才的生平与著作一一登录在案,一半仿佛挂光荣榜,论功行赏或评功摆好。"①这样做的优点是简明易行,容易为读者接受。但缺点也很明显,就是诸子所提出的思想缺乏必要联系。我们知道,诸子百家的基本宗旨是为国君提供治政方略,诸子之间相互标新立异、激烈辩驳,从而创造性地提出了许多独具特色的政治理想和见解。因此,纵观百家争鸣的历史,其实就是一部思想创新的历史。故而,本书从思想创新的角度入手,以揭示战国诸子思想创新的过程与核心观点,并分析和归纳战国"百家争鸣"的特点、消亡的过程以及出现的历史原因。

---

① 葛兆光:《中国思想史·导论》,复旦大学出版社 2001 年版,第 9 页。

第一章　百家争鸣出现的历史背景

战国诸子思想，不仅构成了中国文化的源头，更奠定了我国古代思想的根基，被誉为中国历史上的"轴心时代"。它上承夏、商、周三代学术，下开秦、汉、隋、唐、宋、元、明、清两千多年思想的先河。然而，"百家争鸣"在战国时期出现，与当时特殊政治、经济、文化背景是分不开的，下面我们将从三个方面分别述之。

一、王权衰落与礼崩乐坏

西周时期，王权自周昭王时起便逐渐走向衰落。《史记·周本纪》记载，昭王之时"王道微缺。昭王南巡狩不返，卒于江上"。此事同样见于《左传·僖公四年》，管仲说："昭王南征而不复，寡人是问。"又据《古本竹书纪年》记载，昭王十六年，"伐楚荆，涉汉，遇大兕"。十九年，"天大曀，雉兔皆震，丧六师于汉"。[1] 由此可见，昭王南征致使六师覆灭，西周从此由盛转衰。至周穆王时期，戎狄之人不向周王朝缴纳贡赋，于是周穆王西征犬戎，虽然"得四白狼、四白鹿以归"，但从此"荒服者不至"。[2] 到周懿王时，"王室遂衰，戎狄交侵，暴虐中国"。[3]《诗经》亦记载此时"靡室靡家，猃允之故"，"岂不日戒，猃允孔棘"。[4] 懿王时期，戎狄已经从不贡，变成了"交侵"周朝，来自北方猃狁的入侵已经让周王朝上下不得安生。到了周夷王时期，前期累积的社会问题更趋显著。《史记·楚世家》记载，"王室微，诸侯或不朝"，以至于夷王下堂迎接诸侯。[5]《礼记·郊特牲》亦曰："觐礼，天子不下堂而见诸侯。下堂而

---

[1]　方诗铭、王修龄：《古本竹书纪年辑证》，上海古籍出版社 2005 年版，第 45—46 页。

[2]　《国语·周语上》。

[3]　《汉书·匈奴传》。

[4]　《诗经·小雅·采薇》。

[5]　《后汉书·舆服志》。

见诸侯，天子之失礼也，由夷王以下。"显然，夷王已经再无昔日王者的威风。至周厉王之时，《左传·昭公二十六》年记载："至于厉王，王心戾虐，万民弗忍，居王于彘。"《国语·周语上》详细记述了此事，当时周厉王任用"好专利而不知大难"的荣夷公当政，垄断山林川泽与民争利，导致国人不满，公开指责周王。周厉王任用卫巫监督诽谤者，芮良夫和召公先后劝谏，厉王不听，三年之后，二人一同参与叛乱，袭击厉王，最终迫使"厉王出奔于彘"，从都城逃到了彘这个地方。周宣王虽然号称中兴之主，禀文、武、成、康之遗风，并使诸侯复宗周。① 但据《后汉书·西羌传》记载，宣王派遣秦仲征伐戎人，秦仲为戎人所杀。后来又派兵征伐太原戎，仍无功而返。周宣王还曾亲自率军征伐条戎和奔戎，结果军队大败而归。可见所谓的宣王中兴，并不能与文、武、成、康之际王权的强盛相提并论。最终在幽王之时，由于"天不吊周，王昏不若"以及"四夷交侵"等原因，最终断送了西周王朝。②

　　周平王东迁后，王权更是江河日下。从周、郑"交质"，到郑祭足帅师取温之麦、取成周之禾后周、郑"交恶"，③再到周、郑繻葛之战王师大败，周王权威公然受到诸侯的践踏。④ 不仅如此，春秋时期周王已经成为诸侯霸主"挟天子以令诸侯"的工具。如《左传·僖公二十八年》记载，温之会上晋侯征召周王前往，由于以臣召君，故《春秋》讳之曰："天王狩于河阳。"与此同时，诸侯对周王昔日之职事亦多废置。如《诗经·小雅·雨无正》记载西周被灭后，出现了"正大夫离居，莫知我勚。三事大夫，莫肯夙夜。邦君诸侯，莫肯朝夕"的局面，卿大夫莫肯尽职，诸侯也不服职事。《左传·僖公四年》记载齐国管仲责备楚国"尔贡包茅不入"，说明随着王室的衰微和楚国的强大，其所服在盟会时"置茅蕝，设望表"的职事早已经名存实亡。《左传·昭公十五年》记载周景王宴请晋大夫时，"樽以鲁壶"，并谓"诸侯皆有以镇抚室，晋独无有"，晋国籍谈妄作不知，周王责备其"数典而忘其祖"，说明姬姓的晋国也已经不事周之职事。就鲁国而论，《左传·隐公三年》周武氏子"求赙"，《左传·桓公十五年》周王使家父"求车"，《春秋·文公九年》周毛伯卫"求金"等。"赙""车""金"，待求而归，可见春秋时期鲁国虽以秉承周公之礼标榜，

① 《史记·周本纪》。
② 《左传·昭公二十六年》《后汉书·东夷传》。
③ 《左传·隐公三年》。
④ 《左传·桓公五年》。

但早已弃周礼而不顾了。鲁国夙以秉承周礼著称，尚且如此，其他国家更自不待言了。《左传·隐公九年》记载"宋公不王"，《左传·隐公十年》记载"蔡人、卫人、郕人不会王命"，都是诸侯废怠周王职事的显证。

周王室东迁以后，根本没有力量重新建立秩序。在这种情况下，霸主政治适应新的社会需要而登上了历史舞台。《史记·周本纪》记载："平王之时，周室衰微，诸侯强并弱，齐、楚、秦、晋始大，政由方伯。"春秋之世，王纲解纽，齐、楚、晋、秦、吴、越等相继争为霸主。这些霸主并非徒求会盟执牛耳之荣尊，其主要目的还是借争霸来榨取弱小国家。如《左传·昭公四年》郑子产曰："小国共职，敢不荐守。"《左传·昭公三十年》郑游吉言："以敝邑居大国之间，共其职贡，与其备御不虞之患，岂忘共命。"《左传·僖公十一年》和《左传·僖公十二年》黄人因"不归楚贡"和"不共楚职"而被楚国所灭；《左传·襄公二十七年》晋、楚瓜分了霸权，使"晋、楚之从交相见"等，这些都是小国供职与霸主榨取鱼肉小国的实录。霸主对小国的剥削开启了一代风气，引得一些稍有实力的国家纷纷效仿。如《左传·宣公十年》记载滕国仗恃晋国而不服事宋国，宋国便挥师讨伐滕国。《左传·宣公十三年》记载齐国军队征伐莒国，就是因为莒国仰仗晋国而不服事齐国的缘故。《左传·成公三年》许国依仗楚国而不服事郑国，郑子良便讨伐许国。《左传·襄公二十七年》弭兵之会，齐国请求私属邾国，宋人请求私属滕国，邾国和滕国没有参与盟誓，被认为是"人之私也"。霸主之下又形成了多个中心，而那些小国则仆仆于大国之间，疲于奔命。

在诸侯国的内部还相继出现了大夫擅权的现象。《左传·襄公十三年》记载，鲁国季孙氏、孟孙氏、叔孙氏"三分公室"，三家势力渐强，并最终形成季氏专政的局面。《左传·昭公五年》，鲁国废弃中军，三家"四分公室"，季氏取其二，二家各取其一，从此"公室四分，民食于他"。《左传·昭公二十五年》，鲁昭公因不堪于季氏的凌逼，起兵攻袭季氏。季氏得到叔、孟两家的援助，竟把昭公逐出国去，终身不能回国。齐国于鲁成公和襄公时期，爆发了崔、庆之乱，执政大族崔氏弑君专权，后来庆氏乘崔氏内乱，吞灭了崔氏，庆氏独自当国，又被部下卢蒲癸、王何等联合诸贵族灭掉。《左传·昭公十年》，陈、鲍二氏驱逐了栾氏、高氏，由是陈氏始大。及至鲁哀公八年，鲍牧被杀，陈氏独强。至鲁哀公十四年，齐陈恒弑其君壬于舒州，政权归属陈氏，并

最终取代了姜齐。晋国相继灭亡了"三郤"、栾氏、祁氏和羊舌氏后，①只剩下韩、赵、魏、范、知、中行六家。《左传·昭公十六年》记载，子服昭伯对季平子曰："晋之公室，其将遂卑矣。君幼弱，六卿强而奢傲，将因是以习，习实为常，能无卑乎？"可见，晋国的政权已经落入了六卿之手。《左传·定公十三年》至哀公六年，韩、赵、魏、知四家联合攻灭了范和中行两家。《左传·悼公四年》，韩、赵、魏三家又灭了知氏，从此权力萃于韩、赵、魏三族，最终形成三家分晋的政治格局。

同时，继大夫擅权之后，一些国家还出现陪臣专政的局面。如鲁国于昭公十二年，季氏家臣南蒯打着扩张公室的幌子发动叛乱，季氏用了两年时间才将其镇压下去。《左传·昭公四年》，叔孙氏的家臣竖牛，"欲乱其室而有之"，致使叔孙不食而卒，直至昭公五年才将其平定。季氏家臣阳虎可以说是最著名的乱臣了，他曾于《左传》定公五年，囚季桓子及公父文伯，逐仲梁怀、公父歜及秦遄。到了《左传》定公六年，阳虎盟鲁侯及三桓于周社，盟国人于亳社，诅于五父之衢。又于《左传》定公八年，策划驱逐三桓，最终于《左传》定公九年兵败出奔。

到了战国时期，只剩下齐、楚、燕、韩、赵、魏、秦七国，即所谓的战国七雄。顾炎武在谈到春秋和战国时期的异同时说："春秋时，犹尊礼重信，而七国则绝不言礼与信矣。春秋时，犹宗周王，而七国则绝不言王矣。春秋时，犹严祭祀，重聘享，而七国则无其事矣。春秋时，犹论宗姓氏族，而七国则无一言及之矣。春秋时，犹宴会赋诗，而七国则不闻矣。春秋时，犹有赴告策书，而七国则无有矣。邦无定交，士无定主，此皆变于一百三十三年之间。"②侯外庐将其归纳为"春秋承认现状，战国却打破现状"。③ 战国时期，诸侯国纷纷称王，而周王借以盘踞的周王室也被兼并，从此结束了统一的王权国家时代。

随着王权的衰落，建立在宗法等级关系基础之上的传统礼乐文化也随之崩坏。西周时期，周宣王常被后世褒称为中兴之主，但实际上他却是一个极不守规矩的君王。据《国语·周语上》记载，鲁武公以其子括和戏朝见周

---

① 《左传·成公十七年至十八年》《左传·襄公二十三年》《左传·昭公二十八年》。
② 黄汝成：《日知录集释》，岳麓书社1994年版，第467页。
③ 侯外庐：《中国古代社会史论》，河北教育出版社2000年版，第231页。

王,宣王立少子戏为储君。樊仲山父劝谏,王不听。最终违背先王既定"嫡长子继承制"原则,废长立少。鲁武公去世后,鲁人杀掉戏而改立括。宣王便兴兵讨伐鲁国,立孝公而还。《左传·庄公十八年》记载,虢公、晋侯朝见周惠王,惠王设宴款待,二者皆受到同样的礼遇和赏赐。而古礼规定:"王命诸侯,名位不同,礼亦异数,不以礼假人。"虢公、晋侯名位不同,却受到同等赏赐,故为非礼。《左传·僖公二十五年》记载王子带之乱,晋文公勤王,周襄王设宴款待,晋文公"请隧",杜预注:"阙地通路曰隧,王之葬礼也。"①晋文公请于周襄王,允许其以天子才能用的"隧"来埋葬自己。虽然最后没有被允准,但从中可以看出周朝的传统礼制已经受到挑战。《左传·文公二年》记,晋人使阳处父与鲁侯盟誓以羞辱鲁文公,按照礼仪,盟誓双方身份要对等,而阳处父以大夫盟诸侯,故而《春秋》仅记载"及晋处父盟",目的是为了避讳此事。《国语·鲁语下》记载叔孙穆子聘问晋国,晋悼公设宴招待他,并演奏了天子飨宴元侯及两君相见的乐曲。由上可见,晋国已经开始僭越周天子之礼乐。《左传·隐公八年》记载,郑公子忽到陈国迎接妇妫,公子忽"先配而后祖",先行夫妻之事,然后才行祭祖礼。按照礼制规定要先行完祭祖之礼后,才能婚配。故陈鍼子曰:"是不为夫妇。诬其祖矣,非礼也,何以能育?"《左传·桓公六年》北戎征伐齐国,郑太子忽率师营救,诸侯使其大夫成守齐国,齐侯馈赠外国成守之师粮草,让鲁国按照班位排列次序,鲁国以"周班后郑"。按照周朝的班位,郑国排在后面。而郑公子忽恃其有功,向齐国请求军队征伐鲁国,结果齐国"以卫师助之",②可见传统的"周班"已经不起作用了。《左传·庄公二十年》虢公、郑伯杀王子颓及五大夫,纳周王于王城,结果郑伯享王亦以"乐备"效尤。《左传·成公二年》记载,卫石成子在阻击齐国军队时立功,卫侯赏赐他采邑,结果石成子不要,而"请曲县(悬)、繁缨以朝",孔子听到此事后说:"不如多与之邑。唯器与名,不可以假人。"《左传·成公二年》记载宋文公逝世,"始厚葬,用蜃炭,益车马,始用殉。重器备,椁有四阿,棺有翰桧"。而按照传统丧葬礼,身份等级不同,随葬的车马数量亦不同,"益车马"就是增加车马的数量。"椁有四阿"和"棺有翰桧",这些都是天子才能拥有的礼制。故《左传·隐公十一年》言:"王室而既

---

① 杨伯峻:《春秋左传注》,中华书局1990年版,第433页。

② 《左传·桓公十年》。

卑矣,周之子孙日失其序",无疑道出了这一时期礼坏乐崩真实原因。

王权衰落与礼崩乐坏的社会现实,为诸子就如何构建社会秩序提供了讨论的议题和动力。从政治角度来讲,自西周末期王纲解纽之后,持续几百年的"大一统"局面被诸侯争霸为主题的春秋时代所代替,接踵而来的战国时代更是一个陷入"上无天子,下无方伯"的大分裂社会。然而也正是这样一种社会局势,为诸子突破传统文化模式的禁锢提供了千载难逢的历史机遇。只有在血与火的猛烈冲击下,与过去"大一统"格局牢固结合在一起的"礼乐文明"才能走向瓦解,传统和僵化的思维模式对人们思想的控制才能够松动,也才会引起从春秋末期起延续数百年之久的信仰危机。而正是这场空前严重的信仰危机激发了人们前所未有的怀疑与探索精神。总之,战国时期人的思想,在分裂的现实世界中获得了空前解放,多元化的思潮不仅成为可能,而且是时代之必然。

二、生产力提高与士人的崛起

夏、商、西周时期生产力仍相当落后,主要体现在生产工具还基本是石器、骨器、蚌器和木器。1959—1978 年在对河南偃师二里头文化一至四期的考古发掘结果显示,出土的生产工具以石器为最多,蚌器、骨器次之。[①] 20 世纪在殷墟遗址中发现石制生产工具数量也是最多,约有 4800 件。器类有斧、锛、凿、钻、刀、镰等,几乎都是实用之器。骨制生产工具在殷墟也有大量的出土,粗略统计约有 24000 多件。其中工具包括刀、凿、制陶工具、锥、铲等。蚌制生产工具出土蚌刀约有 20 件、蚌镰约有 160 多件、蚌镬 2 件等。此外,还有大量的木制生产工具,主要翻土工具是木耒,这种木耒的实物目前尚未发现,但从灰坑和墓坑坑壁上遗留下的痕迹来看,当时木耒广泛使用,并且可能有大、小两种形制。商代甲骨文字中的"𤔣""𤖕""𤔇"等,即"耤"字,展现了当时人们手持木耒翻土的形象。[②] 在沣西张家坡 1955—1957 年的发掘中,发现的生产工具石器数量最多,其次为蚌器、骨器和木器,铜器生产工

---

① 中国社会科学院考古研究所:《偃师二里头:1959—1978 年考古发掘报告》,中国大百科全书出版社 1999 年版,第 41—45、80—90、168—191、268—295 页。

② 中国社会科学院考古研究所:《殷墟的发现与研究》,科学出版社 1994 年版,第 363、383—385、300—307、437 页。

具仍较少。[1] 由上可知,夏、商、西周虽然有青铜生产工具,但石、骨、蚌、木器仍然在社会生产中起主要作用。根据科学家测定,铜在地壳中的相对丰度为0.07%,锡为0.04%,铅为0.0016%。尤其是锡和铅,甚至比一些所谓稀有金属更稀少。与此相对照,铁却不是如此,它在地壳中的相对丰度高达4.75%,分别是铜的679倍、锡的1288倍和铅的2969倍。[2] 故恩格斯说:"青铜可以制造有用的工具和武器,但并不能排挤掉石器,这一点只有铁才能做到。"[3]"工具,不但是人类劳动力发展的测度器,而且是劳动在其中被完成的社会诸关系的指示器。"[4]由于生产工具落后,决定了当时生产力水平并不高,各种生产活动只有依靠家族集体才能完成。家族的大量存在意味着每个人都作为血缘共同体的有机附属物而存在,个人不能脱离家族集体,思想和人格也并不独立。

春秋、战国时期,随着铁器的出现与广泛应用,生产力获得了极大的解放。中国古代先民对铁的了解是从陨铁开始的,在河北藁城和北京平谷刘家河两地分别发现了一件铁刃铜钺,经专家鉴定两者都属于陨铁。这些发现说明了早在公元前14世纪前后,我国商代先民就已经接触到金属铁。考古发现,我国最早的人工冶铁制品可能出现在西周晚期。河南三门峡市上村岭虢国墓地中,2001号墓出土一件玉柄铁剑和一件铜内铁援戈,2009号墓出土一件铜骹铁叶矛。经鉴定,铜内铁援戈是块炼铁制品,玉柄铁剑和铜骹铁叶矛是块炼铁渗碳钢制品。关于2001号墓和2009号墓的年代,学术界的看法略有差异,但大致认为应该在西周晚期至春秋初年之间。上村岭虢国墓地的考古发现,将中原地区使用人工冶铁制品的时间提到了西周晚期。[5]迄今为止,出土春秋时期铁器的地点有十余处,如江苏六合程桥、湖南长沙龙洞坡、常德德山、陕西宝鸡宜门村、河南洛阳水泥制品厂等,遍布甘肃、宁夏、山西、山东、河南、江苏、湖北、湖南等省。出土铁器之中,农具有锸、锄、

①　中国科学院考古研究所:《沣西发掘报告》,文物出版社1962年版,第80—87页。
②　赵世超:《周代国野制度研究》,陕西人民出版社1991年版,第141—142页。
③　马克思,恩格斯:《马克思恩格斯选集》(第四卷),人民出版社1995年版,第161页。
④　马克思:《资本论》(第一卷),人民出版社2004年版,第195页。
⑤　张长寿、殷玮璋主编,中国社会科学院考古所编著:《中国考古学·两周卷》,中国社会科学出版社2004年版,第406页。

铲、耙、镢等,手工业工具有锛、削、凿、斧等,用具有鼎,以及刀、剑等兵器。[①] 然而这一时期的铁制品多数仍属于"块炼铁",即由铁矿石在较低温度(约1000℃)的固体状态下用木炭还原法炼成,这种铁的含碳量低,结构疏松,质地柔软,只有经过锻打,提高其性能以后,才能制造可用的器具。而且发现的铁器数量不多,器型较少,器类也比较简单。此外,铁制品往往装饰和纹样精美华贵。如河南三门峡市上村岭虢国墓地出土铁剑的铜制柄上镶以美玉及绿松石、戈、矛铜制柄部亦镶嵌绿松石。[②] 陕西宝鸡宜门村2号春秋晚期墓出土的铁器多达20余件,有金柄铁剑、金环首铁刀、金方首铁刀和金环首料背铁刃刀等。[③] 这些资料表明,人工冶炼的铁,仍为贵重和稀少的材料。有鉴于此,我们认为春秋时期铁器还处在早期阶段。

战国时期铁器获得了广泛应用。随着铁矿大规模开发,铁器大批量投入生产,铁器使用已渗入到社会经济生活的各个领域。这些铁器从器类上说,有斧、锛、凿、刀、削、锤、钻、锥、犁、镢、臿、耙、锄、镰,剑、戟、矛、镞、甲胄、匕首、鼎、盆、盘、杯、带钩等多种。从出土地点上说,则广布于黑龙江、吉林、辽宁、内蒙古、河北、河南、山西、山东、陕西、甘肃、宁夏、新疆、湖北、湖南、安徽、江西、江苏、浙江、广东、广西、四川、云南、贵州23个省和自治区。从数量上说,铁农具所占的比重尤其突出,在河北石家庄市庄村赵国遗址里,出土的铁农具占全部生产工具的65%。[④] 河北兴隆燕国冶铁遗址发现铁范48副87件,总重190多公斤,农具范共28副,占60%。[⑤] 辽宁抚顺莲花堡燕国遗址出土铁器80余件,绝大部分是农业工具,计有镢60余件,锄2件,掐刀3件。[⑥] 河南辉县固围村的五座魏国墓,出土铁器65件,农具有犁7件,镢4件,铲10件,臿33件,凹字形铁口锄3件,镰1件,合共68件。[⑦] 铁农具被用

① 张长寿、殷玮璋主编,中国社会科学院考古所编著:《中国考古学·两周卷》,中国社会科学出版社2004年版,第407页。

② 张长寿、殷玮璋主编,中国社会科学院考古所编著:《中国考古学·两周卷》,中国社会科学出版社2004年版,第406页。

③ 宝鸡市考古工作队:《宝鸡市益门村二号春秋墓发掘简报》,《文物》1993年第10期。

④ 河北省文物管理委员会:《河北石家庄市市庄村战国遗址的发掘》,《考古学报》1957年第1期。

⑤ 郑绍宗:《热河兴隆发现的战国生产工具铸范》,《考古通讯》1956年第1期。

⑥ 王增新:《辽宁抚顺市莲花堡遗址发掘简报》,《考古》1964年第6期。

⑦ 黄展岳:《近年出土的战国两汉铁器》,《考古学报》1957年第3期。

作随葬品，或随意弃置于墓葬填土中，说明铁器已不再是珍贵的稀有物。①
战国文献记载中也彰显了铁的广泛存在。在《孟子·滕文公上》中，陈相见
孟子称道许行的言论，孟子问："许子以釜甑爨，以铁耕乎?"陈相说："然"。
《管子·海王》中记载："今铁官之数曰：一女必有一针、一刀，若其事立；耕者
必有一耒、一耜、一铫，若其事立；行服连轺辇者必有一斤、一锯、一锥、一凿，
若其事立。"《管子·轻重乙》亦记载："一农之事必有一耜、一铫、一镰、一耨、
一椎、一铚，然后成为农。一车必有一斤、一锯、一釭、一钻、一凿、一铢、一轲，
然后成为车。一女必有一刀、一锥、一箴、一铱，然后成为女。请以令断山木，
鼓山铁。"通过以上材料可知，战国时期使用铁制农具已经相当普遍。

随着铁器的广泛应用，战国时期生产力获得显著提高。主要体现就是
生产过程中逐渐排除家族集体劳动，个体劳动成为社会基本劳作单位。个
体劳动者虽然见于春秋时期，但并不具有普遍代表性。《左传·僖公三十三
年》记载晋国臼季出使的途中，"见冀缺耨，其妻馌之"；《左传·昭公二十
年》记载伍员出奔吴国，未得到重用而"耕于鄙"；《左传·襄公二十七年》记
载申鲜虞出奔鲁国"仆赁于野"；《论语·微子》记载长沮、桀溺"耦而耕"，荷
蓧丈人"植其杖而芸"。冀缺、伍员、申鲜虞、长沮、桀溺、荷蓧丈人等，他们或
为失势贵族，或为远遁避世的隐者，并不能代表经营小块土地的个体生产
者，充其量也仅能说明个体劳动在春秋中后期才开始步履蹒跚地来到世间。
只有到了战国时期，随着铁制工具的广泛应用，土地单位面积产量增加，个
体劳动的出现才有了经济保障。《荀子·富国》曰："今是土之生五谷也，人
善治之，则亩数盆，一岁而再获之。""亩数盆"是说单位面积的产量，而"一岁
而再获之"，说明庄稼一年已经两熟。《孟子·万章下》言："耕者之所获，一
夫百亩。百亩之粪，上农夫食九人，上次食八人，中食七人，中次食六人，下
食五人。"一夫百亩的收获，即使是"下农"也已经可以"食五人"。《孟子·
梁惠王上》云："五亩之宅，树之以桑，五十者可以衣帛矣。鸡豚狗彘之畜，无
失其时，七十者可以食肉矣。百亩之田，勿夺其时，数口之家可以无饥矣。"
在《孟子》书中一家多指"八口之家"，如《孟子·梁惠王上》曰："百亩之田，
勿夺其时，八口之家可以无饥矣。"可见一家八口在孟子的时代已经蔚然成
风。《吕氏春秋·上农》记载："上田夫食九人，下田夫食五人，可以益，不可

---

① 赵世超：《周代国野制度研究》，陕西人民出版社1991年版，第278页。

以损。一人治之,十人食之,六畜皆在其中矣。此大任地之道也。"可知"上田夫食九人,下田夫食五人"也只是基本的底线而已。据作者看来,"任地之道"是一人治田可以提供十个人所需的粮食,并且六畜皆包含在其中。随着土地单位面积产量增加,才使得个体劳动成为可能,"百亩一守"取代家族成了常见的生产单位。如《孟子·滕文公上》曰:"夫以百亩之不易为己忧者,农夫也。"《孟子·尽心上》云:"百亩之田,匹夫耕之,八口之家足以无饥矣。"《荀子·王霸》说:"百亩一守,事业穷,无所移也。"《管子·山权数》记载:"地量百亩,一夫之力也。"《司马法》谓:"六尺为步,步百为亩,亩百为夫。"①正是在此基础上,战国时期的政治家才多主张"审分"。如《荀子·王霸》:"农分田而耕,贾分贷而贩,百工分事而劝,士大夫分职而听。"《管子·乘马》:"均地分力,使民知时也。民乃知时日之蚤晏,日月之不足,饥寒之至于身也。"《吕氏春秋·审分》:"凡人主必审分,然后治可以至,奸伪邪辟之涂可以息,恶气苛疾无自至。""今以众地者,公作则迟,有所匿其力也;分地则速,无所匿迟也。""公作则迟""分地则速",明确地道出了"审分"的关键所在。《史记·商君列传》记载商鞅规定"民有二男以上不分异者,倍其赋",由国家强制推行小家庭制度。

综上,夏、商、西周时期生产工具落后,生产力水平低下,个人作为家族集体的有机附属物而存在,人格和思想都不独立。春秋、战国时期随着铁器的出现和广泛应用,生产力获得了飞速发展,土地单位面积产量增加,个体劳动亦成为可能,个人从家族集体中解放出来,从而促进了士人的崛起和思想的解放。

战国"百家争鸣"一个重要的特点就是"士"阶层的崛起与自由流动。"士"最初是指武士,到春秋战国时期才逐渐转化为文士。② 战国时期"士"的来源非常复杂,既有没落的贵族人士,又有弃农为"士"的市井小民。春秋晚期以来私人办学的发达,更在教育上为"士"的出现提供了有力支持。"养士"之风肇始于春秋晚期,齐国田常早在齐景公时就施惠于"士"。每杀一头牛,仅取"一豆(四升)肉",其余的都用来供士食用。每到年底,田常仅取"二制",即两匹布帛,其余的分给"士"做衣服穿。战国时期统治阶级豢养士

---

① 《周礼·地官·小司徒》郑玄注引。
② 余英时:《士与中国文化》,上海人民出版社1987年版,第6页。

人已经蔚然成风。魏文侯尚贤礼士,他周围有一大批知识分子为其出谋划策。战国中期的齐威王和宣王之时,在都城临淄西门外设稷下学宫,招徕天下文人学士,讲学著书且议论朝政。还有战国时期的"四公子",即齐国孟尝君、魏国信陵君、赵国平原君、楚国春申君,他们有的"养士"多达几千人。战国后期秦国的吕不韦,也有"食客三千"。"士"中许多优秀人物受到重用,甚至出为卿相。战国时期各国均对"士"给以优厚待遇和宽容政策,允许其"合则留不合则去","士"可以自由流动,任凭"择木而栖",从而促进了各国的人才交流。如商鞅在魏国没有得到重用,听说秦孝公"广令国中求贤者",于是西入秦国求见秦孝公,终被委以国之重任。邹衍本是齐国人,在稷下学宫位于上大夫之列。他不满齐王的暴政,而到达燕国成为燕昭王之师。在齐襄王时期,邹衍又回到稷下学宫,并在齐王建时作为齐国使者出使赵国。吴起一生中曾在鲁、魏、楚等国为官,每当遭到诬陷,便另投明主。类似的例子还有很多。"养士"之风盛行归根结底还是生产力发展与个体劳动出现的结果。战国时期"士"的出现和流动,对于诸子百家的形成以及"百家争鸣"的出现提供了人才支持和思想保障。

三、"学在官府"的打破与文化下移

西周时期学术和教育为贵族所把持,即所谓"学在官府"。国家有文字记录的法制规章和典籍文献藏于盟府当中,并由专门的官员执掌。礼、乐、射、舞所用的器具藏于宗庙之中,由乐官掌管。想要学习者必须就官而学,教的场所就是礼经所说的辟雍、泮宫,亦等同于《孟子》所说的庠、序、学、校,执教者最初都由官吏兼任。如《周礼·地官》大司徒掌施十二教,即以祀礼教敬、以阳礼教让、以阴礼教亲、以乐礼教和、以仪辨等、以俗教安、以刑教中、以誓教恤、以度教节、以世事教能、以贤制爵、以庸制禄;小司徒掌管"建邦之教法";乡师掌管"其所治乡之教";师氏掌管"以三德教国子";保氏掌管教国子"六艺";舞师掌管"教兵舞"。《周礼·春官》之大司乐掌管"建国之学政","凡有道者,有德者,使教焉";乐师掌管"国学之政,以教国子小舞",等等。由于古代治教不分,所以《周礼》所述之官职大部分是掌管教育的老师。故章学诚说:"三代盛时,天子之学,无不以吏为师,《周官》三百六

十,天子之学备矣。"①说的就是"学在官府"的情形。夏、商、西周时期,官府完全控制着学校教育,学习必须以吏为师,各种各样的学问都要向官府主管的官吏学习。教育的内容据《周礼》记载,包括三德、三行、六艺、六仪,即德、行、艺、仪四个方面。除"日恪位著以儆其官"及"执干戈以卫社稷"所必需的知识、技能外,无非是君臣、父子、上下之道和进退、揖让、周旋之节。基于当时"国之大事,在祀与戎"的考虑,礼、乐、射、御、书、数六艺便具有十分重要的地位,进而成为三代教育的基本内容。礼指礼仪,乐指音乐,射指射箭,书指书写,御指驾车,数指算数。但是在三代体制下,并非所有人都可以接受学校教育,只有王、侯、公、卿、大夫之子弟才拥有受教育的资格。教育对象主要以贵族子弟为主,就是古书中所谓的"国子"。据《周礼·夏官》记载,诸子掌管"国子之倅,掌其戒令与其教治",郑玄注:"国子,谓诸侯卿大夫士之子也。"《礼记·王制》谓乐正掌教王大子、王子、群后之大子、卿大夫元士之适子,以及国之俊选等。《汉书·礼乐志》言自卿大夫师瞽以下,皆选自有道德之人,"朝夕习业,以教国子"。并称国子即"卿大夫之子弟也"。《周礼·地官》师氏掌管以三德、三行教国子,并谓国子为"国子弟",即"国之贵游子弟"也。所以这种教育在本质上是一种贵族养成教育。除官府教育之外,只有广义上的生产劳动和社会生活教育,再无学校教育可言。

东周时期伴随着王权衰微和"礼坏乐崩",伴随着"王官"流落诸侯国和民间,学校教育也向社会底层扩散。《论语·微子》记载:"大师挚适齐,亚饭干适楚,三饭缭适蔡,四饭缺适秦,鼓方叔入于河,播鼗武入于汉,少师阳、击磬襄入于海。"太师挚逃到了齐国,二饭乐师干逃到了楚国,三饭乐师缭逃到了蔡国,四饭乐师缺逃到了秦国,打鼓的方叔入居黄河之滨,摇小鼓的武入居汉水之涯,少师阳和击磬的襄入居海边。于是到孔子时代便出现了"天子失官,学在四夷"的情形。② 文化官员纷纷出走,或投奔诸侯,或流入社会,其中一部分人便成为中国历史上第一批以知识谋生的士人和私学教师。此外,由于春秋战国时期的社会动荡,旧贵族在政治斗争中失败而沦落为士阶层,成为贵族的最低等级。他们一般都受过良好的贵族教育,熟悉各种典章制度,并且有操持各种礼仪的实际技能,更有力地推动了教育的下移,从而

---

① 章学诚:《文史通义》,上海古籍出版社 2015 年版,第 72 页。
② 《左传·昭公十七年》。

打破了"学在官府"的教育模式。

随着"学在官府"的打破,私学便蓬勃发展起来。其中私学教育中最有影响力的人物是孔子,他开设的私学不仅规模大,而且成才者多。据《史记·孔子世家》记载,孔子以诗、书、礼、乐教书育人,拥有弟子三千,其中身通六艺者就七十有二人。当时与孔子私学教育齐名的还有少正卯,根据《论衡·讲瑞》记载,少正卯与孔子同在鲁国讲学,孔子的门人多投奔少正卯门下,由此可见少正卯的影响力。此外还有郑国邓析的私学,因其能教人胜讼,故追随其学诉讼刑法者多到不可胜数。《吕氏春秋·审应览》曰:"子产治郑,邓析务难之,与民之有狱者约,大狱一衣,小狱襦袴。民之献衣襦袴而学讼者,不可胜数。"子产治理郑国,邓析极力刁难他,便跟有狱讼的人约定。学习大的狱讼要送上一件上衣,学习小的狱松要送短衣下衣。于是献上上衣、短衣、下衣以便学习狱讼的人不可胜数。

孔子作为中国古代推进教育改革的第一人,他首先提出"性相近也,习相远也"的观点,①他认为除了最上等的智者和最下等的愚人难于改变外,绝大多数都可以通过教育使之向善,有的甚至可以成为"君子"。孔子创立的私学更是首倡"有教无类"的办学原则,②他公开表示:凡"自行束脩以上,吾未尝无诲焉"。③"束脩"是指捆扎成小捆之长条形的肉干,属于"赘见礼"中极微薄的拜师礼。"类"在中国古代则专指"族类"。据《左传·僖公十年》记载:"神不歆非类,民不祀非族。"《左传·成公四年》云:"非我族类,其心必异。"《国语·楚语上》亦称:"教之训典,使知族类。"《诗经·大雅·皇矣》中也有"克明克类,克君克长"之语。在上述引文中,区分"类"的标准只有一个,那就是族姓,即血统的贵贱。西周时期,贵族在政治上占据主导地位,血统是否高贵自然就成了能否入学接受贵族养成教育的门槛,而善于辨明族类也被当作为君、为长的必备条件。到春秋末期,贵族政治日趋崩坏,贵族教育一片颓势,孔子适时地高举施教不问族类的旗帜,只要带点见面礼,他都乐于教诲。这样便扩大了受教育者的范围,从而为社会下层人士开启了一扇通往教育殿堂的大门,可以说孔子聚徒讲学对传统贵族式教育起到了

---

① 《论语·阳货》。
② 《论语·卫灵公》。
③ 《论语·述而》。

颠覆性作用。

"学在官府"被打破,原来由贵族垄断的教育向社会下层转移,使学术和先进文化也逐渐下移到普通民众当中。就孔子的弟子而言,确实多数出身贫贱。如子路为"卞之野人",子张是"鲁之鄙家",原宪"终身空室蓬户,褐衣疏食",颜回居在陋巷、箪食瓢饮,颜涿聚曾为梁父之大盗,仲弓之父为贱人等,①均出身寒微。孔子以一人之力,竟能招收弟子三千。孔子死后,弟子各家思想虽有分化,但"徒属弥众""充满天下""无时乏绝",②这都要归功于"有教无类"原则的确立和教育大门的敞开。而孔子对教育改革的贡献还远不止此。就教育目的而言,孔子突破了贵族养成教育的局限,设立了德行、言语、政事、文学四科,有针对性地培养从政的专门人才和理想化的仁人君子。就教学内容而言,他虽没有放弃旧传统,但却突出了其中的诗、书、礼、乐,按照"博学于文,约之以礼"的教育思想,要求学生"志于道,据于德,依于仁,游于艺",③把弘道作为最终目标,把德行作为弘道的根据,把仁作为教育的核心贯穿始终,把六艺只看作造就高尚品格的手段,从而使教学的重心在实质上发生了转移。在教学方法上,他强调因材施教,倡导以"不愤不启,不悱不发"为原则的启发式教学,完全摆脱了以往仅限于演练的旧模式。至于应由什么样的人来执掌教职,孔子也提出了"见贤思齐""不耻下问""就有道而正焉""温故而知新"即"可以为师"之类的带有学无常师倾向的新主张。正是这些做法的逐一实施,才使旧式贵族养成教育得到了全面清理。

"学在官府"的打破,带来了学术与先进文化的下移,从而为士人的崛起提供了文化准备。

---

① 《论语》《吕氏春秋·尊师》《史记·游侠列传》及《史记集解》引徐广说。
② 《吕氏春秋·当染》。
③ 《论语·颜渊》《论语·述而》。

第二章　儒家的代表人物及思想要旨

儒家是战国时期重要的学派之一,在当时被称为显学。它以春秋时期的孔子为师,并且崇尚周公。以六艺为教授的内容,崇尚"礼乐"和"仁义",提倡"忠恕"观念和"中庸"之道,政治上主张"德治"和"仁政",重视道德伦理教育和人的自身修养。强调教育的功能,认为重教化、轻刑罚是国家安定和人民幸福的必由之路,并提出"有教无类"的办学原则。儒家认为社会不同阶层都应各尽本分,通过"君君、臣臣、父父、子子",以达到恢复周礼的目的。孔子去世后,儒家分有八派,即子张之儒、子思之儒、颜氏之儒、孟氏之儒、漆雕氏之儒、仲良氏之儒、孙氏之儒、乐正氏之儒。① 战国儒家对后世影响最大的是孟子和荀子。

一、孟子的思想要旨

孟子,名轲,战国中期邹国(今山东邹县)人。生卒年月不可确知,②距孔子去世时大约一百年。关于他的学术渊源,孟子说:"予未得为孔子徒也,予私淑诸人也。"③他自己说没有能够成为孔子的门徒,只是私下里向别人学习取得孔子之道。究竟孟子私下里向谁学习? 司马迁进一步指出他"受业子思之门人"。④ 这一推断很有道理,荀子在《非十二子》篇中把子思和孟子列为一派,后世也常称他们为思孟学派,可见孟子的学说应该受到子思的影响。关于他的身世,流传下来的已很少。韩婴的《韩诗外传》记载孟子母亲"断织""买东家豚肉"和"不敢去妇"等故事,刘向的《列女传》载有孟子母亲

---

① 《韩非子·显学》。
② 杨伯峻先生认为孟子大约生于周安王十七年(公元前 385 年前后),卒于周赧王十一年(公元前 304 年)。但也并非确论,还有很多不同意见。杨伯峻:《孟子译注》,中华书局 1960 年版,导言。
③ 《孟子·离娄下》。
④ 《史记·孟子荀卿列传》。

"三迁"和"去齐"的故事,其幼年时代应该受母亲影响很大。孟子学成以后,便兴办私学招收弟子。曾游说齐、梁、鲁、邹、滕、薛、宋等国,做过齐宣王的客卿,但在政治上始终不得志。到了晚年,"退而与万章之徒序《诗》《书》,述仲尼之意,作《孟子》七篇"。① 专心回乡讲学,并与弟子万章、公孙丑等著书立说,写成了《孟子》七篇,分别为《梁惠王》《公孙丑》《滕文公》《离娄》《万章》《告子》及《尽心》。由于各篇的分量很大,故又各分为上、下,因此全书共有十四卷。据学者研究,《孟子》七篇虽然有万章等参加编写,但主体还是孟子自己写作的,而且在孟子生前就已经完稿。② 所以《孟子》一书基本代表的是孟子个人的思想。

孟子对孔子倍加推崇,认为与伯夷、叔齐、伊尹等圣贤相比,他更愿意学习孔子。他把孔子的地位抬得极高,指出"自有生民以来,未有如孔子也"。③ 他认为自有人类以来,没有过像孔子一样的人。孟子还将孔子与尧、舜、禹、皋陶、汤、文王、伊尹、太公望等并称为圣人,说:"由孔子而来至于今,百有余岁,去圣人之世若此其未远也,近圣人之居若此其甚也,然而无有乎尔,则亦无有乎尔。"④孟子尊孔子为圣人,并对没有人继承孔子的圣人学说而感到忧虑。孟子与孔子生活的时代相隔未远,而且居住地点接近,故孟子应该是继承孔子之学的不二人选。孟子虽然将自家的学说祖溯孔子,但却并不完全局限于孔子的学说,他在继承的基础上又有很大的发展,提出了许多有创建的思想。

(一)"仁政"学说

孟子"仁政"学说的思想渊源最早可以追溯到孔子。战国以前,社会上重视"礼",很少提到"仁"。这种"礼"包括礼仪、礼制和礼器等方面。孔子批判地继承了"礼"的思想,提出了"仁"的观念,并将"仁"作为其学说的思想基础。孔子认为"人而不仁,如礼何? 人而不仁,如乐何?"⑤就是说,没有"仁"就谈不上所谓的"礼""乐"。"仁"的提出是孔子在思想上的重要创新。

---

① 《史记·孟子荀卿列传》。
② 杨伯峻:《孟子译注》,中华书局 1960 年版,导言。
③ 《孟子·公孙丑上》。
④ 《孟子·尽心上》。
⑤ 《论语·八佾》。

《论语》一书对"仁"有多种解释,如《学而》篇说:"孝弟(悌)也者,其为仁之本与。"《雍也》篇云:"仁者先难而后获,可谓仁矣。""夫仁者,己欲立而立人;己欲达而达人。能近取譬,可谓仁之方也已。"在《颜渊》篇中,颜渊问"仁",孔子回答说:"克己复礼为仁。一日克己复礼,天下归仁焉。为仁由己,而由人乎哉?"仲弓问"仁",孔子又回答说:"出门如见大宾,使民如承大祭。己所不欲,勿施于人。在邦无怨,在家无怨。"司马牛问"仁",孔子谓:"仁者,其言也讱。"樊迟问"仁",孔子云:"爱人。"《子路》篇,樊迟又问"仁",孔子曰:"居处恭,执事敬,与人忠。虽之夷狄,不可弃也。"孔子还说:"刚、毅、木、讷近仁。"《卫灵公》篇中,子贡问为"仁",孔子称:"工欲善其事,必先利其器。居是邦也,事其大夫之贤者,友其士之仁者。"《阳货》篇,子张问"仁",孔子说:"能行五者(恭、宽、信、敏、惠)于天下为仁矣。"这些关于"仁"的解释虽然各不相同,但基本上都属于道德伦理的范畴,即主要致力于探讨个人素养,追求做一个完美的人。孟子继承了孔子关于"仁"的思想,并将其发展成为一种政治学说,即"仁政"学说。

孟子的"仁政"学说主要包括经济和政治两个维度。

孟子的"仁政"学说在经济上的核心主张是"制民恒产"和"薄税敛"。"制民恒产"是孟子"仁政"学说的基本出发点。在孟子看来,没有固定的产业收入却有固定的道德观念,只有士人才能做到。对于一般老百姓而言,"则无恒产,因无恒心。"一旦没有了"恒心",则"放辟邪侈无不为已",什么事都做得出来。等到他们犯了罪,然后再加以处罚,这就是所谓的"罔民",等同于陷害百姓。因此贤明君主管理百姓的产业,必须使其"仰足以事父母,俯足以畜妻子,乐岁终身饱,凶年免于死亡"。一定要让百姓上足以赡养父母,下足以抚养妻子儿女。好年成丰衣足食,坏年成也不致饿死。然后再"驱而之善",老百姓也就很容易听从了。孟子批评当时各国君主"制民之产",上不足以赡养父母,下不足以抚养妻子儿女。好年成生活尚且艰难困苦,坏年成更是性命难保。到了这个地步,老百姓连保命都恐怕来不及,哪里还有闲暇来修养礼仪呢?孟子指出君王如果想施行仁政,必须从根本上着手,具体措施是"五亩之宅,树之以桑,五十者可以衣帛矣。鸡豚狗彘之畜,无失其时,七十者可以食肉矣。百亩之田,勿夺其时,八口之家可以无饥矣。"赐给百姓五亩大的宅院,并种上桑树,五十岁以上的老者都可以穿上好衣服。再豢养鸡、狗、猪等家禽,又不失其繁育之时,七十岁以上的老者都可以有肉吃。分给百姓百亩耕地，统治者不要去妨碍他们的生产，八口人的家庭都可以粮食富足了。然后再通过学校教育，向他们重申孝悌的道理，这样只要有头发斑白的老人在路上负重行走，便会有好心的年轻人替他背负重物。老者有好衣服穿有肉吃，百姓吃得饱穿得暖，要想不称王都不行。① 对于"制民恒产"的具体措施，《孟子·尽心上》还有更细致的介绍，孟子认为五亩大的宅院，只要墙下栽上桑树，妇女用它养蚕，"老者足以衣帛矣"。再养五只母鸡、两头母猪，不错过它们的繁殖时期，则"老者足以无失肉矣。"百亩的耕地，由男子耕种，这样"八口之家足以无饥矣"。

孟子"制民恒产"落实的具体方案就是推行"井田制"。孟子认为要想实行"仁政"，必定要从划分确定田界开始。经界不正，井田的面积就不均匀，税收也就不公平合理，而古代的暴君污吏都败于此。只有田界划分正确了，那么分配井田和制定税收标准，就变得轻而易举，自然也就实现了"仁政"。经理田界的核心内容就是划分"井田"，关于"井田制"的具体内容，滕文公曾派毕战向孟子询问"井地"。孟子回答说："方里而井，井九百亩，其中为公田。八家皆私百亩，同养公田；公事毕，然后敢治私事。"②这段话包含以下几个层次：从井田划分来说，一里见方的土地为一个井田，每一井田包含九百亩，中间一块一百亩为公田；从耕作方式上来说，公田之外的八块一百亩土地分给八家耕种，收获物归八家所有。这八家共同耕作公田，公田收入全部作为税收上缴统治者；从耕作顺序上来说，要先耕公田，公田耕种完毕，八家才能到各自的农田上劳作。然而孟子似乎对此也并不十分确定，他对毕战说："此其大略也；若夫润泽之，则在君与子矣。"这也只不过是一个大概，至于如何改进和完善，那就在于国君和你本人了。孟子提出"井田制"的直接目的是基于"制民恒产"的需要，有些学者认为"井田制"并不是周代的制度，它只是孟子理想化的乌托邦。③

孟子"仁政"学说在经济上的另一主张是"薄税敛"。孟子反对横征暴

---

① 《孟子·梁惠王上》。

② 《孟子·滕文公上》。

③ 胡适：《井田辨》，《胡适文存》（二集），上海书店1989年版；胡寄窗：《关于井田制的若干问题的探讨》，《学术研究》1981年第4—5期；赵世超、李曦：《西周不存在井田制》，《人文杂志》1989年第5期；袁林：《两周土地制度新论》，东北师范大学出版社2000年版，第285—339页；卢中阳、赵世超：《再论贡、助、彻：孟子的理想与现实》，《暨南史学》2012年第7辑。

敛,将其比喻为"率兽而食人"。统治阶级"庖有肥肉,厩有肥马",而下层社会却是"民有饥色,野有饿莩",孟子称此为"率兽而食人"。孟子认为野兽自相残杀,人尚且厌恶它。那么,作为统治者使老百姓活活地饿死,便无异于"率兽而食人"了,又怎么能够做老百姓的父母官呢?① 邹国与鲁国交战,邹国官吏战死了三十三人,而百姓却没有一个为他们而牺牲的。邹穆公向孟子请教,杀这些人吧? 又杀不了那么多。不杀他们吧? 又实在恨他们眼睁睁地看着长官被杀而无动于衷。孟子却说,灾荒年岁,君王使百姓年老体弱的人弃尸沟壑,年轻力壮四处逃荒者成千上万。而君王的仓库里堆满粮食,府库里装满财宝,官吏们从来不报告老百姓的情况,这是他们不关心百姓死活并残害老百姓的表现。他还引用曾子的话:"戒之戒之! 出乎尔者,反乎尔者也。"来比喻你怎样对待别人,别人也会怎样对待你。指出君王只要施行仁政,老百姓自然就会亲近他们的统治者,肯为他们的官长牺牲了。② 在孟子的心中,国家理想的税收比率是什一而税。他曾举过文王治岐的例子,认为从前周文王治理岐周的时候,对百姓的税率是九分抽一。即使"关市讥而不征,泽梁无禁,罪人不孥。"那些鳏、寡、孤、独等天下之穷民也会受到惠顾。③ "耕者九一"尚且如此,那么"什一之税"的社会效应便更让人期待了。孟子提出:"夏后氏五十而贡,殷人七十而助,周人百亩而彻,其实皆什一也。"夏代每家五十亩地,采用"贡"法征税;商代每家七十亩地,采用"助"法征税;周代每家一百亩地,采用"彻"法征税,然而就其税率而言都实行的是十分抽一。在征收方式上,孟子推崇借民力而耕的"助法"。他认为"贡"法不好,"贡"法是比较若干年的收成取得平均数作为常数,并按常数收税。丰收的年份,粮食多得狼藉满地,多征些粮不算暴虐,相对说来"贡"法却征收得少。灾荒年份,即使把落在田里的粮粒扫起来凑数,也不够交税的,而"贡"法却非要足数征收。国君作为百姓的父母,却使百姓一年到头劳累不堪,结果还不能养活父母,还得靠借贷来补足赋税,使得老幼"转乎沟壑"。而"助"法却不同于此,"助"法将土地分为公田和私田,农民助耕公田,统治者收取公田上的农产品作为税收。丰收年份统治者可以多收入而不影响农

① 《孟子·梁惠王上》。
② 《孟子·梁惠王下》。
③ 《孟子·梁惠王下》。

民的生活。在灾荒年份统治者可以少收入一些，不致使农民活不下去。孟子还根据《诗经》中有"雨我公田，遂及我私"的记载，认为只有助法才有公田之分，进而推测周代实行的是"助"的征税方法。① 在孟子看来，"井田制"也是"助"法最好体现。这种构想是承认百姓对土地拥有一定的占有权，反对杀鸡取卵式的剥削，主张征税有一定的限度，使农民生活得到保障。

孟子"制民恒产"和"薄税敛"的目的就是要实现"富民"。《孟子·尽心上》云："易其田畴，薄其税敛，民可使富也。"百姓富裕之后，再"食之以时，用之以礼"，这样财物便"可胜用"了。孟子还将财富比喻成百姓日常生活需用的水火，他认为老百姓离开了水与火便不能够生活，可是当有人黄昏夜晚敲别人的门求水与火时，没有不给予的。为什么呢？因为大家的水、火都很充足。圣人治理天下，如果使百姓的粮食像水与火一样充足，粮食像水与火一样多了，百姓自然舍得施舍，"民焉有不仁者乎？"孟子把"富民"看成是仁德的基础，这与马克思主义所强调的经济基础决定论是相类似的。

"仁政"学说在政治上的主张是实行"王道"。孟子认为"以力假仁者霸"，而"以德行仁者王"。施行"霸道"一定要凭借国力的强大，而施行"王道"却不必以强大国家为基础。商汤有七十里之地，周文王也只有百里之地，他们施行仁政，百姓归服，从而成就了各自的王业。依靠武力使人服从，人民不会心悦诚服，只是因为他本身实力不够的缘故。而依靠德义使人服从，人民才能惠心顺服，就像七十多位大弟子归服孔子一样。② 孟子去见梁惠王，梁惠王问孟子天下要怎样才得安定。孟子说："定于一。"梁惠王又问："孰能一之？"孟子说："不嗜杀人者能一之。"梁惠王接着又问："孰能与之？"孟子说："天下莫不与也。"他拿禾苗做比喻，如果统治者能施行"仁政"，天下就像七八月间长期不雨，禾苗枯槁，突然迎来了一场大雨，禾苗久旱逢甘雨，迅猛生长，没有谁能够挡得住。又说："今夫天下之人牧，未有不嗜杀人者也。"如果有一位不嗜杀的君王，那么天下的老百姓都会伸长脖子期待他的解救，百姓都会归附并跟随着他，就像水向下奔流一样。故而天下没有人不追随他的。③ 这里"不嗜杀人者"就是指施行"仁政"的统治者。孟子认为

① 《孟子·滕文公上》。
② 《孟子·公孙丑上》。
③ 《孟子·梁惠王上》。

"争地以战,杀人盈野;争城以战,杀人盈城",就像为了土地而吃人肉,所犯的罪恶超出死亡的范围。孟子将该受刑者排了个序列:善于打仗的人要"服上刑",唆使诸侯合纵连横者受次一等的刑罚,"辟草莱""任土地"者受再次一等的刑罚。可见,孟子主张"王道",而反对"霸道"。"王道"着眼于争取民心,其目的是为了"保民而王"。①

在孟子看来,施行"仁政"会得到事半功倍的效果。孟子认为虽是一个地方百里的小国,只要"施仁政于民","省刑罚,薄税敛,深耕易耨",并使"壮者以暇日修其孝悌忠信,入以事其父兄,出以事其长上",便可以率领百姓用棍棒打败秦、楚的坚甲利兵。加上当时秦国和楚国无时不征兵、征工侵夺农时,使百姓不能够通过耕种耨获来赡养自己的父母,致使父母冻馁兄弟妻子离散。使百姓陷于痛苦当中,这样再去征伐秦国和楚国,还有谁会帮助他们抵抗呢?② 如果"万乘之国"施行"仁政",会得到更多百姓的拥护,就好像人倒挂着被解救了一般,会得到"事半功倍"的效果。因此孟子进而提出"仁者无敌"的政治见解。③

孟子"仁政"学说发展了古代的"民本"思想,在政治上提出了"民贵君轻"的主张。周人克商,结束了以神为本、神权至上时代,一个民神并重、以民为本时代逐渐到来。④ 周公旦曾申告康叔,到封地后要遍求殷先哲王"用保乂民"及"用康保民"之道,努力寻求殷商老成人度量民心而知所训导之方。⑤ 周公亦引古人之言曰:"人无于水监,当于民监。"⑥"监"通"鉴",视也。周公强调不要只把水当作镜子来观察自己,还应该把民众当作镜子来观察自己政绩的得失。春秋时期继承了西周以来提出的"民本"思想,并进一步加以发扬。《左传·襄公三十一年》记载吴国的嗣君"甚德而度",被认为是"若天所启"。有德才会"不失民",有度才会"不失事",百姓亲近统治者且服事有规矩,因此才被认为是上天的意思。《左传·文公六年》记载秦穆公死后用子车氏三子殉葬,君子"是以知秦之不复东征也",由于秦穆公"死而

---

① 《孟子·梁惠王上》。
② 《孟子·梁惠王上》。
③ 《孟子·梁惠王上》。
④ 王晖:《商周文化比较研究》,人民出版社2000年版,第130页。
⑤ 《尚书·康诰》。
⑥ 《尚书·酒诰》。

弃民",不仅"无法以遗后嗣",又"收其良以死",因此秦穆公被认为"不为盟主也,宜哉"。《左传·僖公十九年》记载,宋襄公使邾文公用鄫子作为人牲去祭社,司马子鱼反对说:"祭祀以为人也。民,神之主也。用人,其谁飨之。"不仅提出祭祀是为了人,而且还认为民是神之主。民为神主的提法亦见于《左传·桓公六年》,季梁对随侯曰:"夫民,神之主也。是以圣王先成民而后致力于神。"在民和神的排序上,明确提出民要先于神。孟子继承了前期的"民本"思想,又向前推进了一大步。孟子明确提出了"民贵君轻"的思想,"民为贵,社稷次之,君为轻"。他认为"得乎丘民而为天子,得乎天子为诸侯,得乎诸侯为大夫"。只要民心不移,社稷和君都可变。"诸侯危社稷",则变置其君。"旱(旱)干水溢",则变置社稷之神。他认为夏桀和商纣王之所以失去天下,是因为失去了百姓支持的缘故。之所以失去老百姓的支持,是因为失去了民心。得天下有道,"得其民,斯得天下矣";得其民有道,"得其心,斯得民矣";得其心有道,"所欲与之聚之,所恶勿施",这样便接近了获得民心之道。百姓归服仁德,就像水往低处流,兽向旷野跑一样。当今之世如果有哪位诸侯喜好仁德,那么其他诸侯就会像水獭驱鱼、鹯鹰驱鸟雀一样替他把百姓赶来。替商汤王和周武王把百姓赶来的正是残害百姓的夏桀和殷纣王。① 孟子认为只要"保民而王",便"莫之能御也"。②

孟子指出实行仁政并不难,就是将人皆有之的"不忍人之心"应用于政治即可。在孟子看来,每个人都有不忍人之心。如果有人突然看见一个小孩要掉进井里面,必然会产生惊惧同情的心情,这不是因为要想去和这孩子的父母拉关系,也不是要想在乡邻朋友中博取声誉,更不是因为厌恶这孩子的哭叫声才产生这种惊惧同情心理,这都是人皆有不忍人之心的原因。先王由于有"不忍人之心",所以才会有"不忍人之政"。以不忍人之心,行不忍人之政,治理天下就可以像在手掌心里面运转东西一样容易了。③

（二）"性善"论

人性论是先秦儒家思想中一个重要命题,早年的孔子就对人性问题给

---

① 《孟子·离娄上》。
② 《孟子·梁惠王上》。
③ 《孟子·公孙丑上》。

予过关注。孔子在《论语·阳货》篇中说："性相近也,习相远也。"这里孔子把"性"和"习"相对而言。"性"指的是每个人各自的自然本性,包括性格、禀赋和智力等。"习"是指后天的主观努力和行为,包括学习、生活环境、外在条件的制约和熏染等。孔子认为人性原初状态是相近的,只是因为后来的习染不同,便相距悬远了。从这段话中我们可以了解到,孔子已经触及人性问题,但并未对人性进行具体的价值评判,也未对人性的内涵加以专门的阐释。

孟子则从孔子关于人性问题的论述出发,创造性地提出了"性善"论,并将其作为他哲学思想的理论基础。在滕国君主滕文公还是太子的时候,要到楚国去,经过邹国时拜访了孟子,称"孟子道性善,言必称尧舜",①孟子曾给滕文公讲他的"性善"学说,话题从不离尧舜。公都子问孟子,告子说人性无所谓善良不善良;又有人说,人性可以使它善良,也可以使它不善良。周文王、周武王当朝,老百姓就善良。周幽王、周厉王当朝,老百姓就横暴。也有人说,有的人本性善良,有的人本性不善良。虽然有尧这样善良的人做天子,却有不善良的臣民。虽然有瞽叟这样不善良的父亲,却有舜那样善良的儿子。虽然有殷纣王这样不善良的侄儿,却也有微子启、王子比干那样善良的长辈和贤臣。如果说人性本善,那么他们都说错了吗? 孟子回答说:"乃若其情,则可以为善矣,乃所谓善也。若夫为不善,非才之罪也。"②从天生的性情来说,都可以使之善良,至于说有些人不善良,那不能归罪于天生的资质。很显然,孟子从人性的原初和本色角度来讨论人性。他认为从人性的初始看,每个人都存在着为善的可能性。

孟子认为人本性乃先天赋予。告子曾对孟子说:"性犹湍水也,决诸东方则东流,决诸西方则西流。人性之无分于善不善也,犹水之无分于东西也。"告子否认人的本性是上天赋予的,他认为人性就像急流的水一样,缺口在东便向东方流,缺口在西便向西方流。人性也无所谓善与不善,就像水无所谓向东流向西流一样。孟子回应说:"水信无分于东西。无分于上下乎?人性之善也,犹水之就下也。"水的确无所谓向东流和向西流,但是也无所谓向上流和向下流吗? 而人性向善,就像水往低处流一样。孟子得出结论说:

---

① 《孟子·滕文公上》。
② 《孟子·告子上》。

"人无有不善,水无有不下。"当然,如果水受拍打而飞溅起来,能使它高过额头;加压迫使其倒行,能使它流上山冈。这并不是水的本性,是形势迫使它如此的。人可以迫使他做坏事,但本性是不会变的。告子还提出:"性犹杞柳也,义犹杯棬也;以人性为仁义,犹以杞柳为杯棬。"即人的本性好比杞柳,义好比杯盘;使人性变得仁义,就像把杞柳做成杯盘。孟子反驳说,你能顺着杞柳的性状把它做成杯盘呢?还是要伤害了它的性状把其做成杯盘呢?如果是伤害了它的性状而把它做成杯盘,那么也要伤害了人的本性使它变得仁义吗?孟子认为这种看法显然是不成立的,人之本性本为善的。他指出告子的这种论调是会引领天下人给仁义带来灾难。孟子还着眼于以人的特殊性去认识人的本性,告子谓:"生之谓性。""生",是指与生俱来的东西,即人的自然属性。"生之谓性"就是说天性是生来就具有的。孟子对此表示反对,他说:"生之谓性也,犹白之谓白与?""白羽之白也,犹白雪之白;白雪之白犹白玉之白与?""然则犬之性犹牛之性,牛之性犹人之性与?"① 孟子说,假如"生之谓性"这一命题正确,那么白羽毛、白雪、白玉的白都是相同的,依此推论,狗的本性、牛的本性和人的本性便也是相同的,显然是荒唐的。

孟子将道德伦理与"性善"说联系起来,即认为仁义礼智根于心性。孟子提出"恻隐之心""羞恶之心""恭敬之心""是非之心",人人都有。这"四心"又称为"四端",犹如人有四体一样,他们分别是仁、义、礼、智的发端。仁义礼智都不是由外在的因素加给我的,而是我本身固有的,只不过平时没有去想它,因而不觉得罢了。有"四端"却自认为不行的,是自暴自弃的人。认为他的君主不行的,是暴弃君主的人。凡是有"四端"的人,都要扩大充实它们,就像火刚刚开始燃烧,泉水刚刚开始流淌一样。如果能够扩充它们,便足以安定天下,如果不能够扩充它们,就连赡养父母都成问题。② 孟子认为仁义礼智都在人的"心"中,都是人生来在本性中就固有的,我们有时意识不到,但不等于它不存在。孟子举了牛山之木的例子,他说牛山的树木曾经很茂盛,但是由于处在大都郊外,经常遭到人们的砍伐,因此显得稀疏颓败了。但是随着雨露的滋润,它们无时不在生长,并有青枝嫩芽长出来,但随即又

① 《孟子·告子上》。
② 《孟子·告子上》《孟子·公孙丑上》。

有人赶着牛羊去放牧,所以也就变得光秃秃的了。人们看见它光秃秃,便以为牛山从来不曾有过高大的树木,这并非山之本性。人也是如此,每个人都拥有仁义之心。只是他们放任良心失去,也像用斧头砍伐树木一样,天天早晨砍伐,善心因此被掩盖了。但良心也日日夜夜地生息,在天刚亮时,人在内心中滋生出来的好恶与一般人接近,但白天的所作所为又将其戕割了。如此反复,便使人夜晚养息之气不足以存,也就和禽兽差不多了。人们见到这些人的所作所为和禽兽差不多,还以为他们从来就没有过善心。这是由于善心没有得到滋养的缘故。① 孟子称这种不用学习和思虑就具有的知识和才能为"良知"与"良能"。他说:"人之所不学而能者,其良能也;所不虑而知者,其良知也。"②孟子强调:"天下之本在国,国之本在家,家之本在身。"③只有身先修好了,再推己及人,自然国家也就和谐强大了。正如《大学》中所说:"身修而后家齐,家齐而后国治,国治而后天下平。"

因为"性善"是人的天性,孟子认为寻找人的"善端",保存和发展人的善性,必须"自反""求放心""养心"和"养气"。孟子说,君子与一般人不同的地方在于其"存心"不同,君子"以仁存心,以礼存心"。仁爱的人爱别人,礼让的人尊敬别人。"爱人者,人恒爱之;敬人者,人恒敬之。"爱别人的人,别人也一定爱他;尊敬别人的人,别人也一定尊敬他。如果有个人蛮横无理,君子必定反躬自问:我一定不仁、一定无礼吧,不然的话他怎么会对我这样呢? 如果反躬自问是仁和有礼的,而那人仍然蛮横无理,君子必定再次反躬自问:我一定不忠吧! 如果反躬自问是忠的,而那人仍然蛮横无理,君子就会说这人不过是个狂妄之人罢了。这样的人便和禽兽没有什么区别,而对禽兽又有什么好责难的。因此君子有终身的忧虑,但没有一朝一夕的祸患。人人应该有这样的忧虑,"舜,人也;我,亦人也"。而舜是天下的楷模,名声传于后世,可我却不过是一个普通人而已,这个才是值得忧虑的事。忧虑又怎么办呢? 像舜那样做罢了。做到"非仁无为""非礼无行",这样虽有"一朝之患",但君子终"不患矣"。④ 孟子还说:"爱人不亲,反其仁;治人不治,

---

① 《孟子·告子上》。
② 《孟子·尽心上》。
③ 《孟子·离娄上》。
④ 《孟子·离娄下》。

反其智；礼人不答，反其敬。行有不得者，皆反求诸己，其身正而天下归之。"①仁爱别人却得不到别人的亲近，就应反问自己的"仁"是否够。治理天下却不能治理好，就应反问自己的"智"是否出了问题。以礼待人却得不到别人回应，就应反问自己的"敬"是否到家。凡是行为得不到预期的效果，都应该反省检查自己，自身行为端正了，天下的人自然就会归服。孟子认为"万物皆备于我"，便反躬自问，如果诚实无欺，便是"乐莫大焉"。不懈地以推己及人的恕道去做，便是最接近仁德的道路。②

在孟子看来，"自反"是为了"求放心"。孟子说："仁，人心也；义，人路也。"放弃了大道不走，失去了本心而不知道寻求，是悲哀的事情。有的人鸡狗丢失了尚知道去找回来，本心失去了也应该去寻求。在孟子看来，"学问之道无他，求其放心而已矣"。学问之道没有别的什么，不过就是把那失去了的本心找回来罢了。③

孟子还提出保持和发展善性的主要方法，即"养心"和"养气"。孟子说，人的身体有重要的部分，也有次要的部分，有小的部分，也有大的部分。不要因为小的部分而损害大的部分，不要因为次要的部分而损害重要的部分。"养其小者为小人，养其大者为大人。"那种只知道吃吃喝喝的"饮食之人"受人鄙视，是"为其养小以失大"的缘故。④那失去了的"大的部分"到底是什么呢？孟子没有明说。不过，从孟子的叙述来看，我们知道那就是"饱食、暖衣、逸居而无教"的"教"。⑤ 也就是孔子所谓"饱食终日，无所用心"的"用心"。⑥ 赵岐注释说："只晓得吃喝的人之所以受到人们鄙视；是因为他保养口腹而失去道德。"⑦养心的具体方法是"寡欲"。孟子认为"养心莫善于寡欲"。一个人如果欲望很少，即便本性有所失去，那也是很少的；一个人如果欲望很多，即便本性还有所保留，那也是很少的了。⑧ 此外，除了"寡欲"还要"养气"。公孙丑问孟子擅长哪一方面。孟子回答说："我知言，我善养吾浩

① 《孟子·离娄上》。
② 《孟子·尽心上》。
③ 《孟子·告子上》。
④ 《孟子·告子上》。
⑤ 《孟子·滕文公上》。
⑥ 《论语·阳货》。
⑦ 上海古籍出版社编：《十三经注疏》，上海古籍出版1997年版，第2752—2753页。
⑧ 《孟子·尽心下》。

— 28 —

然之气。"公孙丑接着问:"何谓浩然之气?"孟子说,这很难用一两句话解释清楚。这种气极端浩大,极端有力量,用正直去培养它而不去损害,它就会充满天地之间。不过,这种气必须与"义与道"相配,否则就会"馁也"。而且必须要有经常性的仁义道德蓄养才能生成,而不是靠偶尔的正义行为就能获取的。一旦你的行为问心有愧,这种气就会"馁矣"。孟子批评告子"未尝知义",因为告子把义看成心外的东西。孟子告诫人们一定要做集义养气的事,但不要预期所达到的效果。心中不要忘记,但也不要一厢情愿地去帮助它生长。为此孟子举了揠苗助长的寓言故事,宋国有个人嫌他种的禾苗长得太慢,于是到地里去用手把它们一株一株地拔高,累得气喘吁吁地回家,对家里人说,今天可真把我累坏了。不过,我总算让禾苗一下子就长高了。他的儿子跑到地里去一看,禾苗已全部干死了。孟子感慨:"天下之不助苗长者寡矣。"认为养护庄稼没有用处,而不去管它们的人,是只种庄稼不除草的懒汉。一厢情愿地去帮助庄稼生长者,就是这种拔苗助长的人,不仅没有益处反而害死了庄稼。① 孟子利用这一寓言故事,对急功近利的行为给予了无情的批判和讽刺。

　　孟子也非常重视后天环境对人的影响。他说:"富岁,子弟多赖;凶岁,子弟多暴。"孟子认为这不是天生资质的不同,而是由于外部环境"陷溺其心者"使然。② 孟子与戴不胜有一段对话,他问戴不胜:"子欲子之王之善与?"就像有一位楚国的大夫,希望他的儿子学会说齐国话,是找齐国的人来教他好呢? 还是找楚国的人来教他好呢? 戴不胜回答说:"使齐人傅之。"孟子接着又说,如果一个齐国人来教他,却有许多楚国人在他周围用楚国话来干扰他,即使你每天鞭打他,要求他说齐国话,那也是不可能的。反之,如果把他带到齐国去,住在齐国的某个街市,比方说名叫庄岳的地方,在那里生活几年,那么即使你每天鞭打他,要求他说楚国话,那也是不可能的了。孟子对戴不胜言,你说薛居州是个好人,要他住在王宫中。如果在王宫中的人,无论年龄大小还是地位高低都是像薛居州那样的好人,那君王和谁去做坏事呢? 相反,如果在王宫中的人,无论年龄大小还是地位高低都不是像薛居州

① 《孟子·公孙丑上》。
② 《孟子·告子上》。

那样的好人，那君王又和谁去做好事呢？① 显然一个薛居州并不能把宋王怎么样，而是由许多人共同创造的生活环境影响着宋王。孟子从范邑到齐都，远远地望见了齐王的儿子，非常感叹地说："居移气，养移体，大哉居乎！夫非尽人之子与？"即地位改变气度，奉养改变体质，地位是多么重要啊！他不也是人的儿子吗？孟子接着又说："王子宫室、车马、衣服多与人同，而王子若彼者，赔使之然也。"王子的住处、车马、衣服多半与他人相同，而王子表现出那个样子，是他的地位使其如此的。更何况那处在天下最广大地位上的人呢？鲁国的国君到宋国去，在宋国的城门下呼喊。守门的人便说："此非吾君也，何其声之似我君也？"这没有别的原因，是他们的地位相似罢了。②

　　为了把"性善"论进行到底，孟子还反驳了告子的"义外"说。告子说："食色，性也。仁，内也，非外也；义，外也，非内也"，"彼长而我长之，非有长于我也；犹彼白而我白之，从其白于外也，故谓之外也"，"吾弟则爱之，秦人之弟则不爱也，是以我为悦者也，故谓之内。长楚人之长，亦长吾之长，是以长为悦者也，故谓之外也"。③ 告子认为，食欲、性欲，是人的天性。仁是生自内心的，不是外因引起的；义是外因引起的，不是生自内心的。有人比我年长，我便尊敬他，不是预先就有尊敬他的念头在我心里。好比他肤色白，我便认为他白，是由于他的白显露在外的缘故，所以说义是外因引起的。是我弟弟，我就爱他。是秦国人的弟弟，就不爱他，爱或不爱取决于自己，这叫作"仁内"。尊敬楚国人中的长者，也尊敬我自己的长者，这是由他们年纪大而决定的，这叫作"义外"。孟子反驳告子说："彼长于白马之白也，无以异于白人之白也；不识长马之长也，无以异于长人之长与？且谓长者义乎？长之者义乎？"孟子说，白马的白，没有什么区别于白人的白；不知道对老马的尊敬，也没有什么区别于对长者的尊敬的吗？再说，是认为长者存在义呢，还是尊敬他的人存在义呢？显然孟子强调的是后者。孟子又说："耆秦人之炙，无以异于耆吾炙，夫物则亦有然者也，然则耆炙亦有外与？"④爱吃秦国人烧的肉，同爱吃自己烧的肉，是没有什么区别的。其他事物也有这样，那么爱吃肉也是由外因引起的吗？由上可知，孟子肯定道德意识具有主观性的一面，

---

① 《孟子·滕文公下》。
② 《孟子·尽心上》。
③ 《孟子·告子上》。
④ 《孟子·告子上》。

否定道德意识形成的外在条件。

(三)"法先王"的历史观

"法先王"的历史观始于儒家的孔子,他把古代帝王纳入儒家的道德理想中,使他们成为儒家道德实践者,并作为推行儒家道德观念时宣扬的根据。孔子曰:"甚矣吾衰也! 久矣吾不复梦见周公。"①孔子以长时间都不梦见周公,而认为自己衰老了。周公名旦,他是周文王的儿子,周武王的弟弟,曾辅佐周成王,也是孔子心目中最敬服的古代贤圣之一。孟子继承了孔子的这一思想,并明确提出了"法先王"的历史观。孟子对齐国大夫景子说:"我非尧舜之道,不敢以陈于王前,故齐人莫如我敬王也。"②孟子向齐王述说的都是先王尧舜之道。孟子认为即使有离娄的好视力、公输班的技巧,如果不用圆规和曲尺,也不能准确地画出圆形和方形来。即使有师旷那样好的辨音的听力,如果不用六律,也不能校正五音。"尧舜之道"也是一样,如果不实施仁政,也不能治理好天下。有人虽有"仁心仁闻",但老百姓却受不到他的恩泽,这是因为他"不行先王之道"的缘故。因此只有好心不足以治理政治,只有好方法它也不能够自己实行起来。所以《诗经》说:"不愆不忘,率由旧章。"遵循"先王之法"而犯错误,是从来没有过的。圣人竭尽了目力,又用圆规、曲尺、水准、绳墨,以为"方圆平直",这些东西用之不尽。圣人竭尽了听力,又用六律来校正五音,各种音阶便用之无穷。圣人竭尽脑力,又施行不忍人的仁政,便可"仁覆天下"了。因此说,筑高台一定要凭借山陵,挖深池一定要凭借山沟沼泽。如果执政不依托"先王之道",便是不明智。有人诋毁"先王之道",这便是拖沓啰唆的表现。③ 孟子认为圣人代表"人伦之至也"。想要为君"尽君道",想要为臣"尽臣道",二者都要效法尧、舜。不用舜侍奉尧的态度来侍奉君主,就是不敬重他的君主;不用尧治理百姓的方法来治理百姓,就是残害他的百姓。④ 在孟子看来,先王是"仁政"和"性善"的表率,故而《滕文公上》曰:"孟子道性善,言必称尧舜。"他给滕文公讲"性善"的道理,话题从不离尧舜。

---

① 《论语·述而》。
② 《孟子·公孙丑下》。
③ 《孟子·离娄上》。
④ 《孟子·离娄上》。

前文我们主要阐述了孟子的"仁政"学说、"性善论"和历史观三方面的思想创新。"仁政"学说，在经济上主张"制民恒产"和"薄税敛"，在政治上主张实行"王道"，反对暴力政治的"霸道"，同时还发展古代的"民本"思想，提出了"民贵君轻"的观点。孟子在孔子关于人性论的基础上，创造性地提出了"性善"论，并以此作为他哲学思想的理论基础。他认为人之本性是先天赋予的，还将道德伦理与"性善"说联系起来，认为仁、义、礼、智根于心性。因为"性善"是人的天性，所以为了寻找人的"善端"，保存和发展人的善性，必须"自反""求放心""养心"和"养气"。孟子亦非常重视后天环境对人的影响。孟子在前人的基础上，明确提出了"法先王"的历史观。

二、荀子的思想要旨

荀子，名况，时人尊而号为卿，战国末年赵国人，生卒年约前313—前238。荀子是继孔子、孟子之后的大儒。关于荀子的记载很少，而且颇有出入。据《荀子》一书，他曾游学于齐国，在齐湣王晚年上书说齐相不被采纳，一度离开齐国去往楚国。在齐襄王时期又返回到齐国，曾担任齐国稷下学宫祭酒。后来遭人谗言再次离开齐国到了楚国，楚相春申君让他做了兰陵令。在此期间又遭人诬蔑去了赵国，在赵国曾与临武君在赵孝成王面前议兵，曾应秦昭王聘请进入秦国。不久复返楚国，仍为兰陵令。楚考烈王二十五年，春申君被李园杀害，荀子被免官，居于兰陵，授徒著书以终了人生。荀子弟子众多，其中韩非和李斯都出自他的门下。《荀子》一书大部分是荀子个人所作。

荀子是战国末年儒家的重要代表人物，他非常推崇孔子和子弓。荀子说："无置锥之地，而王公不能与之争名，在一大夫之位，则一君不能独畜，一国不能独容，成名况乎诸侯，莫不愿以为臣，是圣人之不得势者也，仲尼子弓是也。"[①]没有立锥之地，而帝王公侯不能同他们争名位高低。处在一个大夫的职位上，一个诸侯国的国君不能独自占有他，一个国家也不能独自容下他。他的名望传遍各诸侯国，没有一个君主不愿意任用他为臣，这是没有取得权势的圣人，这种人非孔子和子弓莫属。荀子还说："其言有类，其行有礼，其举事无悔，其持险应变曲当。与时迁徙，与世偃仰，千举万变，其道一

---

① 《荀子·非十二子》。

也。是大儒之稽也。其穷也俗儒笑之；其通也英杰化之，嵬琐逃之，邪说畏之，众人媿之。通则一天下，穷则独立贵名，天不能死，地不能埋，桀跖之世不能污，非大儒莫之能立，仲尼、子弓是也。"①荀子认为孔子和子弓言谈符合法规，行为符合礼仪，做事从不犹豫，控制危险的局势适应时代变化而且恰当。随着时代的变化而变化，随着社会的发展而发展，但其治理国家的原则却始终如一。处在困境的时候，那些庸俗的儒生会讥笑他们。处境顺达时，那些英雄豪杰会被他们感化。奸诈的小人会避开，持邪说的人会惧怕，众人见了都会感觉到惭愧。仕途通达则会统一天下，身处逆境就会独自树立高贵的名望。上天不能叫他们死，大地也不能将其埋葬，就是夏桀和盗跖当道的社会也不能玷污，非大儒不能同他们并世而立。荀子认为，当今的仁人要"上则法舜禹之制，下则法仲尼子弓之义，以务息十二子之说。如是则天下之害除，仁人之事毕，圣王之迹着矣。"②在上要效法帝舜和大禹的制度，在下要效法孔子和子弓的礼义思想，并用来制止十二子的学说。如果这样，天下的祸害就能被铲除，仁人的事业就能够完成，圣王的功绩就会彰显。同时，荀子也非常重视儒家经典，主张："始乎诵经，终乎读礼。"③关于学习从哪里开始，到哪里结束，荀子认为学习的顺序应该是从读经开始，读到礼结束。然而，荀子虽然继承了儒家的一些思想，但并不局限前人成说，在思想上亦有许多创新。

(一)"天人相分"的天命观

天人关系是先秦哲学家讨论的核心问题之一。对于这一问题的探讨最早可以追溯到商周时期，商人把上帝鬼神观念和天命观紧密联系在一起，④商王认为自己"有命在天"，⑤不管自己的德行如何，上帝祖宗鬼神总会保佑自己。到了西周时期，天命观发生了变化。周人在继承了殷人天命观的同时，还认为天命是不断变化的。周人认为自己虽然获得上天之"骏命"，但也

①　《荀子·儒效》。

②　《荀子·非十二子》。

③　《荀子·劝学》。

④　商代虽有天神，但殷人并无崇拜天神之习俗，殷人的天命观实际上是指上帝祖先神辅佑的神权统治观。王晖：《商周文化比较研究》，人民出版社2000年版，第130页。

⑤　《尚书·西伯戡黎》。

意识到"天命靡常"。商朝的子孙其数目以亿计算，一旦失去天命，便做了周朝的诸侯，由此认识到天命并不恒常。① 为此，周人提出了"敬天保民"的思想。周公东征平定"三监"之乱后，训导即将到殷商故地就封的康叔说："惟乃丕显考文王，克明德慎罚；不敢侮鳏寡，庸庸，祗祗，威威，显民，用肇造我区夏，越我一、二邦以修我西土。惟时怙冒，闻于上帝，帝休，天乃大命文王。殪戎殷，诞受厥命越厥邦民，惟时叙，乃寡兄勖。"周公认为周朝所以能够取得天下，在于周先王能够顺应天意，彰显上天的美德。所以周公要求康叔继承先王的传统，"往敷求于殷先哲王用保乂民""别求闻由古先哲王用康保民"。②周公告诫康叔前往殷人故土要广泛访求殷商圣明先王的治国之道，其目的是为了"用保乂民"或"用康保民"。周公还说："民情大可见，小人难保。往尽乃心，无康好逸，乃其乂民。"周公认为民情大致可以看出，民众难保。到了那里一定要全力以赴，不要贪图安乐享受，这样你才能治理好民众。《尚书·泰誓》也说："天视自我民视，天听自我民听"，③"民之所欲，天必从之。"④人民的眼睛就是天的眼睛，人民的耳朵就是天的耳朵。人民的想法，上天一定会听从的。

春秋时期继承了西周天命观念的同时，又有很大的推进，主要体现在春秋时期开始对一些自然现象做出科学的解释，从而反对所谓有定的天命思想。《左传·僖公十六年》记载"陨石于宋五"，《左传》作者将其解释为坠落的星星。对于"六鹢退飞过宋都"，《左传》作者认为是由于风大的缘故。当时周朝的内史叔兴到宋国聘问，宋襄公询问这两件事是否预示着吉凶祸福，叔兴回答说："今兹鲁多大丧，明年齐有乱，君将得诸侯而不终。"而叔兴退下来即告诉别人说："君失问。是阴阳之事，非吉凶所生也。吉凶由人，吾不敢逆君故也。"叔兴认为国君询问得不恰当，这是有关阴阳的事情，并不与人事吉凶有关。吉凶是由人的行为来决定的，我这样回答是由于不敢违背国君的缘故。《左传·僖公二十一年》记载鲁国大旱，僖公要烧死巫人和仰面朝天的畸形人。臧文仲曰："非旱备也。修城郭，贬食省用，务穑劝分，此其务也。巫尪何为？天欲杀之，则如勿生；若能为旱，焚之滋甚。"意思是说，这不

---

① 《诗经·大雅·文王》。
② 《尚书·康诰》。
③ 《孟子·万章上》引。
④ 《左传·襄公三十一年》引。

是防备旱灾的办法。修理城墙、贬损饮食、节省开支、致力农事、劝人施舍，这才是应该做的。巫人和仰面朝天的畸形人能做什么呢？上天要杀他们，就不应该生他们，如果他们能造成旱灾，烧死了它们会更加厉害。僖公听从了他的建议，这一年，鲁国虽然有饥荒，但没有伤害到百姓。据《左传·昭公十八年》记载，宋、卫、陈、郑四国发生大火，裨灶建议子产说："用瓘斝玉瓒，郑必不火。"①用瓘斝玉瓒祭祀神灵，郑国就一定不会发生火灾。又威胁说："不用吾言，郑又将火。"郑国人请求采纳裨灶的话，子产不同意。子大叔曰："宝，以保民也。若有火，国几亡。可以救亡，子何爱焉？"宝物是用来保护百姓的。如果有了火灾，国家差不多会灭亡。可以挽救灭亡，你爱惜它干什么？子产曰："天道远，人道迩，非所及也，何以知之？灶焉知天道？是亦多言矣，岂不或信？"子产认为天道幽远，人道切近，两不相关，怎么能了解它们的关系呢？裨灶哪里懂得天道，这个人的话多了，难道不会偶尔说中吗？于是子产就不给，郑国后来也没有再发生火灾。

　　孔子对天命采取了怀疑的态度，但是他并不否认天命的存在。换句话说，天命论和天神崇拜在孔子思想中仍然占有一定的位置。子贡曰："夫子之文章，可得而闻也；夫子之言性与天道，不可得而闻也。"②《论语·子罕》篇也说："子罕言利与命与仁。"这里子贡说孔夫子言天道不可而闻，不是说孔子不相信天道。"子罕言利与命与仁"，是说孔子很少提到功利、命运和仁德，并不是说孔子不信命运。在《论语》一书中我们发现有好多地方都提到了天道。如王孙贾问孔子曰："与其媚于奥，宁媚于灶，何谓也？"王孙贾问孔子，与其巴结房屋里西南角的神，宁可巴结灶君司命，这两句话是什么意思？孔子曰："不然；获罪于天，无所祷也。"③孔子认为他说得不对，若是得罪了上天，祈祷也没用。可见孔子没有否定天的神性。孔子去见南子，子路不高兴。孔子发誓曰："予所否者，天厌之！天厌之！"④孔子说，我假若不对的话，上天都会厌弃我！孔子离开曹国到了宋国，与弟子在大树下演习礼仪。宋司马桓魋想要杀死孔子，孔子说："天生德于予，桓魋其如予何？"⑤孔子说，天

① 《左传·昭公十七年》。
② 《论语·公冶长》。
③ 《论语·八佾》。
④ 《论语·雍也》。
⑤ 《论语·述而》。

在我身上生了这样的品德,那桓魋能把我怎样呢?孔子被匡地的群众所拘禁,孔子曰:"文王既没,文不在兹乎?天之将丧斯文也,后死者不得与于斯文也;天之未丧斯文也,匡人其如予何?"①孔子认为周文王死了以后,一切文化遗产不都在我这里吗?天若是要消灭这种文化,那我也不会掌握这些文化了。天若是不要消灭这一文化,那匡人将把我怎么样呢?颜渊死后,孔子曰:"噫!天丧予!天丧予!"②孔子非常喜欢他的弟子颜渊,颜渊死了之后,孔子说天老爷要我的命呀!有一次孔子慨叹没有人理解自己,子贡对曰:"何为其莫知子也?"孔子曰:"不怨天,不尤人,下学而上达。知我者其天乎!"③不怨恨天,不责备人,学习一些平常的知识,却透彻了解很高的道理,知道我的只是天罢!还有一次,孔子说:"予欲无言。"子贡向孔子问道,您假若不说话,那我们传述什么呢?孔子曰:"天何言哉?四时行焉,百物生焉,天何言哉?"④孔子将自己和天相比,认为天没有说话,然而四季却照样运行,百物也照样生长。

孔子不仅讲天,而且还讲命运。伯牛生了病,孔子去探问他,从窗户里握着伯牛的手对他说:"亡之,命矣夫!斯人也而有斯疾也!"⑤孔子说,难得活了,这是命呀,这样的人竟有这样的病!有一次,司马牛忧愁地说道:"人皆有兄弟,我独亡。"别人都有好兄弟,唯独我没有。子夏说:"死生有命,富贵在天。君子敬而无失,与人恭而有礼。四海之内,皆兄弟也。"⑥死生听之命运,富贵由天安排。君子只是对待工作严肃认真不出差错,对待别人辞色恭谨合乎礼节,天下之大到处都是好兄弟。鲁国有一个叫公伯寮的人,向季孙毁谤子路,子服景伯告诉孔子说:"夫子固有惑志于公伯寮,吾力犹能肆诸市朝。"季孙已经被公伯寮所迷惑了,可是我仍有力量把他的尸首在街头示众。孔子听了后,回答说:"道之将行也与,命也;道之将废也与,命也。公伯寮其如命何!"⑦孔子认为他的"道"实现与否,都是命运的安排,公伯寮能把

---

① 《论语·子罕》。
② 《论语·先进》。
③ 《论语·宪问》。
④ 《论语·阳货》。
⑤ 《论语·雍也》。
⑥ 《论语·颜渊》。
⑦ 《论语·宪问》。

我的命运怎样呢！孔子还说："不知命，无以为君子也；不知礼，无以立也；不知言，无以知人也。"孔子将命与礼、言相提并论，认为不懂得命运，没有可能做君子。

由上可知，孔子仍然相信天命。孔子提出君子有三畏，即"畏天命，畏大人，畏圣人之言"。而小人"不知天命而不畏"，故而轻视王公大人，轻侮圣人的言语。孔子还将知天命作为成就君子人格的前提条件，将"知天命"作为自己50岁时的修养所致。①

孟子虽在更为广泛的意义上讨论了天与人以及命与人的复杂关系，但仍然相信天命。孟子游说鲁国的时候，遭到臧仓谗言而没有得到任用，他便说："行，或使之；止，或尼之。行止，非人所能也。吾之不遇鲁侯，天也。臧氏之子焉能使予不遇哉？"②孟子认为道行得通，有某种力量促使它；行不通，有某种力量阻挠它。行和不行，不是人力所能决定的。我不能被鲁君任用，这是天意。臧氏怎能使我不遇鲁君呢？齐国人准备加强薛地的城池，滕文公很害怕，滕文公问孟子该怎么办才好。孟子对曰："昔者大王居邠，狄人侵之，去之岐山之下居焉。非择而取之，不得已也。苟为善，后世子孙必有王者矣。君子创业垂统，为可继也。若夫成功，则天也。君如彼何哉？强为善而已矣。"③孟子答道，从前太王居于邠地，狄人来侵犯。他便搬到岐山之下定居下来。这不是太王主动选择而采取的办法，实在是不得已才这样做的。要是一个君主能实行仁政，即使他本人没有成功，他的后代子孙也一定会成为帝王的。有德的君子创立功业，正是为着世代传承下去。至于能否成功，也还得依靠天命。孟子为滕文公对付齐人出的计策就是努力实行仁政就好了，其他的都要依靠天命。孟子在离开齐国的时候曾说过一段话，他说："五百年必有王者兴，其间必有名世者。由周而来，七百有余岁矣。以其数，则过矣；以其时考之，则可矣。夫天未欲平治天下也；如欲平治天下，当今之世，舍我其谁也？吾何为不豫哉？"④从历史上来看，每五百年就会有一位圣贤君主兴起，这期间也一定会有杰出的人才出现。从周武王以来，到现在已经七百多年了。从年数来看，已经超过了；从时势来考察，也正应该是时候

① 《论语·为政》。
② 《孟子·梁惠王下》。
③ 《孟子·梁惠王下》。
④ 《孟子·公孙丑下》。

了。大概老天不想使天下太平了吧，如果想使天下太平，当今世界除了我还有谁呢？我还有什么不快乐呢？孟子把自己受任用与否归于天的安排。孟子还说："天下有道，小德役大德，小贤役大贤；天下无道，小役大，弱役强，斯二者，天也。顺天者存，逆天者亡。"①政治清明的时候，道德不高的人为道德高的人所役使，不贤能的人为贤能的人所役使。政治黑暗的时候，力量小的为力量大的所役使，弱的为强的所役使。这两种情况孟子认为都是由天所决定的。顺从天的就能够生存，违背天的就会导致灭亡。从上面这些例子中我们可以看出，孟子认为把个人的遭遇、功业的建立，以及政治的清明与黑暗，都认为是天的意志和安排。

除了信天之外，孟子还信命。孟子说："求则得之，舍则失之，是求有益于得也，求在我者也求之有道，得之有命，是求无益于得也，求在外者也。"②孟子认为追求就能得到，放弃便会失去，这种追求有益于得到，因为所求的东西就在自身。而对于身外之物，追求了能否得到要决定于天命。孟子还说，口对于美味，眼睛对于美色，耳朵对于好听的声音，鼻子对于香味，四肢对于安逸，都是极喜欢的，这是天性，但能否享受到，其中有命的作用，所以君子不强调天性。仁对于父子关系，义对于君臣关系，礼对于宾主关系，智慧对于贤者，圣人对于天道，都是极重要的，这都由命决定的，能否得到它们，其中也有天性的作用，所以君子不强调命的作用。③ 孟子在此基础上还提出了"正命"的观点。他说："莫非命也，顺受其正。是故知命者不立乎岩墙之下。尽道而死者，正命也；桎梏死者，非正命也"。④ 他承认生死有命，顺应它就承受正常的命运。所以知道命运的人不站在危险的墙下。奉公守法、尽力行道而终其天年的人，叫作"正命"；明知犯法要被判刑而偏要犯法的人，叫作"非正命"。

孟子对传统的天命思想有所发展，孟子既讲"天受"，又讲"民受"，相比之下还更强调"民受"。他说"天受"并不是天"谆谆然命之"，而是"天不言，以行与事示之"。天不说话，但是会以行动和事实来启示人。孟子举例说："天子能荐人于天，不能使天与之天下；诸侯能荐人于天子，不能使天子与之

---

① 《孟子·离娄上》。
② 《孟子·尽心上》。
③ 《孟子·尽心下》。
④ 《孟子·尽心上》。

诸侯;大夫能荐人于诸侯,不能使诸侯与之大夫。"天子能够向天推荐人,但不能强迫天把天下授予人;诸侯能够向天子推荐人,但不能强迫天子把诸侯之位授予这人;大夫能够向诸侯推荐人,但不能强迫诸侯把大夫之位授予这人。然而"尧荐舜于天,而天受之;暴之于民,而民受之"。尧向天推荐了舜,天接受了;又把舜介绍给百姓,百姓也接受了。因此说"天不言,以行与事示之而已矣"。孟子进一步做出解释,当让其主持祭祀时,所有神明都来享用,这是天接受了;当让他主持政事时,政事治理得很好,百姓都很满意,这就是百姓也接受了。天授予他,百姓授予他,所以说天子不能够拿天下授予人。舜辅佐尧治理天下二十八年,这不是凭一个人的意志能够做得到的,而是天意。尧去世后,舜为他服丧三年,然后便避居于南河的南边去。可是天下诸侯不到尧的儿子那里,却到舜那里去朝觐;有讼狱的人,都不去找尧的儿子,却到舜那里去;歌颂的人,不歌颂尧的儿子,却歌颂舜。所以这是天意。《太誓》所说:"天视自我民视,天听自我民听。"说的正是这个意思。万章曾问孟子,据说禹的时候道德衰败了,帝位不传给贤人却传给儿子。有这种情况吗?孟子回答说:"不然也。天与贤,则与贤;天与子,则与子。"从前,舜把禹推荐给天,十七年后,舜去世了,三年丧期完后,禹避开舜的儿子到阳城,天下百姓都跟随着他,就像尧去世后百姓不跟随尧的儿子却跟随舜一样。禹把益推荐给天,七年后,禹去世了,三年丧期完后,益避开禹的儿子,到了箕山北面。朝觐及讼狱的人不到益那里去,而到启那里去,说他是君主的儿子。讴歌的人不讴歌益而讴歌启。尧的儿子丹朱不成器,舜的儿子也不成器,继承不了帝位。舜辅佐尧,禹辅佐舜,经历了很多年,施给百姓恩泽的时间也长。启很贤明,能恭敬地继承禹的做法。益辅佐禹的年数少,施给百姓恩泽的时间不长。舜、禹、益之间相距的时间有长有短,他们的儿子有好有差,这都出自天意,不是人的意愿所能决定的。"莫之为而为者,天也;莫之致而至者,命也。"没有人能做到的却做到了,这是天意;没有人招致它来却来到了,这是命运。一个普通百姓能得到天下,他的德性必然像舜和禹那样,而且还要有天子推荐他,所以仲尼虽然圣贤,没有天子推荐,故不能够得到天下。继承上代而得到了天下,天意却要废弃的,必然是像桀、纣那样的君主,所以益、伊尹、周公虽然圣贤,但他们所辅佐的不是这样的君主,就不能够得到天下。伊尹辅佐汤称王天下,汤死后,大丁没有继位就死了,外丙在位两年,仲壬在位四年,大甲继位后破坏了汤的典章法度,伊尹把他流放到桐邑。三年后,大甲悔过,在桐邑做到心不离仁,行合乎义,已能听从伊尹的训导了,才又回到亳都做天子。周公不能得天下,原因正像益处在夏朝、伊尹处在殷朝没有可能得天下一样。孔子说唐尧、虞舜让位给贤人,夏、商、周三代由子孙继位,其中的道理是一样的。① 由此看来孟子所说的"天受"是虚,而"民受"是实。这是对传统天命论的突破和发展,更是孟子重民思想的体现。

荀子在天命论上与孔孟有显著的不同,表现为他明确提出了"天人相分"的思想。

在荀子那里,天就是无目的、无意志的自然界。荀子说:"列星随旋,日月递炤,四时代御,阴阳大化,风雨博施,万物各得其和以生,各得其养以成,不见其事而见其功,夫是之谓神。皆知其所以成,莫知其无形,夫是之谓天。"②他认为星辰的运转、日月的交替、四时的轮回、阴阳的变化、风雨的形成,万物各得其所、各得其养,这就是"天"。荀子所说的"天"是指自然之天,即天体、气象、物候等天文和地理的自然变化和运转过程。

在主张自然之天的基础上,荀子提出来"天人相分"的思想。荀子认为自然界的运动变化有自己恒常的规律,它不以人类社会君主的意志和贤明与否而改变。荀子认为:"天行有常,不为尧存,不为桀亡。应之以治则吉,应之以乱则凶。"③在荀子看来,自然界的运行有一定规律,不会因为唐尧而存在,不会因为夏桀而灭亡。适应自然规律采取正确的措施就会吉祥,不顺应它而使用不正确的措施就会发生灾祸。荀子设问说:"治乱天邪?"社会安定或动乱是天造成的吗? 他接着回答说:"日月星辰瑞历,是禹桀之所同也;禹以治,桀以乱;治乱非天也。"④荀子认为日月星辰的运行,在大禹和夏桀时都是一样的。然而大禹凭借这些使社会安定,夏桀却使社会混乱,可见社会治乱与否不是天造成的。荀子还说:"天有常道矣","天不为人之恶寒也辍冬。"⑤他认为天有一定的规律,天不会因为人讨厌寒冷而废止冬天,这一切都是不以人的意志为转移的。因此天道自然的变化从根本上说并不能决定

① 《孟子·万章上》。
② 《荀子·天论》。
③ 《荀子·天论》。
④ 《荀子·天论》。
⑤ 《荀子·天论》。

人世间的治乱与否。而人类社会的经济、政治和道德等方面的好坏，其根本原因在人而不在天。荀子还强调说，加强农业生产并且勤俭节约，那么天就不能使人贫穷；生活资料供应充足，并且劳作不失时节，那么天就不能使人疲病；顺应自然运行的规律，并且专心不二，那么天就不会带来灾祸。因此发生了水灾和旱灾不能使人饥饿，冷热的自然变化不会使人生病，怪异的现象不能给人带来灾凶。假如农业荒废了，而且生活奢侈，那么天也不能使人富足；生活物资供应不充足，而且不能适应劳动，那么天也不能让人健康地生活；违背了自然规律，并且胡乱去做，那么天也不能让人吉祥。所以水旱灾没有到来却出现饥荒，冷热季节没有发生交替可是疾病已经发生，怪异的自然现象没有出现却发生了灾难。虽然遇到的天时和社会的安定现象相同，可是祸殃同安定的社会却有区别，这不能埋怨天，而是因为不能顺应自然法则的原因。① 荀子认为"明于天人之分，则可谓至人矣"。② 能够掌握自然规律和人类活动的区别，就可以叫作圣人了。他主张人"不与天争职"，要明确和理解天道与人道的不同分职。天职从本质上讲就是自然，即"不为而成，不求而得"。人道之职责是"不为则不成，不求则不得"。③

荀子还提出了"制天命而用之"的思想。他说："大天而思之，孰与物畜而制之！从天而颂之，孰与制天命而用之！望时而待之，孰与应时而使之！因物而多之，孰与骋能而化之！思物而物之，孰与理物而勿失之也！愿于物之所以生，孰与有物之所以成。"④荀子认为不要一味地推崇、仰慕和祈求于天，而应该顺应四时和变化，施展人的才能，掌握自然的顺序，治理万物而达到国治民富的目的。要肯定人能利用规律改造自然，为人类谋福利。为此荀子认为："天有其时，地有其财，人有其治，夫是之谓能参。"⑤"参"就是参与。也就是以人之治与天之时、地之财"相参"。

荀子对于当时流行的各种怪诞和荒谬的神秘说法做出理性的解释。古代人常将怪异和不常见的自然现象与政治兴衰联系起来，如"星坠木鸣""日月之有蚀""风雨之不时""怪星之党见"等，从而形成许多神秘的观念。荀

---

① 《荀子·天论》。
② 《荀子·天论》。
③ 《荀子·天论》。
④ 《荀子·天论》。
⑤ 《荀子·天论》。

子从"明于天人之分"的观点出发,批评了这些世俗的迷信,他认为"星坠木鸣"之类的自然现象并不是吉凶的预兆,这是天地运行、阴阳变化的结果,这种现象不是很常见。因为罕见,所以人们觉得奇怪,这是可以理解的,但是产生畏惧就错了。日月有缺食的时候,风雨有不调和的时候,怪星偶然出现,这是任何一个时代都常有的现象。君主英明并且政令平顺,那么就是这种现象同时发生,也没有什么伤害。君主昏庸,而且政令不合时宜,就是这些现象一个也不出现,也没有什么益处。①荀子还对祭祀、卜筮等做出了新的解释。他说:"雩而雨,何也? 曰:无何也,犹不雩而雨也。日月食而救之,天旱而雩,卜筮然后决大事,非以为得求也,以文之也。故君子以为文,而百姓以为神。以为文则吉,以为神则凶也。"②他不相信求雨的祭祀可以使天降雨,卜筮可以预知未来。认为人们之所以举行祭祀,进行卜筮,只是出于礼节仪式的考虑。如果真的认为祭祀和卜筮有神秘作用,那就会造成灾难。

(二)礼治思想

荀子政治思想中最突出的就是"礼"。荀子曰:"学恶乎始? 恶乎终? 曰:其数则始乎诵经,终乎读礼。"③即学习的顺序应当从《诗经》《尚书》等开始,读到《礼》结束。关于礼,荀子说:"礼者,人主之所以为群臣寸尺寻丈检式也。"④他认为礼仪是君主衡量大臣好坏的检验标准。又说:"国无礼则不正。礼之所以正国也,譬之犹衡之于轻重也,犹绳墨之于曲直也,犹规矩之于方圆也,既错之而人莫之能诬也。"⑤在治理国家进程中,礼犹如称量轻重、衡量曲直、描绘方圆的工具。礼的制度体系是治国安邦的重要保障,缺少礼的引导,国家的运行就难以走上正轨。没有礼的规约,社会的治理将难以实施。荀子还说:"人生而有欲,欲而不得,则不能无求,求而无度量分界,则不能不争,争则乱,乱则穷,先王恶其乱也,故制礼义以分之,以养人之欲,给人之求。"⑥荀子认为人生下来就有欲望,想要的东西得不到,就不能没有追求,

---

① 《荀子·天论》。
② 《荀子·天论》。
③ 《荀子·劝学》。
④ 《荀子·儒效》。
⑤ 《荀子·王霸》。
⑥ 《荀子·礼论》。

追求的东西如果没有限度和止境,那就不能不发生争斗。只要发生争斗就会造成混乱,混乱了就造成穷困。古代的帝王痛恨这种混乱,所以制定礼仪用来区别人与人之间的等级差别,用来调和人的欲望以及满足人民的要求。

荀子重视"礼"的思想源于孔子,但却与孔孟所要恢复的周礼有明显的不同。

首先,荀子将礼与法并举。他说:"礼者,法之大本,类之纲纪也。"①他认为礼是法的纲领和基础,法应该根据礼来制定。又说:"隆礼至法则国有常。"②荀子认为尊崇礼仪完善法制,那么国家就会有秩序。荀子提出"重法"的主张,目的是以法治来充实礼治。他说"法者,治之端也",③把法制看成治理国家的开端。他指出实行法制就要"勉之以庆赏,惩之以刑罚"。④ 而且要赏必当功,罚必称罪。荀子说:"王者之论,无德不贵,无能不官,无功不赏,无罪不罚。"⑤其目的是让在朝的臣子没有侥幸得位的,在野的老百姓也没有不务耕战而侥幸生存的。荀子又说:"刑称其罪则治,不称其罪则乱。"⑥他认为所用的刑罚同所犯的罪相当,那么社会就安定。所使用的刑罚同所犯的罪不相当,那么社会就会混乱。荀子还说:"君法明,论有常,表仪有设民知方。进退有律,莫得贵贱,孰私王?""刑称陈,守其银,下不得用轻私门。罪祸有律,莫得轻重,威不分。""言有节,稽其实,信诞以分赏罚必。""君出教,行有律,吏谨将之无铍滑。"⑦荀子认为国君制定明确的法令,作为人民行为的方向和官吏进退的标准,执行赏罚都以法令规定为依据,而不得畸轻畸重。树立法令的权威,一切奸邪狡猾的行为和徇私枉法的事情都会消除。荀子还主张轻罪重罚,他认为:"治则刑重,乱则刑轻,犯治之罪固重,犯乱之罪固轻也。"⑧他将刑罚的轻重与社会治乱联系起来,强调社会要实行轻罪重罚。

其次孔孟维护的是世袭等级制度,而荀子主张建立新的等级秩序。荀

---

① 《荀子·劝学》。
② 《荀子·君道》。
③ 《荀子·君道》。
④ 《荀子·王制》。
⑤ 《荀子·王制》。
⑥ 《荀子·正论》。
⑦ 《荀子·成相》。
⑧ 《荀子·正论》。

子说："礼者,贵贱有等,长幼有差,贫富轻重皆有称者也。"①他认为"礼"就是要使社会上每个人在贵贱、长幼、贫富等等级中有恰当的地位。这种等级制度并不是宗族血缘关系的世袭等级制,而是按照新的政治标准建立起来的新的等级制。荀子明确指出:"虽王公士大夫之子孙也,不能属于礼义,则归之庶人。虽庶人之子孙也,积文学、正身行、能属于礼义,则归之卿相士大夫。"②荀子讲,即使是王公士大夫的子孙,如果不符合新的政治和道德标准,那只能当普通老百姓。相反,一般老百姓的子孙,如果努力积累学识,搞好政治和道德修养,能够符合新的政治和道德标准,那就可以让他们当卿相士大夫等各级官吏。他还提出:"不恤亲疏,不恤贵贱,唯诚能之求",③"内不可以阿子弟,外不可以隐远人",④提倡尚贤使能为核心的任官制度。荀子公开反对"以族论罪"和"以世举贤",他说:"一人有罪而三族皆夷,德虽如舜,不免刑均,是以族论罪也。先祖尝贤,后子孙必显,行虽如桀纣,列从必尊,此以世举贤也。以族论罪,以世举贤,虽欲无乱,得乎哉?"⑤荀子认为一个人有罪,而父母和妻族都被杀死,即使其中有的品德与舜相同,也免不了受到同样的刑罚。先祖曾经贤德,后代子孙必定显贵,即使他们品行与桀纣相似,他们的地位等级也必定是尊贵的。按宗族论罪和依照门第推举贤人,想要社会不混乱,根本办不到。可见,荀子的礼制思想所强调的是建立新的等级秩序,与传统礼制下"世卿世禄"式的等级制度有明显不同。

荀子还提出"明分使群"的观点。荀子说,水火有气息却没有生命,草木有生命却没有知觉,禽兽有知觉却没有礼仪的约束,只有人类有气息、有生命、有知觉,也有礼仪的约束,所以人类是天下最贵重的。人的力气不如牛大,奔跑不如马快,但却能役使牛马,是因为人能"群"的缘故。他们能组织成社会群体,而牛马却不能。人之所以能"群",靠的是"分",即等级名分的区别。而等级名分之所以能够实行,靠的就是礼仪。礼仪通过等级名分使人与人之间和谐,人民关系和谐了就能行动一致,行动一致了力量就会集中,力量集中了就会强大,强大就会战胜世间万物。所以人能建造房屋居

---

① 《荀子·富国》。
② 《荀子·王制》。
③ 《荀子·王霸》。
④ 《荀子·君道》。
⑤ 《荀子·君子》。

住,掌握四季变化,管理天下万物,使天下的人都得到利益,在这方面没有其他的原因,都是得益于"分"的结果。① 荀子所谓的"分",就是划分不同的等级,并规定不同等级的权力和义务。荀子强调分的重要性,他说:"离居不相待则穷,群而无分则争。争则乱,乱则离,离则弱,弱则不能胜物。"②荀子认为人生活在世上不能没有群体,有群体没有"分"就有纷争。有纷争就会有动乱,有动乱就会发生离散,有离散人的力量就会变弱,力量弱就不能战胜任何事物。荀子还说:"分均则不偏,势齐则不一,众齐则不使。"名分相等就无法按统属关系来区分,权势相同就没办法统一,大家的地位都相同也就没有办法相互役使。荀子进一步解释说:"两贵之不能相事,而贱之不能相使,是天数也。势位齐,而欲恶同,物不能澹则必争。争则必乱,乱则穷矣。"他认为两个人都尊贵就不能相互侍奉,两个人都卑贱便不能相互役使,这就像自然规律一样天经地义。权势地位相同,而且喜欢、讨厌的东西也相同,可是生活物资供应不足就一定发生争夺,只要出现争夺就一定会发生动乱,出现动乱就会使国家陷入困境。因此"先王恶其乱也,故制礼义以分之",使人群中有贫穷、富足、高贵、低贱的等级。荀子引述《尚书·吕刑》"维齐非齐",认为只有"齐"才是真正的"不齐"。③ 这种"分"有时也被荀子称为"别",如荀子说:"曷谓别? 曰:贵贱有等,长幼有差,贫富轻重皆有称者也。"④荀子关于"别"的解释与《荀子·富国》篇关于"礼"的解释是一致的,即人的尊卑有等级秩序,年长年幼有差别,贫富贵贱各自与身份相称。

(三)"性恶"论

荀子主张"性恶"论,提出了"人之性恶,其善者伪也"的著名观点。"性",是纯粹的天生自然规定,是人类无选择而获得的。"伪",是经过学习而获得,经过人的主观努力而得到的。简单说来,就是凡天生以成的是"性",凡人为以就的称为"伪"。荀子认为人的本性是恶的,那些善的表现是人后天得来的。⑤ 荀子说,人的本性生来就是贪利的,顺着这种本性,争夺发

① 《荀子·王制》。
② 《荀子·王制》。
③ 《荀子·王制》。
④ 《荀子·礼论》。
⑤ 《荀子·性恶》。

生了,而谦让就会丧失;人生下来就有憎恨的本性,顺着这种本性,就会出现伤害善良的人,而忠诚信实就会丧失;人生下来就有耳目的欲望,就有对美色的喜爱,顺着这种天性,淫乱就会产生,而礼义制度就会丧失。因此,放纵人的本性,顺着人的性情,必然引出争夺,却与违背等级名分、扰乱社会秩序相吻合,最终导致暴乱。所以必须要有君师法制的教化以及礼义的引导,然后才会出现谦让,并与礼义秩序相合,最终达到社会安定。由此,在荀子看来,人的本性是恶的,善是人类后天经过学习才具有品性。① 人性是先天的自然性,即"生之所以然者谓之性"。② 荀子说:"凡人有所一同:饥而欲食,寒而欲暖,劳而欲息,好利而恶害,是人之所生而有也,是无待而然者也,是禹桀之所同也。"③荀子认为所有人都有相同之处,饿了就想吃饱,冷了就想穿暖,劳累了就想休息,喜欢利益而讨厌灾害,这是人天生就有的本能,用不着后天学习,大禹和夏桀对此都是相同的。

荀子坚决反对孟子的"性善"论,他批评孟子提出的"人之性善"的观点。荀子认为古今天下所说的善,就是符合礼义法度,遵守社会秩序。所说的恶,就是偏邪险恶,违背礼义。如果真的认为人的本性本来就是符合礼义法度、遵守社会秩序的,那又为什么还要有圣王和礼义呢? 换句话说,人性都是善的,虽然有圣王和礼义,又能对端正法度和治理天下有什么帮助呢? 由此,荀子认为"人之性恶"。古代圣人认为人的本性恶,认为人偏邪险恶不正,违背事理,混乱而不遵守社会秩序,所以才为人们树立了君王的权威来统治人们,彰明礼义来教化人们,建立法度来治理人们,加重刑罚来禁止人们越轨,使天下都达到安定,都符合善的要求,这样才有了圣王的治理与礼义的教化。假设当今尝试取消君主的权威,没有礼义的教化,去掉法度的治理,不再有刑罚的禁令,去旁观天下人的相互交往。果真如此的话,强者就会伤害弱者并强取豪夺,人多的就会欺凌人少的而不断侵扰他们,天下大乱并归于灭亡是顷刻间的事情。因此荀子得出结论,人的本性恶是明显的,善是后天形成的。④

荀子还对孟子提出的人能够学习是由于人性善进行批评。荀子指出:

---

① 《荀子·性恶》。
② 《荀子·正名》。
③ 《荀子·荣辱》。
④ 《荀子·性恶》。

"凡性者,天之就也,不可学,不可事。礼义者,圣人之所生也,人之所学而能,所事而成者也。不可学,不可事,而在人者,谓之性;可学而能,可事而成之在人者,谓之伪。是性伪之分也。今人之性,目可以见,耳可以听;夫可以见之明不离目,可以听之聪不离耳,目明而耳聪,不可学明矣。"他认为人的本性是自然生成的,既不能学到,也不能通过做而得到。礼义是由圣人制定的,人们可以通过学习而能够做到,通过人为努力能够做成。不能通过学习得到,不能通过做而得到,是自然生成的,就叫"性"。可以通过学习而得到,通过人为努力而做成,即属于人努力的结果,就叫作"伪"。"性"与"伪"判然有别。而当今之人,眼睛可以看,耳朵可以听。可以透彻地看离不开眼睛,可以清晰地听离不开耳朵。耳聪目明,不是通过学习而得到的,这是人的本性。荀子批评孟子:"是不及知人之性,而不察乎人之性伪之分者也。"①

他还批评孟子关于人的本性是善的,只是因为丧失了本性才会恶的论题。荀子曰:"今人之性,生而离其朴,离其资,必失而丧之。"他认为如今人的本性,生下来就离开了它的本质,离开了它的素材,当然必定会丧失。孟子"所谓性善者,不离其朴而美之,不离其资而利之也。使夫资朴之于美,心意之于善,若夫可以见之明不离目,可以听之聪不离耳,故曰目明而耳聪也"。孟子所谓的本性善,应该是不离开它的本质就是美的,不离开它的自然素材就是好的。质朴和美的关系,心意和善的关系,就好像透彻地看离不开眼睛,清晰地听离不开耳朵一样。然而"今人之性,饥而欲饱,寒而欲暖,劳而欲休,此人之情性也"。当今人的本性是饥饿了想吃饱,冷了想寻求温暖,疲劳了想休息,这是人的情性。孟子认为,有人饿了,见到长者在却不敢抢先去吃,那是因为要有谦让。疲劳了,不敢要求休息,那是因为要代劳。做儿子的谦让父亲,做兄弟的谦让兄长,做儿子的为父亲代劳,做弟弟的为兄长代劳,这两种行为都是违反本性而背离性情的。但这正是孝子做人的道理,是礼仪的秩序。在荀子看来,人的本性是恶的,那些善是人们后天的所作所为。即"人之性恶明矣,其善者伪也"。②

荀子主张"性恶论",目的是要为其礼治思想提供理论依据。荀子认为:"枸木必将待檃栝、烝矫然后直;钝金必将待砻厉然后利。"弯曲的木头必须

---

① 《荀子·性恶》。
② 《荀子·性恶》。

用䲾栝和加热矫正才能变直,不锋利的刀剑必须磨砺才能锋利。然而当今人性恶,"必将待师法然后正,得礼义然后治"。当今之人如果没有君师与法制的教化,就偏邪而不端正。没有礼义,就违背秩序而得不到治理。古代圣王正是因为人的本性是恶的,认为人们偏邪不端正,违背秩序而得不到治理,所以才为此而提倡礼义,创立法度,用以矫正、整顿人们的性情,使人们清醒端正,用来驯服教化人们的性情,使人们的性情得到引导。荀子还以此来区分君子和小人,他说:"今人之化师法,积文学,道礼义者为君子;纵性情,安恣孳,而违礼义者为小人。"当今之人受到君师法制的教化,积累了文化知识,实行了礼义道德,就成了君子。而放纵性情,任意胡作非为而违背礼义的,就变成了小人。① 荀子还说:"今人之性,固无礼义,故强学而求有之也;性不知礼义,故思虑而求知之也。"②是说现在人的本性,本来就是没有礼义,所以努力学习求得礼义。人的本性是不懂得礼义,因此要认真思索求懂得礼义。他还认为:"今人之性恶,必将待圣王之治,礼义之化,然后始出于治,合于善也。"③因此,荀子认为当今人们的本性是恶的,故而必须依赖圣王的治理、礼义的教化后,才能达到安定和符合善的要求。

荀子认为人能通过努力转化恶的本性,从而获得善的品质,即"化性起伪"。荀子曰:"圣人化性而起伪,伪起而生礼义,礼义生而制法度;然则礼义法度者,是圣人之所生也。故圣人之所以同于众,其不异于众者,性也;所以异而过众者,伪也。"④荀子认为圣人改变本性而有了后天的作为,有了后天的作为而礼义就产生了,礼义产生了就制定了法度,所以他认为礼义法度是圣人所创立的。因而圣人与众人相同的不是本性,不同的是超过众人的后天作为。在性与伪的关系上,荀子还看到两者的对立,认为性产生恶,伪产生善。同时也看到了两者的统一。荀子说:"无性,则伪无所加;无伪,则性不能自美。"⑤在他看来,人之性恶,并不意味着不能为善。相反,性恶正是人欲为善的原因。因此,荀子强调后天人为的努力来达到善或者成为圣人。荀子曰:"人无师法,则隆性矣;有师法,则隆积矣。而师法者,所得乎积,非

---

① 《荀子·性恶》。
② 《荀子·性恶》。
③ 《荀子·性恶》。
④ 《荀子·性恶》。
⑤ 《荀子·礼论》。

所受乎性。性不足以独立而治。性也者,吾所不能为也,然而可化也。积也者,非吾所有也,然而可为也。注错习俗,所以化性也;并一而不二,所以成积也。习俗移志,安久移质。"①人如果没有师教法度约束,就会突出先天的本性。有师教法度的约束,就会强调后天的习惯积累。而师教法度都是从后天的积累中获得的,不是先天本性传授来的,因为先天的本性不能自己管制自己。本性不是自己形成的,却能通过后天教育改变。习惯不是先天有的,却可以后天培养。安心于习惯风俗的影响,能使人先天的本性发生变化。专心一意而不是三心二意,就会形成习惯。习惯风俗能改变人的志向,安心长久地接受风俗习惯的影响,能改变人的本质。他还说,"可以为尧禹,可以为桀跖,可以为工匠,可以为农贾",这一切都在于行为举止和习俗风俗的长期积累。成为帝尧和大禹一样的圣人就会获得无限的荣耀,成为暴桀和盗跖一样的人就经常遭受耻辱的威胁。成为帝尧和大禹一样的人就会经常愉快安逸,成为工匠、农民、商人就会经常辛苦劳累。可是,人们努力去做,可成为夏桀、盗跖、工匠、农民、商人的人多,而成为尧、禹一样的圣人少。不是因为别的,主要是因为浅陋。帝尧和大禹不是天生就完美的人,他们从改变自己旧有的习性开始,成功在于长期的实践,等到修养成功然后成为完美的圣人。② 荀子还认为即使是普通人也可以成为大禹那样的人,在荀子看来,"禹之所以为禹者",是因为他实行了仁义法度。这种仁义法度正有可以让人懂得和做到的途径。而普通人"皆有可以知仁义法正之质,皆有可以能仁义法正之具","皆内可以知父子之义,外可以知君臣之正",荀子认为那种可以懂得仁义法度的资质,可以实行仁义法度的条件,普通人身上都存在。所以他们都具有可以成为像大禹一样之圣人的条件。③ 荀子认为人后天道德的好坏和素质的高低,主要决定于是否有贤师和良友。荀子说,人虽然有优良的素质而且有良好的辨别能力,还必须寻求贤明的老师和选择品质优秀的朋友。"得贤师而事之",就会获得尧舜禹汤修身治国之道。"得良友而友之",所见到的都是忠信敬让的行为。荀子认为通过潜移默化的影响,自己一天天地趋向仁义,可自己还不知不觉。而"与不善人处",所听到的都是

---

① 《荀子·儒效》。
② 《荀子·荣辱》。
③ 《荀子·性恶》。

欺诬诈伪的行为,所见到的都是污秽、欺骗、淫荡、邪恶、贪利的勾当,使自己将要受到刑罚和杀戮还未能觉察。因此有人说"不知其子视其友,不知其君视其左右"。不了解自己的儿子,看看他的朋友就清楚了。不了解君主,看看他身边的人就清楚了。①

荀子主张"性恶"论,反对孟子的"性善"论,提出了道德规范和礼义制度是后天才形成的观点,这种思想具有唯物主义的因素,具有一定的进步意义。

(四)"法后王"的历史观

荀子对历史的看法比较注重社会现实,他反对孟子"言必称尧舜"盲目崇拜"先王",提出了"法后王"的历史观。荀子说:"欲观圣王之迹,则于其粲然者矣,后王是也。"他认为想要考察古代圣王流传下的治国之策,就要了解那些容易弄清楚明白之后王治理国家的政策。荀子指出后王就是掌管天下的国君,如果抛开后王去歌颂远古的君王,这就像抛开自己的君主而去侍奉别人的君主一样。②荀子亦云:"道不过三代,法不二后王;道过三代谓之荡,法二后王谓之不雅。"③即治理国家的方法不能超过夏商周三代,治国用的法度不能违背当代帝王。治理国家的方法超过三代叫作荒唐,治国的法令违背了当代帝王就是不正当。他还说:"言道德之求,不二后王","百家之说,不及后王,则不听也。"是说对道德的追求,并不违背后王的主张。诸子百家的学说,没有谈及后王则可以不必听了。荀子所谓的"后王",是指近代之王,主要指周文王和周武王。如荀子说:"五帝之外无传人,非无贤人也,久故也;五帝之中无传政,非无善政也,久故也。禹汤有传政而不若周之察也。"④是说五帝以前的事情没有流传下来,不是因为当时没有贤人,而是因为时代久远的缘故。五帝这一时期的治国政绩没有流传下来,并不是他们没有好的治国政绩,而是因为时代太久远了。夏禹和商汤有政绩流传下来,但是却不像周朝的史料那样详细,并不是他们没有好的治国政策,而是因为

---

① 《荀子·性恶》。
② 《荀子·非相》。
③ 《荀子·王制》。
④ 《荀子·非相》。

时代太久的原因。

荀子强调对待历史要"以近知远"。他说："文久而灭,节族久而绝,守法数之有司,极礼而褫。"法令条文因为时代久远而被淹没了,古代音乐的节奏因为时间长久而灭绝,法令条文的管理因为时间长久,也逐渐放松懈怠了。荀子还说："欲观千岁,则数今日;欲知亿万,则审一二;欲知上世,则审周道;欲审周道,则审其人所贵君子。"①意思是说,想要考察千年前的事情,那么就要详查当代的事情。想要知道无数的事,就要仔细研究一两件事。想要知道前一代的事,就要研究周朝的治国之道。想要知道周朝的治国之道,那么就要考察周朝人尊敬的君子。他还说："天地始者,今日是也;百王之道,后王是也。君子审后王之道,而论于百王之前。"②也就是说,要从今天的社会现实出发,去考察过去的历史。这种注重现实的历史观显然是进步的。

前面我们论述了荀子关于天命观、礼治思想、人性论和历史观等方面的思想创新。荀子明确提出了"天人相分"的天命观理论,在他那里,天是无目的、无意志的自然界,因此天道自然的变化,从根本上说并不能决定人世间的治乱与否。在天人关系上,荀子提出了"制天命而用之"的思想。荀子的政治思想中最突出的就是"礼",荀子的"礼"制思想与孔孟所要恢复的周礼有明显不同。首先是将礼与法并举,其次是孔孟维护的是世袭等级制度,而荀子主张建立新的等级制度。荀子在礼的基础上还提出了"明分使群"的观点。荀子主张"性恶"论,提出了"人之性恶,其善者伪也"的著名观点。他主张人性恶,目的是要为他的礼治思想提供理论依据。荀子认为人能通过努力转化恶的本性,获得善的品质,使之符合道德规范,即"化性起伪"。这种思想具有唯物主义的因素,有一定的进步意义。荀子对历史的看法比较注重现实,反对孟子"言必称尧舜"盲目崇拜"先王",提出了"法后王"的历史观。荀子还强调对待历史要"以近知远",从今天的社会现实出发,去考察过去的历史。这种注重现实的历史观同样具有积极进步的意义。

---

① 《荀子·非相》。
② 《荀子·不苟》。

第三章 墨家的代表人物墨子及思想要旨

墨家是战国时期重要学派之一,创始人是墨翟,与儒家并称为当时的"显学"。这一学派以"兼爱"作为学说的基础。"兼爱",即爱不应有亲疏、上下、贵贱、等级的分别。他认为天下之所以大乱,是由于人不相爱。"天下兼相爱",就可达到"交相利"的目的。墨家学派以"尚贤""尚同"为基本政治纲领,提倡选任贤才,消除阶级。从下到上,逐级以上一级的是非为是非,"上之所是,比皆是之,上之所非,比皆非之",从而使天下大治。墨家在经济上主张"节用""节葬"和"非乐",反对奢侈的生活,主张节俭。此外,还提出了"非命"与"尊天""事鬼"的思想。墨家有严密的组织,成员多来自社会下层,主要代表社会中下层人民的思想。相对于儒家的过分讲求"礼",墨家更注重勤苦、节俭的生活习惯,而且不吝于做底层的劳动工作,被儒生辱为"淫巧之技"。墨翟死后,分裂为三派。即"有相里氏之墨,有相夫氏之墨,有邓陵氏之墨"。① 战国时期墨家的主要代表人物是墨子。

墨子,名翟,春秋末至战国初期鲁国人。生卒年不可考,其生活的时代比孔子稍晚。② 墨子早年曾学习儒家学说,《吕氏春秋·当染》谓:"鲁惠公使宰让请郊庙之礼于天子,桓王使史角往,惠公止之,其后在于鲁,墨子学焉。"墨子后来又背叛了儒家,创立了墨家学派,《淮南子·要略》记载:"墨子学儒者之业,受孔子之术,以为其礼烦而不说,厚葬靡财而贫民,(久)服伤生而害事,故背周道而用夏政。"墨子出身手工业者,自称"北方之鄙人",人称"布衣之士"和"贱人"。他除在鲁国活动外,曾做过宋国的大夫,自诩"上无君上之事,下无耕农之难",同情"农与工肆之人"。还曾东到齐,西游郑、卫,南至于

---

① 《韩非子·显学》。

② 司马迁曰:"墨翟,或曰并孔子时,或曰在其后",见《史记·孟荀列传》。刘向则认为"在七十子之后",见《史记》之《索隐》引《别录》。班固说"在孔子后",见《汉书·艺文志》。可见墨子生活的时代在孔子之后,大体应该是正确的。

楚、越。宣扬"兼爱""尚贤""尚同""非攻""节用""节葬""非乐""天志"
"明鬼""非命"等主张，这些主张都以"兼爱"为基础。为宣扬自己的主张，
墨子广收门徒，弟子数百人，声势浩大。墨子上说"王公大人"，下教"匹夫徒
步之士"，几乎"遍从人而说之"。他淡泊名利，为推行自己的学说奋斗一生。
此外还擅长工巧和制作，传说他曾制成"木鸢"，三日三夜飞翔不下。墨子的
事迹，分别见于《荀子》《韩非子》《庄子》《吕氏春秋》《淮南于》等书，其思想
则主要保存在《墨子》一书中。

　　墨子虽受过儒家教育，但后来他却坚决反对烦琐的礼制，最终抛弃了儒
家思想。在批评儒家以及与其他学派相互争论的过程中，逐渐建立起了一
套自己的政治伦理思想。墨子的主张极其具有针对性，认为"凡入国，必择
务而从事焉。国家昏乱，则语之尚贤、尚同。国家贫，则语之节用、节葬。国
家憙音湛湎，则语之非乐、非命。国家淫僻无礼，则语之尊天事鬼。国家务
夺侵凌，即语之兼爱、非攻。故曰：择务而从事焉。"①在墨子看来，到了一个
国家，要选择最重要的事情进行劝导。假如一个国家昏乱，就告诉他们尚
贤、尚同的道理；假如一个国家贫穷，就告诉他们节用、节葬；假如一个国家
喜好声乐、沉迷于酒，就告诉他们非乐、非命的好处；假如一个国家荒淫、怪
僻、不讲究礼节，就告诉他们尊天和事鬼；假如一个国家以欺侮、掠夺、侵略、
凌辱别国为事，就告诉他们兼爱、非攻的益处。墨子提出的非命、兼爱、非
攻、尚贤、尚同、节用、节葬、非乐，集中体现了墨子针对当时社会现实的思想
创新。

一、非命

　　儒家的孔子相信天命，孔子的弟子伯牛生了病，孔子去探问他，说："亡
之，命矣夫！"②孔子的学生子夏谓："死生有命，富贵在天。"③孔子自己也说：
"道之将行也与，命也；道之将废也与，命也。公伯寮其如命何！"④后来，儒家
的代表人物孟子也信命，孟子曰："求在我者也求之有道，得之有命。"⑤孟子

---

① 《墨子·鲁问》。
② 《论语·雍也》。
③ 《论语·颜渊》。
④ 《论语·宪问》。
⑤ 《孟子·尽心上》。

还提出"正命"的观点,认为:"尽道而死者,正命也;桎梏死者,非正命也。"①
到了荀子的时候,虽提出了"天人相分"的理论,强调"制天命而用之",②也
未从根本上否定天命。

墨子对"以命为有"的命定论思想进行了尖锐的批判。墨子曰:"命者,
暴王所作,穷人所术,非仁者之言也。"③墨子认为命是暴君所捏造,穷人所传
播的,不是仁人的言论。公孟子曾说:"贫富寿夭,齰然在天,不可损益。"公
孟子认为贫困、富裕、长寿、夭折,都由天注定,不能人为改变。墨子反驳说:
"教人学而执有命,是犹命人葆而去亓冠也。"④即肯定先天的命运而又教人
学习,这就好像去掉人的帽子,又叫人把头发包起来一样。墨子指出主张有
命的人说"命富则富,命贫则贫,命众则众,命寡则寡,命治则治,命乱则乱,
命寿则寿,命夭则夭",并用这种言论对上游说王公大人,对下阻碍百姓的生
产,是不仁义的。⑤ 墨子说:"今用执有命者之言,是覆天下之义。覆天下之
义者,是立命者也,百姓之谇也。说百姓之谇者,是灭天下之人也。"⑥现今要
听从命定论者的话,就是颠覆天下的道义。颠覆天下道义的人,就是那些持
命定论的人,也是百姓的忧虑所在。把百姓所忧虑的事看作乐事,亦是毁灭
天下的人。墨子还说:"昔桀之所乱,汤治之。纣之所乱,武王治之。当此之
时,世不渝而民不易,上变政而民改俗。存乎桀、纣而天下乱,存乎汤、武而
天下治。天下之治也,汤、武之力也。天下之乱也,桀、纣之罪也。若以此观
之,夫安危治乱,存乎上之为政也,则夫岂可谓有命哉!"⑦墨子认为古时夏桀
的混乱,商汤治理了;商纣的混乱,周武王治理了。那个时候,世界和人民都
没有改变,君王改变了政务而人民改易了风俗。在桀、纣那里则天下混乱,
在汤武那里则天下治理。天下得到治理是汤武的功劳;天下混乱是桀纣的
罪过。如此来看,所谓安、危、治、乱,在于君上的施政,并不是命运的主宰。

---

① 《孟子·尽心上》。
② 《荀子·天论》。
③ 《墨子·非命下》。
④ 《墨子·公孟》。
⑤ 《墨子·非命上》。
⑥ 《墨子·非命上》。
⑦ 《墨子·非命下》。

墨子明确指出命定论给社会造成的危害。坚持命定论者说："寿夭贫富,安危治乱,固有天命,不可损益。穷达赏罚,幸否有极,人之知力,不能为焉!"寿夭、贫富、安危、治乱自有天命,不能改变。穷达、赏罚、幸运、倒霉都有定数,人的智慧和力量都无济于事。而墨子指出："群吏信之,则怠于分职。庶人信之,则怠于从事。"官吏相信了这些话,则对分内的事懈怠。普通人相信了这些话,则对劳作懈怠。"吏不治则乱,农事缓则贫,贫且乱政之本而儒者以为道教,是贼天下之人者也。"官吏不治理就要混乱,农事怠慢就要贫困。既贫困又混乱,是违背政事的目的的,而儒者却把它当作信条教导天下人,这便是残害天下人。① 坚持命定论者说："上之所赏,非贤故赏也。上之所罚,命固且罚,不暴故罚也。"上司所奖赏,是命里本来就该奖赏,并不是因为贤良才获得奖赏;上司所惩罚,是命里本来就该惩罚,不是因为凶暴才获得惩罚。墨子反驳说,坚持这样的看法带来的结果是"入则不慈孝于亲戚,出则不弟长于乡里,坐处不度,出入无节,男女无辨。是故治官府则盗窃,守城则崩叛,君有难则不死,出亡则不送"。在家对长辈不孝顺对晚辈不慈爱,在外对乡里长辈不尊敬。举止没有节度,出入没有规矩,不能区别对待男女。所以治理官府则会盗窃,守城则会叛乱。君有难而不殉职,君逃亡则不会护送。而这些人都是上司所惩罚,百姓所毁谤者。墨子认为坚持命定论者,"为君则不义,为臣则不忠,为父则不慈,为子则不孝,为兄则不长,为弟则不弟",故而墨子将顽固坚持命定论的观点,称为是坏话的根源,是凶暴人的道理。即"此特凶言之所自生,而暴人之道也!"②

在论证非命的过程中,墨子提出了鉴别言论是非真伪的标准。墨子说："言必立仪。言而毋仪,譬犹运钧之上而立朝夕者也,是非利害之辨,不可得而明知也。"③墨子认为说话没有准则,好比在陶轮之上放置测量时间的仪器,是不可能弄明白是非利害之分的。这里墨子说的"仪",代指下文之"三表",即三条标准。墨子曰："有本之者,有原之者,有用之者。于何本之? 上本之于古者圣王之事。于何原之? 下原察百姓耳目之实。于何用之? 废(发)以为刑政,观其中国家百姓人民之利。此所谓言有三表也。"④这三条标

① 《墨子·非儒下》。
② 《墨子·非命上》。
③ 《墨子·非命上》。
④ 《墨子·非命上》。

准就是有本原的,有推究的,有实践的。如何考察本原?要向上本原于古时圣王事迹。如何推究呢?要向下考察百姓的日常事实。如何实践呢?把它用作刑法政令,从中观察国家百姓人民的利益。墨子提出以"三表"作为立辞正确与否的标准,首先要有古之圣王的经验作为依据,即做出的判断是否合乎历史记载中前人的经验;其次是要看是否合乎当前人们大众的亲身经验,即依据"百姓耳目之实"加以验证;最后看所立之辞实行后是否符合国家和百姓的利益。换句话说,就是要看在社会政治实践中的效用如何。墨子提出的"三表"法,具有明显的唯物主义倾向,对于促进中国古代认识论的发展有着重要意义。

墨子强调通过人的努力来改变命运,为此他提出了"力"和"强"的观点。"力"即是指人的努力。墨子说:"初之列士桀大夫,慎言知行,此上有以规谏其君长,下有以教顺其百姓。故上得其君长之赏,下得其百姓之誉。列士桀大夫声闻不废,流传至今,而天下皆曰其力也,必不能曰我见命焉。"①是说古时候有功之士和杰出的大夫,说话谨慎,行动敏捷,对上能规劝进谏君长,对下能教导百姓。所以上能得到君长的奖赏,下能得到百姓的赞誉。有功之士和杰出的大夫声名不会废止,直至流传到今天。天下人都说是他们努力的结果,必不能说是命运所致。墨子说古时禹汤文武治理天下之时,"必使饥者得食,寒者得衣,劳者得息,乱者得治",于是获得了天下人的赞誉和好评。他认为这不是命运造成的,而是他们努力的结果。而当今贤良之士,现在贤良的人,尊重贤人而追求治国的道术,所以在上得到王公大人的赏赐,在下得到万民的赞誉,于是获得"光誉令闻于天下",墨子认为这也应该是他们努力的结果,并不是命运所致。②他还说人与动物不同的地方是"赖其力者生,不赖其力者死"。③人类依赖自己的力量生存,不依赖自己的力量就不能生存。

他提出上至王公大人,下至平民百姓,其富贵与贫贱的区别,应该以是否"强"作为标准。他认为:"君子不强听治,即刑政乱;贱人不强从事,即财用不足。"④君子不努力听狱治国,刑罚政令就要混乱;贱人不努力生产,财用

---

① 《墨子·非命中》。
② 《墨子·非命下》。
③ 《墨子·非乐》。
④ 《墨子·非乐》。

就会不足。所以墨子说当今王公大人之所以要早朝晚退,审理案件治理朝政,整日分配职事而不敢倦怠,是因为"彼以为强必治,不强必乱,强必宁,不强必危,故不敢怠倦"。只要努力必能治理,不努力就要混乱;努力必能安宁,不努力就要危险,所以不敢倦怠。当今卿大夫之所以用尽全身的力气,竭尽全部智慧,于内治理官府,于外征收关市、山林、泽梁的税,以充实官府,而不敢倦怠,是因为"彼以为强必贵,不强必贱。强必荣,不强必辱,故不敢怠倦。"只要努力必能高贵,不努力就会低贱;努力必能荣耀,不努力就会屈辱,所以不敢倦怠。当今农夫之所以早出晚归,努力从事耕种、植树、种菜,多聚豆、粟等粮食,而不敢倦怠,是因为"彼以为强必富,不强必贫,强必饱,不强必饥,故不敢怠倦。"只要努力必能富裕,不努力就会贫穷;努力必能吃饱,不努力就要饥饿,所以不敢倦怠。当今妇女之所以早起夜睡,努力纺纱、绩麻、织布,而不敢倦怠,是因为"彼以为强必富,不强必贫,强必暖,不强必寒,故不敢怠倦。"只要努力必能富裕,不努力就会贫穷;努力必能温暖,不努力就会寒冷,所以不敢倦怠。[①] 墨子提出的"强"是一种自由竞争论,如果人们不图"强",而信有命,失败者必不说"吾罢不肖,吾从事不强",而说"吾命固将穷",墨子把他们斥为"三代之伪民"。[②]

二、兼爱与非攻

战国以前主张"爱人"是以宗法血缘关系为基础。在商代,"亲亲"体现为唯有同姓家族才有祭祀殷商祖先的权利,如"乎子(御)(侑)母于父乙"(《合集》924 正);"乎子渔(侑)于祖乙"(《合集》2972);"乎[子]央(侑)于(有)[祖]"(《合集》39686)等,而异姓却被认为是"鬼神非其族类,不歆其祀",被排斥在外。到了西周时期,"庸勋亲亲,昵近尊贤",被认为是"德之大者"。[③] 春秋时期,"亲亲"被认为是盟主是否称职的标准之一。如《左传·昭公十三年》,子服惠伯曰:"亲亲,与大,赏共、罚否,所以为盟主也。"而不"亲亲",则被认为最终会导致国家的灭亡。如《左传·隐公十一年》,郑、息之间有了口舌之争,息侯征伐郑国。郑伯与息侯战于国境之上,息国的军队

---

① 《墨子·非命下》。
② 《墨子·非命下》《墨子·非命中》。
③ 《左传·僖公二十四年》。

大败而回。君子认为："是以知息之将亡也。不度德，不量力，不亲亲，不征辞，不察有罪，犯五不韪而以伐人，其丧师也，不亦宜乎！"郑、息均为姬姓，息侯"不亲亲"，君子认为是其丧师的直接原因之一，甚至还会导致国家的灭亡。"亲亲"是为了要修五教、亲九族，即《左传·桓公六年》所云"修其五教，亲其九族，以致其禋祀"。"五教"，杜预注："父义、母慈、兄友、弟恭、子孝。""九族"有两种说法，一种认为是有亲属关系的异姓，即外祖父、外祖母、从母子及妻父、妻母、姑之子、姊妹之子、女子之子、并己之同族；一种认为是同姓，从高祖至玄孙的九代人。① 从历史发展的眼光看，早期的"九族"应该是指血缘关系亲近者，即从高祖至玄孙的九代人。亲亲的目的是为了实现"扞御侮"。商王的亲族常常是商对外征服的主要力量，如"贞令多子族比犬侯周"（《合集》6812 正）；"王族其尸方"（《合集》2064）；"贞登妇好三千登旅万，乎伐囗"（《合集》39902）等。到了周代，《诗经·小雅·常棣》言："兄弟阋于墙，外御其侮。"《左传·僖公二十四年》亦曰："扞御侮者莫如亲亲。"从而，我们便不难理解《礼记·祭统》所说"凡治人之道，莫急于礼。礼有五经，莫重于祭"的原因了。所以，商周时期主张"亲亲"，正是加强国家统治的需要。

儒家强调"爱人"，是有差等的爱。孔子站在维护周礼的立场批判现实社会，仍然依照宗法制的"亲亲"原则，对亲疏不同的人有先后轻重之分。孔子说："君子笃于亲，则民兴于仁；故旧不遗，则民不偷。"②是说君子能用深厚感情对待亲族，百姓就会走向仁德，不遗弃故旧之人，百姓就不致对人冷淡无情。孔子进而主张要恢复"君君，臣臣，父父，子子"的社会。③ 孟子主张"推己及人"。孟子曰："老吾老，以及人之老；幼吾幼，以及人之幼，天下可运于掌。"尊敬自己家里的长辈，从而扩展到尊敬别人家里的长辈。爱护自己家里的儿女，从而推广到爱护别人家里的儿女。如果一切政治措施都由这一原则出发，要统治天下就像在手心里运动东西那么容易了。孟子认为《诗经》中所说的"刑于寡妻，至于兄弟，以御于家邦"，说的就是把"斯心"扩大

---

① 详见《左传·桓公六年》杜预注和孔颖达疏。上海古籍出版社编：《十三经注疏》，上海古籍出版社 1997 年版，第 1750 页。

② 《论语·泰伯》。

③ 《论语·颜渊》。

到其他方面去就行了。故孟子说："故推恩足以保四海,不推恩无以保妻子。"①孟子认为由近及远地把恩惠推广开去,便足以安定天下了。

以上谈到的"爱",墨子称之为"别爱"或"偏爱"。墨子针对战国时期兼并战争频仍、动乱不已的社会现实,提出了兼爱和非攻的主张。

兼爱是墨子的基本主张和理想道德理念。墨子认为当时的天下之害是"国之与国之相攻,家之与家之相篡,人之与人之相贼"。以至于"君臣不惠忠,父子不慈孝,兄弟不和调"。② 这些天下之害,使得"饥者不得食,寒者不得衣,劳者不得息"。③ 他认为当今之世,"大国之攻小国","大家之乱小家","强之劫弱,众之暴寡,诈之谋愚,贵之敖贱";"为人君者之不惠","臣者之不忠","子者之不孝",加之"今人之贱人,执其兵刃毒药水火,以交相亏贼"。在墨子看来,这些都是"天下之害"。④

墨子认为造成天下大害的根源在于缺乏"兼爱"精神。墨子说:"圣人以治天下为事者也,不可不察乱之所自起。"在墨子看来,混乱起自人与人"不相爱"。臣与子不孝敬君和父;儿子爱自己而不爱父亲,因而损害父亲以自利;弟弟爱自己而不爱兄长,因而损害兄长以自利;臣下爱自己而不爱君上,因而损害君上以自利;父亲不慈爱儿子,兄长不慈爱弟弟,君上不慈爱臣下,这些都被称为天下之乱政。而父亲爱自己而不爱儿子,所以损害儿子以自利;兄长爱自己而不爱弟弟,所以损害弟弟以自利;君上爱自己而不爱臣下,所以损害臣下以自利。这些皆起自"不相爱"。就像天下的盗贼一样,盗爱自己的家,而不爱别人的家,因此盗窃别人的家以利自己的家室。贼爱自己的身体,而不爱别人的身体,因此伤害别人以利自己的身体。这些都是"不相爱"的表现。大夫相互扰乱以及诸侯相互攻伐都是这样的道理。大夫都各爱自己的家室,不爱别人的家室,故扰乱别人的家室以利自己的家室。诸侯都爱各自的国家,而不爱别人的国家,故攻伐别人的国家以利自己的国家。墨子认为这是"不相爱"带来的结果。⑤ 他还说:"今诸侯独知爱其国,不爱人之国,是以不惮举其国,以攻人之国。今家主独知爱其家,而不爱人之

① 《孟子·梁惠王上》。
② 《墨子·兼爱中》。
③ 《墨子·尚贤下》。
④ 《墨子·兼爱下》。
⑤ 《墨子·兼爱上》。

家,是以不惮举其家,以篡人之家。今人独知爱其身,不爱人之身,是以不惮举其身,以贼人之身。"诸侯不相爱,就必然发生野战;家族宗主不相爱,就必然相互掠夺;人与人不相爱,就必然相互残害;君与臣不相爱,就必然不相互施惠与效忠;父与子不相爱,就必然不相互慈爱与孝敬;兄与弟不相爱,就必然不相互融洽与协调。天下的人都不相爱,则"强必执弱,富必侮贫,贵必敖贱,诈必欺愚"。在墨子看来,举凡天下祸患、掠夺、埋怨、愤恨,都是因不相爱而产生的。①

墨子依据社会现实的"不相爱",提出了兼爱的具体要求。墨子说:"视人之国,若视其国。视人之家,若视其家。视人之身,若视其身。"②看待别人国家就像自己的国家,看待别人的家族就像自己的家族,看待别人的身体就像自己的身体。如果能够做到这点,则会达到"诸侯相爱,则不野战。家主相爱,则不相篡。人与人相爱,则不相贼。君臣相爱,则惠忠。父子相爱,则慈孝。兄弟相爱,则和调"。天下之人皆相爱,则"强不执弱,众不劫寡,富不侮贫,贵不敖贱,诈不欺愚"。举凡天下的祸患、掠夺、埋怨、愤恨不发轫,皆因"相爱"所致。③ 墨子还说若使天下人都能"相爱",爱别人就像爱自己,还能有不孝的吗? 看待父亲、兄弟和君上像自己一样,怎么会做出不孝的事呢? 哪里还会有不慈爱呢? 看待弟弟、儿子与臣下像自己一样,怎么会做出不慈的事呢? 不孝不慈都没有了,哪里还会有盗贼呢? 看待别人的家像自己的家一样,谁会盗窃? 看待别人就像自己一样,谁会害人? 盗贼就没有了,还有大夫相互侵扰家室、诸侯相互攻伐封国吗? 看待别人的家族就像自己的家族,谁会侵犯? 看待别人的封国就像自己的封国,谁会攻伐? 所以大夫相互侵扰家族,诸侯相互攻伐封国的现象,就都没有了。④ 在墨子看来,天下的人都"相爱",那么国与国不相互攻伐,家与家不相互侵扰,盗贼没有了,君臣父子间都能孝敬慈爱,这样天下也就容易治理了。俨然一幅人类和谐的美好景象。

墨子主张兼爱的同时,还强调"交相利"。墨子说:"夫爱人者,人亦从而

---

① 《墨子·兼爱中》。
② 《墨子·兼爱中》。
③ 《墨子·兼爱中》。
④ 《墨子·兼爱上》。

爱之；利人者，人亦从而利之；恶人者，人亦从而恶之；害人者，人亦从而害之。"①凡是爱别人的人，别人也随即爱他；有利于别人的人，别人也随即有利于他；憎恶别人的人，别人也随即憎恶他；损害别人的人，别人也随即损害他。在墨子看来，人想得到爱与利，而不是恶与害，就应该去爱人、利人，而不是去恶人、害人。

墨子把兼爱也称为"仁"。墨子曰："兼即仁矣，义矣。"②换句话说，在墨子那里"仁"的内容即是兼爱。墨子还把具有兼爱精神的人称为"仁人"，墨子说："仁人之所以为事者，必兴天下之利，除去人下之害，以此为事者也。"③仁人处理事务的原则，一定是为天下兴利除害，并以此原则来处理事务。墨子所述之"仁"与孔子提倡的"仁"在具体内容上有很大差别。墨家的兼爱从根本上说是对儒家"仁"学的否定。两家虽然都主张"爱人"，但侧重点却有所不同。儒家以宗法血缘关系为基础，采取的是"亲亲"和"推己及人"的方法，因而儒家所强调的爱是有差等的。墨子主张"爱人"，但是贵在"兼"上。他认为爱人不应该有亲疏远近的差别，因而墨子强调的是无差别之爱。墨家"兼爱"对儒家"仁"学的否定，还表现为批判儒家的义利观上，他们主张仁义和功利的统一，即"兼而爱之"就是"从而利之"，"兼相爱"就是"交相利"。"利"体现为"爱"的实质性内容，"仁者爱人"表现在为天下人谋利和不做掠夺民财之事。墨子把"利"作为仁义的目的和内容，这样便与儒家以主观动机的"忠恕"为仁义的观点针锋相对。

墨子在宣扬兼爱的同时，还发出了"非攻"的呐喊。"非攻"就是反对攻伐战争，它是兼爱原则在国与国之间的应用。墨子认为国与国之间的攻伐是大不义的行为。墨子说，现在假如有一个人进入别人家的园圃，偷窃别人家的桃子、李子。众人听说后就指责他，上边执政的人抓到后就要处罚他，这是因为他干了损人利己的事情。至于盗窃别人家的鸡、狗、猪，他的不义又超过到别人的园圃里去偷桃李，这是因为他损人大，不仁突出，罪过深重。至于进入别人家的牛栏马厩内，偷取别人的牛马，他的不仁不义，又比盗窃别人家的鸡、狗、猪者更甚，这是因为他损人更大。一旦损人更大，他的不仁

---

① 《墨子·兼爱中》。
② 《墨子·兼爱下》。
③ 《墨子·兼爱中》。

更突出,罪过也更深重。至于妄杀无辜之人,夺取他的皮衣戈剑,则这人的不义又甚于进入别人的牛栏马厩偷取别人牛马者。这是因为他损人最大。一旦损人最大,那么他的不仁也最突出,罪过也最深重。对此,天下的君子都知道指责他,称他为不义。墨子由此指出,然而当今之世大规模地攻伐别人的国家,却不知指责其错误,反而跟着去赞誉他,称之为义。在墨子看来,这是大不义的事情,墨子讥讽他们不是不明白义与不义的区别,只是不愿意承认罢了。① 墨子又说,杀掉一个人,叫作不义,必定有一项死罪。假如按照这种逻辑类推,杀掉十个人,有十倍不义,则必然有十重死罪了。杀掉百个人,有百倍不义,则必然有百重死罪了。对这种罪行,天下的君子都知道指责它,称它不义。而现今对于攻伐别人的国家这种大为不义之事,却不知道指责其错误,反而跟着称赞其为义举。这些人确实不懂得那是不义的,所以记载那些称赞攻国的话遗留给后代。倘若他们知道那是不义的,又有什么理由解释记载这些不义之事,并将其遗留给后代呢?②

墨子还站在劳动者的立场上揭露了战争的危害。墨子指出战争带来的九个方面不可胜数的灾难。墨子说,假如军队出征,冬天行军害怕寒冷,夏天行军害怕暑热,于是冬夏便不可以出征。而春天出征便会荒废农耕之事,秋天出征则会废民秋收之事,因此春秋也不可以出征。因为出征打仗而使百姓荒废了一季,那么百姓因饥寒而冻饿死的人就多得数不胜数。出征时所用的竹箭、羽旄、帐幕、铠甲、大小盾牌和刀剑,损坏腐烂而不得返回者多得数不胜数。出征时戈矛、剑戟、兵车损坏而不可返回者多得数不胜数。牛马带去时都很肥壮,回来时变得瘦弱,至于死亡而不能返回者多得数不胜数。战争时因为道路遥远,粮食的运输有时中断不继,百姓死亡者多得数不胜数。战争时人民居处都不安定,饥饱没有节制,老百姓在道路上生病而死者多得数不胜数。丧师之事多得数不胜数,军士因而阵亡的更是无法计算,因此丧失后代祭祀的鬼神也多得数不胜数。③ 非但如此,墨子还说假使国中出兵发动战争,君子身份的人数以百计,普通人士数以千计,负担劳役的人数十万,然后才足以成军出动。战争时间久的数年,快的数月,这使在上位

---

① 《墨子·非攻上》。
② 《墨子·非攻上》。
③ 《墨子·非攻中》。

的人无暇听政,官员无暇治理他的官府之事,农夫无暇耕种,妇女无暇纺织,那么国家就会失去法度,而百姓则要改业。再加上兵车战马的损失、帐幕帷盖、三军的用度、兵甲的设备,如果能够收回五分之一,这还只是一个粗略的估计。还有路上散亡,以及路途遥远粮食不继饮食不时等,厮役因之辗转死于沟壑中的,又多得不可胜数。①　关于大国攻打小国,墨子还曾做过一个比喻,墨子对鲁阳文君说:"大国之攻小国,譬犹童子之为马也。童子之为马,足用而劳。今大国之攻小国也,攻者农夫不得耕,妇人不得织,以守为事。攻人者亦农夫不得耕,妇人不得织,以攻为事。故大国之攻小国也,譬犹童子之为马也。"②大国攻打小国,就像小孩以两手着地学马走。小孩学马走,足以自致疲劳。现今大国攻打小国,防守国家的农民不能耕地,妇人不能纺织,以防守为事;进攻国家的农民也不能耕地,妇人也不能纺织,以进攻为事。所以大国攻打小国,就像小孩学马走一样。但如果攻伐的是无罪之国,"入其国家边境,芟刈其禾稼,斩其树木,堕其城郭以湮其沟池,攘杀其牲牷,燔溃其祖庙,劲杀其万民,覆其老弱,迁其重器"。③　侵入他国的边境,割掉其庄稼,斩伐其树木,摧毁其城郭,填塞其沟池,夺杀其牲畜,烧毁其祖庙,屠杀其人民,灭杀其老弱,搬走其宝器,因此给被攻伐之国带来深重的灾难。

墨子主张"非攻",并不是反对一切战争,为此他区分了战争中的"伐"和"诛"。他认为一个国家为了兼并,兴师动众侵略无罪之国,叫作"攻",应该加以谴责。但是有道的圣王伐无道的暴君,如禹征有苗、汤伐桀、武王伐纣。这样的战争就叫作"诛",应该加以赞扬。当一个国家受到别国的进攻时,墨子则主张积极防御。为此墨子组织墨家集团积极参与到反对攻伐战争的实际行动中。如公输班为楚国建造攻城器械云梯,建成后将用它攻打宋国。墨子听说了,即刻从齐国起身行走了十天十夜到楚国的国都郢,去见公输班。墨子说:"吾从北方闻子为梯,将以攻宋。宋何罪之有? 荆国有余于地,而不足于民,杀所不足而争所有余,不可谓智。宋无罪而攻之,不可谓仁。知而不争,不可谓忠。争而不得,不可谓强。义不杀少而杀众,不可谓知类。"④墨子对公输班说,我在北方听说你建造云梯,并将用它攻打宋国。宋

---

① 《墨子·非攻下》。
② 《墨子·耕柱》。
③ 《墨子·非攻下》。
④ 《墨子·公输》。

国有什么罪呢？楚国有多余的土地，人口却不足。现在牺牲不足的人口，掠夺有余的土地，不能认为是智慧。宋国没有罪却攻打它，不能说是仁。知道这些，不去争辩，不能称作忠。争辩却没有结果，不能算是强。你奉行义，不去杀挑起战争的人，却去杀害众多的百姓，不可说是明智之辈。公输班听了墨子的话，认识到了问题的严重性，便后悔了。后来墨子又见楚王。墨子解下腰带，围作一座城的样子，用小木片作为守备的器械。公输班九次陈设攻城用的机巧多变的器械，墨子九次抵拒了他的进攻。公输班攻战用的器械用尽了，墨子的守御战术还有余。最后楚王攻打宋国的计划只得作罢。

墨子的兼爱学说虽然具有理想的性质，但在理论上却具有极大的贡献。首先，兼爱学说提出了人人平等的原则。"兼爱"最根本的含义就是平等之爱，它反映了小生产者对等级社会的不满，进而发出追求自身解放的呼声；其次，兼爱学说提出了人的物质利益原则，把人的价值和一定的经济生活条件联系起来，为争取人的生产权利而奋斗，这在当时是一个伟大的创举。此外，墨子提出"非攻"的反战思想，在人类文明史上亦留下了光辉的一页。

三、尚贤与尚同

尚贤和尚同是墨子的基本政治主张。孔子就提出过"举贤才"。孔子的弟子仲弓做了季氏的总管，向孔子问政治。孔子曰："先有司，赦小过，举贤才。"工作人员带头，不计较人家的小错误，提拔优秀人才。仲弓又问："焉知贤才而举之？"孔子回答说："举尔所知；尔所不知，人其舍诸？"[1]提拔你所知道的，那些你所不知道的，别人难道会埋没他吗？孔子还说："谨权量，审法度，修废官，四方之政行焉。兴灭国，继绝世，举逸民，天下之民归心焉。"[2]意思是说检验并审定度量衡，修复已废弃的机关工作，全国的政令就都会通行了。恢复被灭亡的国家，承续已断绝的后代，提拔被遗落的人才，天下的百姓就都会心悦诚服了。那么，孔子所说的"举尔所知"和"举逸民"，举的都是些什么人呢？孔子曾说："君子笃于亲，则民兴于仁；故旧不遗，则民不偷。"[3]在上位的人能用深厚感情对待亲族，老百姓就会走向仁德；在上位的人不遗

---

① 《论语·子路》。
② 《论语·尧曰》。
③ 《论语·泰伯》。

弃他的故旧,那老百姓就不致对人冷淡无情。他还曾引述周公对鲁国的话,认为:"君子不施其亲,不使大臣怨乎不以。故旧无大故,则不弃也。无求备于一人!"①君子不怠慢他的亲族,不让大臣抱怨没被信用。故旧没有发生严重过失,就不要抛弃他。更不要对人求全责备。显然孔子所提倡的"举贤才",是以"亲亲"为原则,目的是使官有常贵,以更好地巩固世袭特权。

孟子也提倡任贤。主张使"贤者在位,能者在职","尊贤使能,俊杰在位,则天下之士皆悦,而愿立于其朝矣"。② 但是孟子的政治主张仍然是以"亲亲"为基础。如孟子说:"道在迩而求诸远,事在易而求诸难。人人亲其亲,长其长,而天下平。"③本来很近的路,却偏偏要跑很远;本来很容易的事,却偏偏要往难处去做。孟子认为只要人人都亲近自己的亲人,尊敬自己的长辈,天下就可以太平了。孟子还说:"仁之实,事亲是也;义之实,从兄是也;智之实,知斯二者弗去是也;礼之实,节文斯二者是也;乐之实,乐斯二者,乐则生矣;生则恶可已也,恶可已,则不知足之蹈之手之舞之。"④孟子认为仁的实质是侍奉父母,义的实质是顺从兄长,智的实质是明白这两方面的道理而不背离,礼的实质是在这两方面不失礼节、态度恭敬,乐的实质是乐于做这两方面的事,快乐一产生就抑制不住,抑制不住,就会不知不觉地手舞足蹈起来。所以孟子说:"国君进贤,如不得已,将使卑逾尊,疏逾戚,可不慎与?"⑤国君选择贤才,在不得已的时候,甚至会把原本地位低的人提拔到地位高的人之上,把原本关系疏远的人提拔到关系亲近的人之上,孟子认为这是不够谨慎的表现。孟子还举舜封其弟象于有庳的例子,孟子曰:"仁人之于弟也,不藏怒焉,不宿怨焉,亲爱之而已矣。亲之,欲其贵也;爱之,欲其富也。封之有庳,富贵之也。身为天子,弟为匹夫,可谓亲爱之乎?"⑥仁人对于自己的弟弟,不藏怒气在心里,不留怨恨在胸中,只知道要亲他爱他罢了。亲他,就想让他尊贵;爱他,就想让他富有。把有庳封给象,就是要让他既富有又尊贵。自己当了天子,弟弟却做百姓,能说是亲他爱他吗? 可见孟子所

---

① 《论语·微子》。
② 《孟子·公孙丑上》。
③ 《孟子·离娄上》。
④ 《孟子·离娄上》。
⑤ 《孟子·梁惠王上》。
⑥ 《孟子·万章上》。

说的尊贤,同样是为了维护建立在血缘关系基础之上的旧制度。

墨子在先于孟子的时代就明确提出了尚贤思想。墨子认为现今王公大人治理国家,都希望国家富强,人民众多,刑政治理,然而结果却使国家不得富强而得贫困,人口不得众多而得减少,刑政不得治理而得混乱,完全失去所希望的,而得到所厌恶的。墨子指出这是因为王公大人治理国家"不能以尚贤事能为政"的缘故,"国有贤良之士众",则"国家之治厚"。而"贤良之士寡",则"国家之治薄"。所以王公大人的急务,将是如何使贤人增多。① 墨子认为:"入国而不存其士,则亡国矣。见贤而不急,则缓其君矣。非贤无急,非士无与虑国。缓贤忘士,而能以其国存者,未曾有也。"②治国而不优待贤士,国家就会灭亡。见到贤士而不急于任用,他们就会怠慢君主。没有比用贤更急迫的了,若没有贤士,就没有人与自己谋划国事。怠慢遗弃贤士而能使国家长治久安的,还不曾有过。他还说:"臣下重其爵位而不言,近臣则暗,远臣则喑,怨结于民心。谄谀在侧,善议障塞,则国危矣。桀纣不以其无天下之士邪? 杀其身而丧天下。故曰:'归国宝,不若献贤而进士。'"③墨子认为如果臣下只以爵禄为重,不对国事发表意见,近臣缄默不言,远臣闭口暗叹,怨恨就郁结于民心了。谄谀阿奉之人围在身边,好的建议被他们阻碍难进,那国家就危险了。桀纣正是因为他们不重视天下之士,结果不仅自己被杀,而且也失去了天下。所以说赠送国宝,不如推荐贤士。墨子把尚贤看成是"为政之本",认为:"自贵且智者为政乎愚且贱者,则治;自愚且贱者为政乎贵且智者,则乱。"④他还将尚贤与"良工""良宰"和"良医"做类比,他说:"今王公大人有一牛羊之财,不能杀,必索良宰。有一衣裳之财,不能制,必索良工","王公大人有一罢马不能治,必索良医。有一危弓不能张,必索良工。"⑤做衣服必定请"良工",宰杀牛羊必定请"良宰",马病了必定找"良医",弓箭坏了必定请"良工",诸如此类,进而引出治理国家,就必定需要贤能之士。墨子认为贤人治理国家,早朝晚退,审听刑狱,处理政务,所以国家有治而刑法严正。贤人长官,晚寝早起,征收关、市、山林、川泽的税利,以充

① 《墨子·尚贤上》。
② 《墨子·亲士》。
③ 《墨子·亲士》。
④ 《墨子·尚贤中》。
⑤ 《墨子·尚贤下》。

实官家府库,所以国库充实而财用不散。贤人治理都邑,早出晚归,翻耕种植,多聚豆粟,所以粮食多而人民食用充足,因此国家有治而刑法严正,官府充实而万民富足。上能洁治酒食以祭祀上帝鬼神,外能制造皮币与四邻诸侯交往,内可以使饥者得食劳者得息,外可以招徕天下的贤人。所以上则天帝鬼神给他赐富,外则诸侯与他结交,内则万民亲附,外则贤人归顺。因此谋事有得,做事能成,自守坚固,出征强大。上古三代圣王及尧、舜、禹、汤、文、武之所以称王天下、匡正诸侯,就在于重视贤人而已。①

那么,依照墨子看来什么样的人才是治理国家的贤能之才呢? 墨子认为贤良之士应具备三个条件:"厚乎德行,辩乎言谈,博乎道术者。"②他指出具体的为贤之道是:"有力者疾以助人,有财者勉以分人,有道者劝以教人。"有力气者乐于助人,有钱财者努力分人,有道者勉力教人。果然如此,就会使"饥者得食,寒者得衣,乱者得治"。③ 如果饥饿的人可以得到食物,寒冷的人可以得到衣服,混乱的人可以得到治理,这样就可以使社会各安其生了。

墨子还提出对待贤人的具体措施。墨子认为要国家的贤人增加,就像使一个国家善于射御之人增多一样,必须使他们富裕,使他们显贵,尊敬他们,赞誉他们,这样国家善于射御的人才会增加。贤良之士,他们德行醇厚、言谈辩论、道术宏博,是国家的珍宝和社稷的良佐。必须"富之贵之,敬之誉之",然后国之良士"亦将可得而众也"。④ 墨子还说对待贤者要"举而上之,富而贵之,以为官长",而对待不肖者要"抑而废之,贫而贱之,以为徒役",这样便可做到人民相互劝赏而畏罚,争相做贤人。因此"贤者众,而不肖者寡",这便叫作"进贤"。于是圣人"听其言,迹其行,察其所能而慎予官",这叫作"事能"。让有能力治理国家者治国,让有能力当官者居官,让有能力治理邑里者治邑,这样治理国家、官府、邑里者,便都是国家的贤人了。⑤ 墨子认为:"爵位不高则民不敬也,蓄禄不厚则民不信也,政令不断则民不畏也。"爵位不高,人民不尊敬他;俸禄不厚,人民不信服他;权力不大,人民不惧怕

---

① 《墨子·尚贤中》。
② 《墨子·尚贤上》。
③ 《墨子·尚贤下》。
④ 《墨子·尚贤上》。
⑤ 《墨子·尚贤中》。

他。所以古代圣王对待贤人往往是"高予之爵,重予之禄,任之以事,断予之令"。① 给他们高的爵位、厚的俸禄、实际的职务、决断的权力。依墨子看来,古时圣王得到贤人,便"般爵以贵之,裂地以封之,终身不厌"。贤人事奉君主,也会"竭四肢之力,以任君之事,终身不倦"。如果有了美好的功德,就归之国君。所以功德归上,而怨恨诽谤归于臣下;安宁喜乐归于国君,而忧愁归于臣下。而现今王公大人也想效法古人为政,尊敬贤者,任用能者,给他们高的爵位,但俸禄却不增加。"高爵而无禄",人民便不会再相信他们了。②

墨子提出"有能则举之"的选贤标准。墨子认为古代圣王为政,"列德而尚贤,虽在农与工肆之人,有能则举之,高予之爵,重予之禄,任之以事,断予之令"。即使是从事农业、手工业和经商的人,有能力者就选拔他,给他高爵厚禄,赋予他职务和权力。墨子认为有能力的人就举用他,没有能力的人就罢黜他。"举公义,避私怨",说的即这个意思。③ 墨子还说:"故古者圣王甚尊尚贤,而任使能,不党父兄,不偏贵富,不嬖颜色。"④古时的圣王尊崇贤人而任用能人,不偏党父兄,不偏护富贵,不爱宠美色。墨子把"古者圣王"与"今之王公大人"的用人之道加以对比,认为:"古之圣王之治天下也,其所富,其所贵,未必王公大人骨肉之亲、无故富贵、相貌美好者也。"古代圣王治理天下,他所富贵的,未必是王公大人的骨肉之亲,更不是无故富贵者或面貌美好者。墨子批评当今的王公大人,他们所富贵的人,都是王公大人们的骨肉之亲、无缘无故富贵之人和相貌美好的人,这样的人不一定会拥有智慧。如果没有智慧,还让他治理国家,那么国家的混乱也就可想而知了。然而王公大人的骨肉之亲、无缘无故富贵者以及相貌好的人,却并不是通过学习而得到的。致使"德行之厚,若禹、汤、文、武,不加得也。王公大人骨肉之亲,躄喑聋瞽,暴为桀纣,不加失也。"即使德行醇厚如禹、汤、文、武,也不会得到任用;而王公大人的骨肉之亲,即使是跛、哑、聋、瞎,乃至暴虐如桀纣,也不会加以抛弃。从而使得百姓人心涣散,不力求向善,怠惰肢体,更不相互勉励帮助。多余的财物腐臭变质,也不相互资助。隐藏自己的学问,而不

---

① 《墨子·尚贤中》。
② 《墨子·尚贤中》。
③ 《墨子·尚贤上》。
④ 《墨子·尚贤中》。

相互教导。如此，社会就会"饥者不得食，寒者不得衣，乱者不得治"。① 因此，墨子便提出"不义不富，不义不贵，不义不亲，不义不近"的政治主张。如果国中富贵的人听到了，便会商议说："始我所恃者，富贵也。今上举义不辟贫贱，然则我不可不为义。"与统治者有亲戚关系的人听到了，也会商议说："始我所恃者，亲也。今上举义不辟疏，然则我不可不为义。"统治者身边相近的人听到了，亦商议说："始我所恃者，近也，今上举义不辟远，然则我不可不为义。"疏远的人听了，也退回去商议说："我始以远为无恃，今上举义不辟远，然则我不可不为义。"这样做的结果就是边鄙郊外的臣僚、宫廷宿卫人员、国都的民众、四野的农民听到后，都会争相为义。②

墨子提出来"有能则举之"的选贤标准，其根本目的是为了实现"官无常贵，而民无终贱"的政治理想。③ 墨子尚贤的思想，是对儒家任人唯亲之用人原则的否定。让处在社会底层的农民与手工业工人之中的贤者，也有参与政事管理国家的机会，这种主张在当时无疑是一种进步的观念。这种观念对荀子产生了重要的影响。荀子说，"欲立功名，则莫若尚贤使能矣"④，"人主胡不广焉，无恤亲疏，无偏贵贱，惟诚能之求"⑤，"内不可以阿子弟，外不可以隐远人，能中是者取之"⑥。荀子还公开反对"以世举贤"⑦，这些都与孔子和孟子的主张不同，显然是继承了墨子的思想。

作为尚贤思想的发展，墨子还提出尚同的政治主张。墨子认为人类刚刚诞生，还没有国家组织和刑罚政令的时候，人们用言语表达意见因人而异。所以"一人则一义，二人则二义，十人则十义。"人越多，不同的意见也就越多。因此"人是其义，以非人之义"，从而相互攻击。父子兄弟常因意见不同而相互怨恨，使得家人离散而不能和睦相处。天下的百姓都用水火毒药相互残害，以致有余力的人不能帮助别人。有余财者宁愿让它腐烂，也不分给别人。有好的道理也自己隐藏起来，不肯教给别人，以致天下混乱，有如

---

① 《墨子·尚贤下》。
② 《墨子·尚贤上》。
③ 《墨子·尚贤上》。
④ 《荀子·王制》。
⑤ 《荀子·王霸》。
⑥ 《荀子·君道》。
⑦ 《荀子·君子》。

禽兽一般。墨子认为天下所以大乱的原因,是由于没有行政长官。因此才"选天下之贤可者,立以为天子"。立了天子之后,认为他的力量还不够,"又选择天下之贤可者,置立之以为三公"。天子、三公已立,而天下地域广大,他们对于远方异邦的人民以及是非利害的辨别,还不能全部了解,所以"画分万国,立诸侯国君"。诸侯国君立了之后,但他们的力量还不够,所以"又选择其国之贤可者,置立之以为正长"。各级行政长官设立以后,天子就向天下的百姓发布政令,不管听到善与不善,都要向上级报告。"上之所是,必皆是之。所非,必皆非之。"上级有过失,就应该规谏。下面有好人好事,就应当逐级告诉给国君。是非与上级一致,而不与下面勾结,这会受到上级的赞赏,也会得到下面的称誉。假如听到善与不善,却不向上级报告;上级认为对的也不认为对,上级认为错的也不认为错;上级有过失不能规谏,下面有好人好事不能向上级报告;与下面勾结而不与上级一致,这便要受到统治者的惩罚,更要遭到百姓的非议。由里长、乡长、国君至天子,逐级以上一级的是非为是非,听到善和不善,必须报告给上级正长。上级正长认为对的,大家都必须认为对;上级正长认为错的,大家都必须认为错。去掉不好的言论,学习上级正长好的言论;去掉不好的行为,学习上级正长的好行为,最后上同于天。各级正长所奖赏的,民众都赞誉;各级正长所处罚的,民众也都谴责。在墨子看来,人人都愿意得到奖赏而努力向善,人人都不愿意受到处罚而避免为恶,于是天下就可以治理好了。① 墨子认为尚同作为一种主张,"尚用之天子,可以治天下矣。中用之诸侯,可而治其国矣。小用之家君,可而治其家矣"。墨子指出居人之上的人不能治理他的下属,居人之下的人不能侍奉他的上级,以至于上下相互残害,是因为"义不同"的原因。墨子说,假如义不同的人双方有所偏私,上级认为这人为善,将赏赐他。这人虽然得到了上级的赏赐,却免不了百姓的非议。因此,为善的人未必因此而得到勉励,虽然人们看到有赏赐。上级认为这人行暴,将惩罚他,此人虽得到了上司的惩罚,却怀有百姓的赞誉。因此,行暴的人未必可使停止,虽然人们看到了惩罚。所以计议上级的赏赐赞誉,不足以勉励向善,计议上级的非毁惩罚,不足以阻止暴行。故而墨子得出结论说:"尚同,为政之本而治要也。"②

① 《墨子·尚同上》。
② 《墨子·尚同下》。

　　墨子在主张尚同的同时,亦对当时的社会政治状况进行批评。墨子认为现今的王公大人行使政事,将宠幸的弄臣、宗亲父兄或世交故旧,安置在左右,都置立为行政长官。于是,人民知道天子设立行政长官,并不是为了治理人民。所以大家都"比周隐匿,而莫肯尚同其上",从而导致"上下不同义",这样一来"赏誉不足以劝善,而刑罚不足以沮暴"。人民知道统治者结党营私,重用宠幸的弄臣、宗亲父兄或世交故旧,便不肯以他们的是非为是非了。统治者说:"人可赏,吾将赏之。"如果上面和下面意见不一致,上级所赏的人,正是大家所非议的人,即"人众与处,于众得非",那么,这人即使得到上级的赏赐,也不能起劝勉作用。统治者说:"人可罚,吾将罚之。"如果上面和下面意见不一致,上级所罚的人,正是大家所赞誉的人,即"人众与处,于众得誉",那么,这人即使得到惩罚,也不能阻止不善。统治者赏赐不能劝善,而刑罚又不能止暴,就和"民始生,未有正长之时"的情况一样。① 墨子把造成社会动乱的根源归之于宗法制度下任人唯亲的用人制度,这种思想时至今日依然具有启示和借鉴意义。

　　墨子提出"上之所是,必皆是之。所非,必皆非之"的观点,其中亦蕴含了中央集权之专制主义的思想。墨子认为国家设置行政长官,用来治理人民,"譬之若丝缕之有纪,而罔罟之有纲也",就好像丝线有纪、网罟有纲一样。因此"数千万里之外,有为善者,其室人未遍知,乡里未遍闻,天子得而赏之。数千万里之外,有为不善者,其室人未遍知,乡里未遍闻,天子得而罚之。是以举天下之人,皆恐惧振动惕栗,不敢为淫暴,曰天子之视听也神"。远在数千或数万里之外,如果有人做了好事,他的家人还未完全知道,他的乡人也未完全听到,天子就已知道并赏赐了他。远在数千或数万里之外,如果有人做了坏事,他的家人还未完全知道,他的乡人也未完全听到,天子就已知道并惩罚了他。所以天下之人会十分害怕和震动战栗,便不敢做淫暴的事了。从而达到"治天下之国若治一家,使天下之民若使一夫"的目的。② 可惜墨子最终把尚同思想引向了专制主义。

---

　　① 《墨子·尚同中》。
　　② 《墨子·尚同中》。

四、节用、节葬、非乐

墨子反对奢侈的生活，主张节俭，提出节用、节葬、非乐的主张。

节用，就是节约用度。墨子反对统治者穷奢极欲地大量耗费百姓的民力和财力，使人民生活陷于困境。他认为，古代圣人治理政治，宫室、衣服、饮食、舟车只要实用就够了。因此，他主张凡不利于实用，不能给百姓带来利益的，应一概取消。墨子说，圣人在一国施政，一国的财利可以加倍增长。施政于天下，天下的财利可以加倍增长。这种财利的加倍，并不是向外掠夺土地。而是根据国家情况而省去无用的耗费，因而足以加倍。圣王施政，他发布命令、举办事业、使用民力和财物，没有不是有益于实用才去做的。所以使用财物不浪费，民众能不劳苦，他带来的利益就多了。墨子认为制造衣裘是为了冬天用以御寒，夏天用以防暑。故而缝制衣服的原则，冬天能增加温暖，夏天能增加凉爽，就增益它。反之，就去掉。建造房子是为了冬天用以抵御风寒，夏天用以防御炎热和雨水。有盗贼侵入能够增加防守之坚固的，就增益它。反之，就去掉。制造铠甲、盾牌和戈矛等五种兵器是为了用以抵御外寇和盗贼。故而制造铠甲、盾牌和五兵，能增加轻便锋利、坚而难折的，就增益它。不能增加的，就去掉。制造车、船是为了用来陆行和水运，并以此沟通四方的利益。故而制造车、船的原则，能增加轻快便利的，就增益它。不能增加，就去掉。① 因此，古代圣王定下节用的法则，凡是天下百工，如造轮车的、制皮革的、烧陶器的、铸金属的、当木匠的，使各人都从事自己所擅长的技艺，只要足以供给民用就行。而那种只增加费用而不利于民用的，圣王都不做。古代圣王亦制定饮食的法则，只要能够充饥补气，强壮手脚，耳聪目明就行了。不穷极五味的调和与气味芳香，不招致远国珍贵奇怪的食物。古时帝尧治理天下，南方安抚交趾，北方降服幽都，东西方至太阳升起和落下的地方，没有谁敢不归服的。然而他最喜爱的食物没有两种，肉食不会重复，用土镏吃饭，用土铡喝汤，用木勺饮酒，对俯仰周旋等礼仪，他都不去做。② 以上这些，无一不有益于实用才去做的。故而"用财不费，民德不劳，其兴利多矣"。又去掉王公大人所爱好的"聚珠玉、鸟兽、犬马"，从

---

① 《墨子·节用上》。
② 《墨子·节用下》。

而"益衣裳、宫室、甲盾、五兵、舟车之数",①便可以成倍地增加了。

在人口就是财富的年代,墨子"节用"的内容还包括省用民力和增加人口的内容。墨子生活的时代,由于苛捐杂税以及连年征战,使得人口大幅减少,所以他大力倡导增加人口。墨子说,现今天下为政者,使人口减少的缘故很多。执政者使百姓劳苦,征收重税,百姓因财用不足而冻死饿死者,不可胜数。而且执政者还兴师动众去攻打邻国,时间久的要一年,快的也要数月,男女夫妇很久不相见,这就是减少人口的根源。再加上居住不安定、饮食不时、生病而死的,以及被掳掠俘虏、攻城野战而死者,更不可胜数。他认为在古代"丈夫年二十,毋敢不处家。女子年十五,毋敢不事人"。男子年到二十,不许不成家,女子年到十五,不许不嫁人。而现在的执政者,听任百姓自己做主。那些想早点成家的,有时二十岁就成家,那些想迟点成家的,有时四十岁才成家。拿早的与晚的相减,与圣王的法则差了十年。如果婚后都三年生一个孩子,就可以多生两三个孩子。② 墨子认为使百姓早成家,就可使人口增多。

节葬是墨子针对当时统治者耗费大量钱财铺张丧葬而提出的节约主张。在春秋以前,贵族阶级中盛行厚葬习俗,并且具有严格的等级规定。大至随葬器物,小至丧服礼义,都按照身份等级的不同而有所差异。《左传·隐公三年》记载周武氏子来"求赙";《左传·桓公十五年》记载周王使家父来"求车";《春秋·文公九年》记载周毛伯卫来"求金"。周王去世,求"赙""车""金"等,一方面说明周王室财政日趋困难,另一方面也说明了丧葬所耗费用是非常大的。《左传·僖公二十五年》王子带之乱,晋文公勤王,王飨醴,文公"请隧",杜预注:"阙地通路曰隧,王之葬礼也。"晋文公请于天子,允许其以天子才能用的"隧"礼来埋葬自己。虽然最后没有被批准,但从中可以看出,传统礼制已经开始遇到挑战。到了《左传·成公二年》宋文公逝世,"始厚葬,用蜃炭,益车马,始用殉。重器备,椁有四阿,棺有翰桧"。按传统的丧葬礼,身份等级不同,随葬的车马数量亦不同,"益车马"就是增加车马的数量。"椁有四阿"和"棺有翰桧",这些都是天子才能拥有的。随着等级制度的破坏,丧葬礼义用度便更加的奢靡。

---

① 《墨子·节用上》。
② 《墨子·节用上》。

孔子崇尚周礼，主张恢复传统礼制。《左传·成公二年》记载，仲叔于奚在阻击齐国军队时立功，卫国赏给他城邑，仲叔于奚辞谢。请求得到礼制规定诸侯才能使用的三面悬挂乐器以及用繁缨装饰马匹以朝见，结果被允许了。孔子听到后说："不如多与之邑。唯器与名，不可以假人。"孔子主张服三年之丧，孔子的弟子宰我问道："三年之丧，期已久矣。君子三年不为礼，礼必坏；三年不为乐，乐必崩。旧谷既没，新谷既升，钻燧改火，期可已矣。"宰我问道，父母死了，守孝三年，为期也太久了。君子有三年不去习礼仪，礼仪一定会废弃掉；三年不去奏音乐，音乐一定会失传。陈谷既已吃完了，新谷又已登场；打火用的燧木又经过了一个轮回。故而宰我认为守丧一年也就可以了。孔子说，父母死了，不到三年，你便吃那个白米饭，穿那个花缎衣，你心里安不安呢？宰我说："安。"孔子便接着说，你安你就去干吧。君子守孝，吃美味不晓得甜，听音乐不觉得快乐，住在家里不以为舒适，所以才不这样干。如今你既然觉得心安，便去干好了。宰我走了以后。孔子说道，宰我真不仁呀，儿女生下来，三年以后才能完全脱离父母的怀抱。替父母守孝三年，天下不都是如此吗？宰我难道就没有从他父母那里得着三年怀抱的爱护吗？① 由上可知，孔子主张恢复旧的礼制。

孟子的主张与孔子接近。滕定公去世，滕文公派然友到邹国去向孟子请教如何办理丧事。孟子说，父母的丧事本来就应该尽心竭力。父母活着的时候，依照礼节侍奉他们；父母去世，依照礼节安葬他们，依照礼节祭祀他们，就可以称为"孝"了。孟子还说，诸侯的礼节，我不曾专门学过，但却也听说过。三年的丧期，穿着粗布做的孝服，喝稀粥。从天子到百姓都遵从这一规定，夏、商、周三代均是如此。滕国大夫然友回国报告给了滕文公，滕文公便决定实行三年的丧礼。滕国的父老官吏都不同意。于是滕文公再次让然友去请教孟子，这次孟子说，要坚持这样做，不可以改变。并指出孔子说过"君薨，听于冢宰，歠粥，面深墨，即位而哭，百官有司莫敢不哀，先之也"。君王死了，太子把一切政务都交给冢宰，自己每天喝稀粥，脸色深黑，就临孝子之位便哭泣，大小官吏没有谁敢不悲哀，这是因为太子亲自带头的缘故。孟子认为"上有好者，下必有甚焉"，君子的德行是风，百姓的德行是草。草受

风吹,必然随风倒。所以,这件事究竟如何决断都取决于你了。① 齐宣王想缩短服丧的期限,公孙丑说:"为期之丧,犹愈于已乎?"为父母服丧一年,总还比不服丧好吧? 孟子说这就像有人在扭他哥哥的胳膊,你却对他说暂且慢慢扭吧之类的话,能有什么用呢? 你只要用孝父母、敬兄长的道理去教育他就行了。② 有个王子的生母死了,他的老师请求君主允许其服丧几个月。公孙丑问孟子像这样的事该怎样看? 孟子指出,这是想服丧三年而无法办到的缘故,即使多服丧一天也总比不服丧好。③

墨子认为厚葬久丧不仅浪费了社会财富,还使人们无法从事生产劳动,并且会影响人口增长。在墨子看来,厚葬不仅危害社会,而且也不符合死者的利益和古代圣王的传统,因而必须加以废止。墨子认为这种厚葬制度,存在于王公大人有丧事者的家中,则棺木必多重,葬埋必深厚,死者衣服必多件,随葬的文绣必繁富,坟墓必高大。存在于普通百姓的家中,则他们也必竭尽家财。诸侯死了,使府库贮藏之财为之一空,然后将金玉珠宝装饰在死者身上,用丝絮组带束住,并把车马埋藏在圹穴中,又必定要多制造帷幕帐幔、钟鼎、鼓、几筵、酒壶、镜子、戈、剑、羽旄、象牙、皮革,置于死者寝宫而埋掉,然后才满意。至于殉葬,天子、诸侯死后所杀的殉葬者,多的数百,少的数十;将军、大夫死后所杀的殉葬者,多的数十,少的数人。墨子还说,哭泣无时又不相更代,披缞系绖垂下眼泪,住在守丧期所住的倚庐中,睡在草垫上枕着土块。又竞相强忍着不吃而任自己饥饿,衣服穿得单薄而任自己寒冷。使自己面目干瘦,颜色黧黑,耳目不明,手足不强劲,因之不能做事情。上士守丧,必须搀扶才能起来,拄着拐杖才能行走,并按此方式生活三年。假若效法这种言论,实行这种主张,使王公大人依此而行,那么必定不能上早朝;使士大夫依此而行,那么必定不能治理五官六府、开辟草木荒地、使仓库粮食充实;使农夫依此而行,那么必定不能早出晚归耕作种植;使百工依此而行,那么必定不能修造车船和制作器皿;使妇女依此而行,那么必定不能早起晚睡,纺纱、绩麻、织布。细计厚葬之事,实在是埋葬了大量的钱财;计算久丧之事,实际上是长久禁止人们去做事。财产被掩在棺材里埋掉,丧

---

① 《孟子·滕文公上》。

② 《孟子·尽心上》。

③ 《孟子·尽心上》。

后应该从事生产却被长时间禁止。用这种做法去追求富裕，就好像禁止耕田而想求收获一样。①

墨子认为推行厚葬，亦是国家人口数量增加的桎梏。墨子说，国君死了，服丧三年；父母死了，服丧三年，妻与嫡长子死了，都服丧三年。然后伯父、叔父、兄弟、自己的众庶子死了服丧一年。近支亲属死了服丧五个月。姑姊甥舅死了，服丧都有一定月数。丧期中面目干瘦，颜色黝黑，耳朵不聪敏，眼睛不明亮，手足不强健，因而不能做事情。上士守丧，必须挽扶才能站起，拄着拐杖才能行走，并按此方式生活三年。百姓冬天忍不住寒冷，夏天忍不住酷暑，生病而死者不可胜数。这样也会大量地损害男女之间的交媾。以这种做法追求增加人口，就好像使人伏身剑刃而寻求长寿。②

墨子认为厚葬对于治理刑事政务也没有任何好处。墨子说，以厚葬久丧的原则治理政事，国家必定会贫穷，人民必定会减少，刑政必定会混乱。假如效法这种言论，实行这种主张，使居上位的人依此而行，就不可能听政治国；使在下位的人依此而行，就不可能从事生产。居上位的不能听政治国，刑事政务就必定混乱；在下位的不能从事生产，衣食之资就必定不足。假若感到不足，做弟弟的向兄长求借而没有所得，弟弟就必定要怨恨他的兄长；为人子者求借于父母未果，为人子者就必定要怨恨他的父母；做臣子的求借于君主而未有所得，臣子就必定要叛乱他的君上。百姓出门没有衣穿，回家没有饭吃，内心积有耻辱之感，一起去做邪恶暴虐之事，坏事便多得无法禁止。盗贼众多而好的执政者少，以此来寻求社会安定，就好比把人多次遣送回去而要他不背叛自己一样。③

墨子认为想以厚葬久丧者禁止大国攻打小国，也是行不通的。墨子说，从前的圣王已离开人世，天下丧失了正义，诸侯用武力征伐。南边有楚、越二国之王，北边有齐、晋二国之君，这些君主都训练他们的士卒，用以在天下攻伐兼并，发令施政。大凡大国不攻打小国，便是因为小国积贮多，城郭修固，上下和谐，所以大国不想攻打他们。如果小国没有积贮，城郭不修固，上下不和谐，大国便想攻打他们。而现在以主张厚葬久丧的人主持政务，国家

① 《墨子·节葬下》。
② 《墨子·节葬下》。
③ 《墨子·节葬下》。

必定会贫穷,人民必定会减少,刑事政务必定会混乱。如果国家贫穷,就没有什么东西可以用来积贮;如果人口减少,这样修建城郭、沟渠的人就少了;如果刑政混乱,这样出战就不能胜利,入守就不能牢固。①

同时,墨子认为想用厚葬求得上帝、鬼神赐福,也不可能。墨子说,用主张厚葬久丧的人主持政务,国家必定贫穷,人民必定减少,刑法政治必定混乱。如果国家贫穷,那么祭祀的粢盛酒醴就不能洁净;如果人民减少,那么敬拜上帝、鬼神的人就少了;如果刑政混乱,那么祭祀就不能准时了。② 所以,墨子得出结论说,想以厚葬久丧使国家富足而只能变得更加贫困,想以它增加人口而只能使其变得更加减少,想用它使刑政获得治理而只能更加混乱,想用它禁止大国攻打小国也是办不到的,想用它求取上帝鬼神的赐福反而只能得祸。厚葬久丧与尧、舜、禹、汤、周文王、周武王之道相悖,却与桀、纣、周幽王、周厉王之事相合。③

墨子认为古代圣王制定的葬埋之法是“棺三寸足以朽体,衣衾三领,足以覆恶。以及其葬也,下毋及泉,上毋通臭,垄若参耕之亩,则止矣。”“死则既以葬矣,生者必无久哭,而疾而从事,人为其所能,以交相利也。”④古代圣王制定埋葬的原则,棺木三寸厚,足以让尸体在里面腐烂就行;衣衾三件,足以掩盖尸形就行。及至下葬,下面不掘到泉水深处,上面不使腐臭散发,坟地宽广三尺,就够了。死者既已埋葬,生人不当久哭,而应赶快就业,人人各尽所能,用以交相得利。墨子批评儒家厚葬久丧,做几层的套棺,制很多的衣服、被子,送葬就像搬家一样,哭泣三年,人扶才能起来,拄了拐杖才能行走,耳朵不听外事,眼睛不见外物。墨子认为这足以丧亡天下了。⑤ 与儒家相比,显然墨子的节葬说更具有社会进步意义。

非乐就是反对从事音乐活动。在春秋以前国家盛行礼乐制度,统治阶级过着钟鸣鼎食的生活。如《左传·襄公二十九年》记载,吴公子季札从卫国出发聘问晋国,途中在戚地住宿,听到卫国孙文子家的钟声,曰:“异哉!吾闻之也:‘辩而不德,必加于戮。’夫子获罪于君以在此,惧犹不足,而又何

---

① 《墨子·节葬下》。
② 《墨子·节葬下》。
③ 《墨子·节葬下》。
④ 《墨子·节葬下》。
⑤ 《墨子·公孟》。

乐？夫子之在此也，犹燕之巢于幕上。君又在殡，而可以乐乎？"意思是说，奇怪啊，我听说了，发动变乱而没有德行，必然遭到诛戮。这一位就在这地方得罪国君，害怕还来不及，又有什么可以寻欢作乐的呢？这一位在这个地方，就像燕子在帐幕上做巢。国君正停棺没有安葬，难道可以寻欢作乐吗？于是就离开戚地，孙文子听到此事后，终身不听琴瑟。《左传·襄公三十年》记载，郑国伯有喜欢饮酒，"为窟室，而夜饮酒击钟焉"。做了个地穴式的房子，晚上饮酒并且击钟。《左传·昭公二十年》记载，晏子说齐景公曰："高台深池，撞钟舞女，斩刈民力，输掠其聚，以成其违，不恤后人。"齐景公高台深池，奏乐歌舞，砍伐民力，掠夺百姓的积蓄，以这些行为铸成过错，并且不体恤后代。《左传·哀公十四年》记载，宋国左师每次吃饭都要击钟，饭前饭后各一次。在礼乐制度下，按照身份等级的不同，用乐也有严格的规定。《左传·成公二年》记载，新筑人仲叔于奚救了孙桓子，卫国赏赐仲叔于奚城邑，他不要城邑，而"请曲县、繁缨以朝"，杨伯峻先生曰："'县'，同'悬'，指钟、磬等乐器悬挂于架。在古代，天子乐器，四面悬挂，象宫室四面有墙，谓之'宫悬'；诸侯去其南面乐器，三面悬挂，曰'轩悬'，亦曰'曲悬'；大夫仅左右两面悬挂，曰'判悬'；士仅于东面或阶间悬挂，曰'特悬'。"由此可知，仲叔于奚请"曲悬"，是以大夫而僭越诸侯之礼，故而孔子曰："唯器与名，不可以假人"，"器"就是指"曲悬""繁缨"等物。孔子还谓季氏，"八佾舞于庭，是可忍也，孰不可忍也。"①"八佾"，杨伯峻注："古代舞蹈奏乐，八个人为一行，这一行叫一佾。八佾是八行，八八六十四人，只有天子才能用。诸侯用六佾，即六行，四十八人。大夫用四佾，三十二人。四佾才是季氏所应该用的。"孔子说季氏用六十四人在庭院中奏乐舞蹈，这都可以做出来，什么事不可以做出来呢？什么等级的人用什么乐曲，在礼制社会是有明确规定的。

墨子认为凡事应该利国利民，制造乐器需要聚敛百姓的钱财，不仅荒废百姓的生产，而且音乐还能使人耽于荒淫。因此，墨子主张必须禁止音乐。墨子认为民有三患，即"饥者不得食，寒者不得衣，劳者不得息"。仁人做事，必须讲求对天下有利、为天下除害，并以此作为天下的准则。而"今王公大人虽无造为乐器，以为事乎国家，非直掊潦水、拆壤垣而为之也，将必厚措敛

---

① 《论语·八佾》。

乎万民，以为大钟鸣鼓、琴瑟竽笙之声。"①王公大人为了国事制造乐器，不是像掊取路上的积水、拆毁土墙那么容易，而必是向万民征取很多钱财，以成大钟、响鼓、琴、瑟、竽、笙之声。墨子认为，向万民征敛很多钱财，制作大钟、鸣鼓、琴、瑟、竽、笙之声，以求有利于天下和为天下除害，是无补于事的。②墨子还说，王公大人高台厚榭之上的钟，不撞击它无以取乐，撞击它也不会用老人和反应迟钝的人。因为他们耳不聪、目不明、四肢不强壮、声音不和谐、眼神不灵敏。必将使用壮年人，用其耳聪目明、强壮的四肢、声音调和、眼神敏捷。如果使男人撞钟，就要浪费男人耕田、种菜、植树的时间；如果让妇女撞钟，就要荒废妇女纺纱、绩麻、织布等事情。而现今的王公大人从事音乐活动，就是掠夺民众的衣食之财以为乐而已。③ 墨子还说，现今大钟、响鼓、琴、瑟、竽、笙的乐声等已备齐了，大人们独自安静地听着奏乐，将会得到什么乐趣呢？ 不是与君子一同来听，就是与贱人一同来听。与君子同听，就会荒废君子的听狱和治理国事；与贱人同听，就会荒废贱人所做的事情。④墨子还举齐康公的例子，从前齐康公作《万舞》乐曲，跳《万舞》的人不能穿粗布短衣，不能吃糟糠。齐康公说他们吃得不好，面目色泽就不值得看了。衣服不美，身形动作也不值得看了。所以必须吃好饭和食良肉，必须穿绣有花纹的衣裳。这些人不从事生产衣食财物的活动，而依靠别人为食。⑤ 墨子认为人与动物的区别就是"赖其力者生，不赖其力者不生"。而"君子不强听治，即刑政乱；贱人不强从事，即财用不足"。⑥ 墨子说，王公大人早朝晚退，听狱治国，这是他们的分内之事。士人君子竭尽全身的力气，用尽智力思考，于内治理官府，于外向关市、山林、河桥征收赋税，充实仓廪府库，这是他们的分内之事。农夫早出晚归，耕田、种菜、植树，多多收获豆子和粮食，这是他们的分内之事。妇女们早起晚睡，纺纱、绩麻、织布，料理麻、丝、葛、苎麻，织成布匹，这是她们的分内之事。而如果王公大人喜欢音乐，则必不能早朝晚退，并且听狱治国，那样国家就会混乱，社稷就会危亡。如果士人君

---

① 《墨子·非乐上》。
② 《墨子·非乐上》。
③ 《墨子·非乐上》。
④ 《墨子·非乐上》。
⑤ 《墨子·非乐上》。
⑥ 《墨子·非乐上》。

子喜欢音乐,则必不能竭尽全身的力气,用尽智力思考,于内治理官府,于外向关市、山林、河桥征收赋税,仓廪府库也不会充实。如果农夫喜欢音乐,则必不能早出晚归,耕田、植树、种菜,豆类和粮食就会不足。如果妇女喜欢音乐,则必不能早起晚睡纺纱、绩麻、织布,并将麻、丝、葛、苎麻织成布匹,那么布匹就不多,这些都是沉溺于音乐造成的后果。①

用今天的眼光来看,墨子否定音乐自然是不对的。但是对于当时统治者钟鸣鼎食的腐化生活,以及饥人不得食、寒人不得衣、疲劳之人得不到休息的情况来说,显然也有其进步的一面。

前面我们阐述了墨子的非命、兼爱与非攻、尚贤与尚同,以及节用、节葬和非乐等思想。指出儒家的孔子和孟子都相信天命,而墨子对"以命为有"的命定论思想进行了尖锐的批判。他明确指出了命定论给社会造成的危害。墨子强调通过人的努力来改变命运,为此他提出了"力"和"强"的观点。在论证非命的过程中,墨子提出鉴别言论是非真伪必需的标准,即三表法:"上本之于古者圣王之事""下原察百姓耳目之实""废(发)以为刑政,观其中国家百姓人民之利"。战国以前主张"爱人"是以宗法血缘关系为基础,儒家强调的"爱人"也是有差等的爱,即"别爱"或"偏爱"。墨子针对战国时期兼并战争频仍、动乱不已的社会现实,提出了兼爱和非攻的主张。墨子认为造成天下大害的根源在于缺乏"兼爱"精神。他依据社会现实的"不相爱"提出了兼爱的具体要求。即"视人之国,若视其国。视人之家,若视其家。视人之身,若视其身"。墨子主张兼爱的同时,还强调"交相利"。墨子在鼓吹兼爱的同时,亦发出了"非攻"的呐喊。"非攻"就是反对攻伐战争,它是兼爱原则在国与国之间的应用。墨子站在劳动者的立场上揭露了战争的危害。但是墨子主张"非攻",并不是反对一切战争,为此他区分了战争中的"伐"和"诛"。尚贤和尚同是墨子的基本政治主张。儒家的孔子和孟子所提倡的"举贤才",是以"亲亲"为主要原则,使官有常贵以更好地巩固世袭特权。墨子在先于孟子的时代就明确提出尚贤的思想。他提出了对待贤人的具体措施,即"高予之爵,重予之禄,任之以事,断予之令"。他还提出来"有能则举之"的选贤标准。墨子的尚同思想是尚贤思想的发展。由里长、乡长、国君至天子,逐级以上一级的是非为是非,最后上同于天子。但是,墨子提出"上

---

① 《墨子·非乐上》。

之所是,必皆是之。所非,必皆非之"的思想,也蕴含了专制主义的根苗。墨子还反对奢侈的生活,主张节俭,提出节用、节葬、非乐的主张。节用,就是节约用度。墨子反对统治者穷奢极欲地大量耗费百姓的民力和财力,使人民生活陷于困境。节葬是墨子针对当时统治者耗费大量钱财来铺张丧葬而提出的节约主张。春秋以前,贵族阶级中盛行厚葬的习俗,并且具有严格的等级规定。大至随葬器物,小至丧服礼仪,都按照身份等级的不同有所差异。墨子认为,厚葬久丧不仅浪费了社会财富,而且还使人们无法从事生产劳动,并影响了人口的增长。这不仅对社会有害,也不符合死者的利益和古代圣王的传统,因而必须加以废止。非乐是反对从事音乐活动。在春秋以前,国家盛行礼乐制度,统治阶级一般都过着钟鸣鼎食的生活。墨子认为凡事应该利国利民,制造乐器需要聚敛百姓的钱财,荒废百姓的生产,而且音乐还能使人耽于荒淫。因此,必须要禁止音乐。墨子提出的这些思想虽然带有历史和阶级的局限,但是丝毫掩盖不了其在人类文明史上留下的光辉印记。

第四章　道家的代表人物庄子及思想要旨

　　道家是战国时期重要学派之一，又称"道德家"。这一学派以春秋末年老子关于"道"的学说作为理论基础，认为"道"是一切事物的根源。强调天道无为，万物自然化生，否认上帝鬼神主宰一切，主张道法自然，提倡清静无为，守雌贵柔，从而达到"道"的最高境界。道家以"小国寡民""无为而治"为政治理想。又以"知足寡欲""柔弱不争""顺应自然"为人生观。在宇宙观上，道家认为"道"是无形和不可见的，是超时空的绝对精神，是宇宙最高本体及一切事物的根源。战国时期道家学派的主要代表人物是庄子。

　　庄子，姓庄，名周，战国中期宋国蒙（今河南商丘）人，生卒年不详。曾在家乡做过漆园吏的小官，其后一直隐居。他生活贫困，有时靠打草鞋为生。见梁惠王时穿着打了补丁的粗布衣服和断了带子的草鞋。他还曾向监河侯借过米。但是庄子淡泊名利，拒绝做官。楚王闻其贤德，曾派使者赠以千金并请他做宰相，结果被他拒绝。庄子学识渊博，交游广泛。其思想主要保存在《庄子》一书中。庄子的思想继承老子的同时又有创新。

一、自然人性说

　　庄子也讲人性，但是与孟子的性善说和荀子的性恶说有所不同，庄子主张的是自然人性说。庄子认为，人是"与天一"的自然物，即人和自然是同一的。[①] 他说："庸讵知吾所谓天之非人乎？所谓人之非天乎？"[②] 不忘天命之始，不求天年之终，欣喜地接受生，也把死看成回归到自然的道。既然人和自然是同一的，所以在庄子看来，人的本性就是人的自然性。他说："性者，

---

　　① 《庄子·山木》。
　　② 《庄子·大宗师》。

生之质也。"①即性是自然本性。他还认为："万物皆出于机,皆入于机。"是说万物都由物种精微生出,又都返回于它。为此,庄子说："羊奚比乎不笋,久竹生青宁。青宁生程,程生马,马生人,人又反入于机。万物皆出于机,皆入于机。"②庄子认为竹蓐与不生笋的老竹并连一起,老竹生出竹根虫,竹根虫生赤虫,赤虫生马,马生人,人又复归于物种之精微。因此庄子主张回归人的本性,即"素朴"的状态。他说："同乎无知,其德不离。同乎无欲,是谓素朴。素朴而民性得矣。"③就是说,人与无知之物一样,他的本性就不会离失;人同无欲之物一样就是"素朴","素朴"便保持了人的本性。他还举了列子的例子,说列子"于事无与亲,雕琢复朴,块然独以其形立。纷而封哉,一以是终"。④ 即对事物无亲无疏,除掉修饰,返回质朴,安然地把自己的形体立于世间,在纷繁的事物中不失去自己的常态,终身如此而已。

庄子提倡人性要复归婴儿状态。庄子说："儿子终日嗥而嗌不嗄,和之至也;终日握而手不掜,共其德也;终日视而目不瞚,偏不在外也。行不知所之,居不知所为,与物委蛇,而同其波。是卫生之经已。"婴儿整天号哭而喉咙却不哽塞嘶哑,这是和谐所至;婴儿整天握拳而手不曲拳,这是共守他的本性;整天睁眼而目不转睛,是心不偏向外求,行走不知所去的方向,停下来不知要做什么事情。因其顺应自然,所以可以保全生命。

庄子还强调人要顺应自然而存在。庄子说："有人,天也;有天,亦天也。人之不能有天,性也,圣人晏然体逝而终矣。"⑤庄子认为人事之变化,无不受天支配;天道变化,亦出于自然。人不能支配天道,这是其本性决定的,圣人安然体悟天道常行不息之性而终其天命。庄子把顺应自然而存在的人,称为"真人"。如庄子说："古之真人,以天待人,不以人入天。"⑥是说古代的真人,以自然之道对待人事,不以人事之道对待自然。他还说："不以心捐道,不以人助天,是之谓真人。"⑦不用人的心智弃道,不用人的意志助天,这就叫

---

① 《庄子·庚桑楚》。
② 《庄子·至乐》。
③ 《庄子·马蹄》。
④ 《庄子·应帝王》。
⑤ 《庄子·山木》。
⑥ 《庄子·徐无鬼》。
⑦ 《庄子·大宗师》。

作真人。

庄子提倡人的本性就是人的自然性,对儒家所提倡的仁义道德进行批判。庄子说:"吾所谓藏者,非所谓仁义之谓也,任其性命之情而已矣。"①在庄子看来,他所说的自性完善,不是指合乎仁义的标准,只是任其自然本性之实去做而已。他说:"黥汝以仁义,而劓汝以是非。"②庄子认为仁义就好比古代在犯人脸上刺字的刑罚,是非就好像古代将犯人鼻子割去的刑罚。他还指出:"及至圣人,蹩躠为仁,踶跂为义,而天下始疑矣;澶漫为乐,摘僻为礼,而天下始分矣。"③就是说,等到圣人出现,急急于求仁,汲汲于为义,天下才发生了迷惑;纵逸求乐,烦琐为礼,天下才开始分离了。所以庄子得出结论,"圣人不死,大盗不止"。庄子曾假托老聃问孔子仁义,谓孔子说:"中心物恺,兼爱无私,此仁义之情也。"孔子说心中正无偏私,与物和乐而不毁伤,兼爱万物而无私心,这就是仁义的实质。老聃回答:"意,几乎后言! 夫兼爱,不亦迂乎! 无私焉,乃私也。夫子若欲使天下无失其牧乎? 则天地固有常矣,日月固有明矣,星辰固有列矣,禽兽固有群矣,树木固有立矣。夫子亦放德而行,循道而趋,已至矣! 又何偈偈乎揭仁义,若击鼓而求亡子焉? 意,夫子乱人之性也。"④即这些话近似于后代之言! 讲兼爱不是大迂远了么! 讲无私就包含了私。夫子如果要想使天下不失去其养育,则天地原本就有恒常之规则,日月本来就是光明的,星辰本来就排列有序,禽兽本来就是群居的,树木本来就有植立之处。夫子也循性而行,遵道而进,就达到了理想境界! 又何必用力去倡导仁义,像击鼓聚众去寻找丢失小孩那般急切呢? 老子认为孔子是在扰乱人性。此处庄子借这个寓言故事,是想表达自己对仁义的看法。庄子还说:"毁道德以为仁义,圣人之过也。"⑤这里所说的"道德",是指事物和人类的自然性。庄子认为毁坏道德以推行仁义,这是圣人的过错。庄子还说:"自虞氏招仁义以挠天下也,天下莫不奔命于仁义,是非以仁义易其性与?"⑥自从虞舜推崇仁义用以扰乱天下人的本性,天下人没有

① 《庄子·骈拇》。
② 《庄子·大宗师》。
③ 《庄子·马蹄》。
④ 《庄子·天道》。
⑤ 《庄子·马蹄》。
⑥ 《庄子·骈拇》。

不为仁义奔走效命的,这不是用仁义改变人的本性吗? 在庄子看来,仁义是破坏了素朴的人性,造成了虚伪、争斗以及种种社会弊端的原因。庄子依托老聃之口曰:"昔者黄帝始以仁义樱人之心,尧舜于是乎股无胈,胫无毛,以养天下之形,愁其五藏以为仁义,矜其血气以规法度。然犹有不胜也。尧于是放灌兜于崇山,投三苗于三危,流共工于幽都,此不胜天下也。夫施及三王而大下大骇矣。下有桀跖,上有曾史,而儒墨毕起。于是乎喜怒相疑,愚知相欺,善否相非,诞信相讥,而天下衰矣。大德不同,而性命烂漫矣;天下好知,而百姓求竭矣。于是乎钘锯制焉,绳墨杀焉,椎凿决焉。天下脊脊大乱,罪在樱人心。故贤者伏处大山嵁岩之下,而万乘之君忧栗乎庙堂之上。"①从前黄帝开始用仁义扰乱人心,后继之尧舜于是大腿上没有肥肉,小腿上汗毛都磨光了,如此奔波劳苦以供养天下人之形体,为施行仁义使五脏忧愁,又制定法令制度以约束人之感情冲动。然而还是有不能胜任的。尧于是把灌兜放逐到崇山,把三苗流放到三危,把共工放逐于幽都,这就是不能胜任治理天下之心。延续到夏、商、周三代,而天下人受到更大的惊扰。下有桀跖之类暴君大盗,上有曾史之类仁者,而儒家、墨家也都兴起了。于是欢乐者与愤怒者互相猜疑,愚者和智者互相欺骗,为善者与为恶者互相非议,荒诞者与信实者互相讥讽,从而使天下进一步衰落。大德不能玄同,人之本性从而遭受伤害并散乱。天下人都喜好智巧,百姓贪求满足欲望而竭尽心力,于是用斧锯裁断,用绳墨修治,用椎凿穿孔。天下人相互欺凌践踏而大乱,其罪恶之根就扰乱了人心。所以贤者隐居在险岩深谷之中,而万乘之君忧愁惊惧于朝廷之上。庄子认为这些都是受制于仁义枷锁的缘故。庄子还说:"爱利出乎仁义,捐仁义者寡,利仁义者众。夫仁义之行,唯且无诚,且假乎禽贪者器。"②仁义能够带来爱和利,所以人们都争相为仁义。行仁义的那些人目的是为了争取名利,虚伪而不诚实,进而仁义便成了贪求名利的工具。庄子认为:"彼窃钩者诛,窃国者为诸侯,诸侯之门而仁义存焉,则是非窃仁义圣知邪?"③那些偷窃腰带环等不值钱物件的小贼,捉住了要被诛杀。而盗窃国家的大盗却成了诸侯,在这样的诸侯之家就有仁义,这不就是

---

① 《庄子·在宥》。
② 《庄子·徐无鬼》。
③ 《庄子·胠箧》。

把仁义圣智一起"盗窃"了吗？所以他主张"绝圣弃智"，并认为这样大盗才能停止，天下才能够大治。① 庄子对儒家仁义道德的批判，在某种程度上揭露了当时统治者用仁义等道德说教欺骗人民，从而掩盖了剥削和压迫的虚伪性。

庄子提出人的本性就是人的自然性，并认为仁义破坏了素朴的人性，在当时是石破天惊之论，在当今社会对我们讨论人权问题仍有启示作用。

二、追求精神和心灵自由的逍遥论

庄子的逍遥论建立在其人性说的基础之上，内容是讨论如何获得自由的问题。庄子对战国时期剧烈的政治斗争，采取了回避和批判的态度。楚威王听说庄子很有学问，派人带来大量的钱财去请他作相，庄子笑着对楚国的使者说，千金和卿相确实是重利尊位，但这好比祭祀用的牛一样，养了多少年，还给它披上漂亮的衣裳，但目的只有一个，就是送入太庙当祭品。到那时虽然想做一头自由自在的小猪，也不可能了。你快走吧，不要玷污我。我宁愿像小猪一样在污泥中自得其乐，决不为帝王们所束缚。我一辈子也不当官，以达到我自得其乐的志愿。② 有一次，庄子穿着带补丁的粗布衣服，扎好腰带系好鞋子去见魏王。魏王问庄子为何这样疲困呢？庄子回答说，是贫穷，不是疲困。志士有道德不得施行，是疲困；衣服破烂，鞋子磨穿，是贫穷，不是疲困，这是因为没遭遇好世道。王难道未曾见过善于腾跃之猿猴吗？它们在柟樟豫章之类高大树林中，把握牵扯树枝而怡然自得于其间，就是羿与蓬蒙之类的善射者，也不能瞄准射中它们。及其在柘棘枳枸之类带刺的灌木丛中，行动谨慎而左顾右盼，内心震惊畏惧战栗，此时并非由于过度紧张而筋骨不柔软灵活，是所处形势不利，不足以施展其本领啊。现在处于昏君与乱相之时而想要不疲困，怎么可能呀？这就是比干被剖心前已见征兆了啊！③ 庄子用"柘棘枳枸"和"昏上乱相"作类比，痛斥残暴的政治造成人民的贫穷和疲困，并且限制人的自由。

现实的道路走不通，所以庄子主张逍遥论，追求精神和心灵的自由。

---

① 《庄子·胠箧》《庄子·在宥》。
② 《史记·老子韩非列传》。
③ 《庄子·山木》。

"逍遥"是指悠然自得、自由自在的意思。"游"是指遨游于自然界。庄子按照是否利用凭借物,将游分为"有待"和"无待"两种形式。

在庄子看来,以下这些例子都是"有待"的遨游。庄子说:"北冥有鱼,其名为鲲。鲲之大,不知其几千里也。化而为鸟,其名为鹏。鹏之背,不知其几千里也;怒而飞,其翼若垂天之云。是鸟也,海运则将徙于南冥。南冥者,天池也。"①北极大海有条鱼,它的名字叫鲲。鲲的体积巨大,不知道有几千里。鲲变化成鸟,它的名字叫鹏。鹏的脊背,不知道有几千里;奋起而飞,它的翅膀就像挂垂在天上的云彩。这只鸟,风起海动时就要迁移到南极大海。南极大海,指的是天然的大池。当大鹏迁往南极大海时,"水击三千里,抟扶摇而上者九万里,去以六月息者也"。② 翅膀拍击水面三千里,借盘旋的暴风飞上九万里高空,一飞去就要用六个月的时间才能息止。然而在庄子看来,大鹏高飞却需要"垂天之云"般的大翼和负载羽翼的大风。庄子说:"风之积也不厚,则其负大翼也无力。故九万里则风斯在下矣,而后乃今培风;背负青天而莫之夭阏者,而后乃今将图南。"③风积的强度不大,它负荷大鹏也就无力量。所以能飞九万里则是因为大风在它的翅膀的下面,而后才凭借风力,背负着青天而无法遏止地飞翔,最终飞到南极大海。庄子还说:"夫列子御风而行,泠然善也,旬有五日而后反。彼于致福者,未数数然也。此虽免乎行,犹有所待者也。"④列御寇能够驾着风行走,样子轻妙极了,走了十五天而后回来。他对于求福的事,从来不去汲汲追求。这样他虽然可以免去步行的劳苦,但他还是有所凭借。庄子还提到"适莽苍者,三飡而反,腹犹果然;适百里者,宿舂粮;适千里者,三月聚粮"。⑤ 到十里近郊去的,只带三餐粮食而当天返回来,肚子还是饱饱的;到百里远的地方去,要用一夜的时间舂粮备米;到千里路远的地方去,就要准备三个月的粮食。这些有所凭借的游历,在庄子看来都是"有待",即必须依赖一定的条件才能实现。

庄子所提倡的是一种"无待"的遨游,即不依赖任何外界物质条件、超然肉体之外、无所不适的绝对逍遥。庄子说:"若夫乘天地之正,而御六气之

---

① 《庄子·逍遥游》。
② 《庄子·逍遥游》。
③ 《庄子·逍遥游》。
④ 《庄子·逍遥游》。
⑤ 《庄子·逍遥游》。

辩,以游无穷者,彼且恶乎待哉!"①如果能因循自然的本性,顺应六气的变化,以遨游于无边无际的境域,他还有什么依赖的呢? 在庄子看来,在藐姑射山上的那位神人,"不食五谷,吸风饮露。乘云气,御飞龙,而游乎四海之外"。② 不吃五谷杂粮,吸清风,饮甘露。乘云气,驾飞龙,遨游于四海之外。还有殷山之阳与寥水之边的无名人,"厌,则又乘夫莽眇之鸟,以出六极之外,而游无何有之乡,以处圹埌之野"。③ 厌烦时,就乘轻盈虚无的鸟,飞翔到六极之外,遨游于虚无的境界,在广阔圹荡的地方生活。这两种人都是逍遥的。由此我们得出,庄子的这种无条件的逍遥,只能是精神上和心灵上的逍遥。

庄子认为要达到这种境界,其办法就是"坐忘"和"心斋"。所谓"坐忘"就是彻底地忘掉一切。庄子以寓言的手法,借孔子和颜回之口,阐述了"坐忘"的方法。庄子说,有一天颜回对孔子说,我有长进了。孔子问:"何谓也?"颜回曰:"忘仁义矣。"孔子说这还不够。过些日子,颜回又一次见到孔子,说:"坐忘矣!"孔子惊奇他问:"何谓坐忘?"颜回曰:"堕肢体,黜聪明,离形去知,同于大通,此谓坐忘。"④毁弃肢体,废除聪明,离开身形,弃掉知识,和同大道,这就叫作坐忘。而后孔子赞扬颜回说:"同则无好也,化则无常也。而果其贤乎! 丘也请从而后也。"⑤和同于大道就没有偏好,变化就没有执着不变,你果真是个贤人,我愿意步你的后尘了。这里"堕肢体",并不是要抛弃形体,而是要摆脱形体对心灵的束缚,排除由肉体感官产生的贪欲。"黜聪明",指的是停止思虑活动,摒弃由心智的作用而产生的机巧和诈伪。因为贪欲和智巧足以扰乱心灵,所以必须彻底洗净,心灵才能获得自由。"坐忘"的结果就是形神两忘和物我两忘,使心灵达到绝对虚静的状态,之后"同于大通",并与自然相合。庄子通过颜回与孔子的对话阐述了自己的"坐忘"观点,这是对儒家的莫大讥讽。庄子还举了一个寓言故事,有一天南郭子綦靠几正坐,仰面朝天,缓慢吐气,形体木然,仿佛精神脱离了身躯。颜成子来到南郭子綦的面前,问道:"何居乎? 形固可使如槁木,而心固可使

---

① 《庄子·逍遥游》。
② 《庄子·齐物论》。
③ 《庄子·应帝王》。
④ 《庄子·大宗师》。
⑤ 《庄子·大宗师》。

如死灰乎？今之隐机者，非昔之隐机者也。"颜成子问，怎么这个样子啊？形体僵化可以使它像枯干的树木，而精神岂能可以使它像熄灭的灰烬呢？你现在怎么跟过去有那么大的不同呢？南郭子綦说："不亦善乎，而问之也！今者吾丧我，汝知之乎？"①南郭子綦说，你问的问题很好！如今我忘掉了我自己。这里"吾丧我"，就是指达到了"坐忘"的境界。庄子还说："吾犹告而守之，三日而后能外天下；已外天下矣，吾又守之，七日而后能外物；已外物矣，吾又守之，九日而后能外生；已外生矣，而后能朝彻；朝彻，而后能见独；见独而后能无古今；无古今而后能入于不死不生。"②即我仍然要守持以道来教导他三天，而后才能把天下置之度外；已经把天下置之度外了，我又守持七天，而后才能把事物置之度外；已经把事物置之度外了，我又守持九天，而后才能把生死置之度外；已经把生死置之度外了，而后才能一旦贯通；一旦贯通，而后才能体认绝对的大道；能体认绝对的大道，而后才能理解时间是无限的；时间是无限的，然后才能领悟不死不生的境界。

　　庄子认为，做到忘我的境界必须还要做到"心斋"。所谓"心斋"，是指绝对地排除感觉，取消认识客观世界的一切活动，停止人的思维活动去体认道的一种方法。庄子借孔子和颜回之口，阐述了"心斋"的方法。仲尼认为"心斋"就是"若一志，无听之以耳而听之以心，无听之以心而听之以气！听止于耳，心止于符。气也者，虚而待物者也。唯道集虚。虚者，心斋也"。③是说要使心志高度集中，屏除一切杂念，而要用心灵去体认，不仅用心灵去体认，还要用气去感应，声音只在于耳，思虑只在于概念，气是以空虚对待万物。只有道才能集结在虚之中，这种虚静，就是"心斋"。这种方法关键就在一个"虚"字，即排除任何感觉、嗜欲、情感和思虑，停止任何感官和思维的活动，使心灵超然物外，保持绝对的虚静、安宁、和谐的心态。颜回接着问孔子说："回之未始得使，实自回也；得使之也，未始有回也；可谓虚乎？"颜回说，我没有听到心斋时，实在觉得我颜回自身的存在。听到了心斋之后，就觉得未尝有我颜回存在了。这可以叫作虚吗？孔子说，你讲得十分详尽了，我告诉你，假如能够进入这种藩篱之中遨游而不为名位所动，能听进的话就说，听

---

① 《庄子·齐物论》。
② 《庄子·大宗师》。
③ 《庄子·人世间》。

不进的话就不说。不开启门户就不会遭到毒害，把心志专一起来寄托于不得已而为之的境地就差不多了。不走路容易，走路不留痕迹困难。为人情所驱使容易造假，为自然所驱使难以作弊。只听说过有了翅膀才能飞翔，没有听说过没有翅膀也能飞翔的。只听说过有了知识才能认识事物，没听说过没有知识却可以认识事物的。看那空明的心境，就会了解，只有把内心空虚起来，才可以产生纯洁的状态，吉祥就来临了。如果不能止其所当，这就叫作形坐而心驰。使耳目感觉向内通达而排除心灵的理性，鬼神也会前来归附，何况是人呢？顺应这样万物的变化，正是禹和舜所把握的关键，伏羲和几蘧也作为终身奉行的准则，何况是普通人呢？① 由上可知，庄子认为通过"坐忘"和"心斋"，摒除了世俗的欲望、观念、价值、规范的约束，进而达到超凡脱俗的精神状态，进入真正逍遥的境界。

庄子关于精神和心灵逍遥的思想虽然带有幻想的成分，但是却在中国古代第一次提出了精神自由的命题，对人生的价值、意义和境界等问题进行了别开生面的思考，这在中国思想史上具有重要理论意义。

三、安命无为和无心无情的社会人生论

"无为"是老子提出来的一种独特的政治主张，是指顺应自然的发展规律，排除不必要的作为或妄为。老子指出："祸莫大于不知足，咎莫大于欲得，故知足之足，常足矣。"②意思是说，祸患没有过于不知足的了，罪过没有过于贪得无厌的了。所以懂得满足的这种满足，将是永远的满足。在老子看来，统治者个人的私欲和野心是国家混乱和社会动荡的重要根源。针对统治者的穷奢极欲和贪得无厌，老子提出了"绝圣弃智，民利百倍；绝仁弃义，民复孝慈；绝巧弃利，盗贼无有。此三者，为文不足，故令有所属：见素抱朴，少私寡欲"的主张。③ 老子认为，抛弃巧辩，人民可以得到百倍的好处；弃绝诈伪，人民可以恢复孝慈的天性；抛弃巧诈和货利，盗贼就自然会消失。智辩、伪诈和巧利这三者全是巧饰，不足以治理天下。所以要使人有所归属，保持素朴，较少私欲。这样，人民才会安居乐业，社会就会走上正轨。老

---

① 《庄子·人世间》。
② 《老子》第四十六章。
③ 《老子》第十九章。

子还指出，"民之难治，以其上之有为，所以难治"。① 就是说，人民之所以难治，就是由于统治者强作妄为，因此难以管制。老子认为，社会混乱的原因是由于统治者贪得无厌，采取"有为"政治造成的。所以老子提倡"清静""无为"的主张。老子曰："清静为天下正。"②他还说："我无为而民自化，我好静而民自正，我无事而民自富，我无欲而民自朴。"③老子说，我无为，人民就自我化育；我好静，人民就自然上轨道；我不搅扰，人民就自然富足；我没有贪欲，人民就自然朴实。在老子看来，统治者清静无为，人民就可以"自化""自正""自富""自朴"。老子强调"无为"，实际上也是一种"为"。老子说："为无为，事无事。"④即以"无为"的态度去"为"，以清静无事的方式去"事"。老子认为做到了"无为"，就可以"治大国，若烹小鲜"。⑤ 治理大国，就像烹饪小鱼小虾一样容易。老子还说："道常无为而无不为。侯王若能守，万物将自化。化而欲作，吾将镇之以无名之朴。无名之朴，亦将不欲。不欲以静，天下将自正。"⑥意思是说，道永远是顺任自然的，然而没有一件事不是它所为。王公贵族如果能持守它，万物就会自行生长。当贪欲萌作时，就用道的真朴来安定它，这样就不会起贪欲。从而天下自然就恢复安定了。可见，老子强调"无为"只是"为"的一种手段，"无不为"才是他所要达到的真正目的。

　　庄子的哲学是一种寻求自我精神解脱和自救的哲学，所以他所说的"无为"才是真正的无为。庄子曾讲过这样一个故事，有一天肩吾对狂接舆说，日中始告诉我："君人者以己出经式义度，人孰敢不听而化诸！"日中始告诉肩吾，统治臣民的人颁布自己制定的法度，臣民谁敢不听从而受教化呢！狂接舆回答说："是欺德也；其于治天下也，犹涉海凿河而使蚊负山也。夫圣人之治也，治外乎？ 正而后行，确乎能其事者而已矣。且鸟高飞以避矰弋之害，鼷鼠深穴乎神丘之下以避熏凿之患，而曾二虫之无知！"⑦意思是说，这是

---

① 《老子》第七十五章。
② 《老子》第四十五章。
③ 《老子》第五十七章。
④ 《老子》第六十三章。
⑤ 《老子》第六十章。
⑥ 《老子》第三十七章。
⑦ 《庄子·应帝王》。

虚伪不实的德行。他这样去治理天下,就好像涉海不自量,凿河徒劳,使蚊子背山不合情理一样。圣人治理天下,难道光是治理别人吗?先是正己而后才能推行教化,使人们做一些确实能做到的事情罢了。况且鸟高飞以逃避短箭的祸患,小鼠在社坛的下面打深洞以避免烟熏和挖掘的祸患,你们连这两个小动物也不如吗!在庄子看来,应该是"顺物自然而无容私",顺应自然的规律而不夹杂主观成见,这样天下就达到大治了。① 庄子还假托老聃的话说:"明王之治,功盖天下而似不自己,化贷万物而民弗恃;有莫举名,使物自喜;立乎不测,而游于无有者也。"②明王治理天下,功德覆盖天下,好像不归自己;化育万物而人民并不感到依赖他;得到功劳不去称举表白,使人各得其所,而自己却站在不可识测的境地,与虚无之道同游。庄子说:"闻在有天下,不闻治天下也。在之也者,恐天下之淫其性也,宥之也者,恐天下之迁其德也。天下不淫其性,不迁其德,有治天下者哉。"③即只听说存养固守天下人的本性,没听说对天下人加以治理。所谓存养其性,是怕超出他们自性的本来状态;所谓固守其性,是怕改变他们恒常之德。如果天下人能不超出自性,不改变常德,又何须加以治理呢!庄子还说:"天地虽大,其化均也;万物虽多,其治一也;人卒虽众,其主君也。君原于德而成于天,故曰,玄古之君天下,无为也,天德而已矣。"④天地虽然广大,其按自性运动变化却是相同的;万物虽然众多,其循性自得却是一样的;民众虽然众多,其主宰者只有君主。君主以德为本顺天道无为而成功。所以说,远古之君治理天下,行无为而治,顺应天道自然而已。因此,庄子认为:"古之畜天下者,无欲而天下足,无为而万物化,渊静而百姓定。"⑤古代统治天下的君主,自己没有私欲而使天下人富足,行无为而治,任万物循性自行生化,深沉静默而百姓安定。

在庄子看来,民众有他们恒常的天性,他们纺织而得到衣服,耕种而得到粮食,这是他们共同之德。人与万物浑一而无偏私,按天性放任自乐。庄子认为"至德之世",使每个人走路稳重端庄,看东西目光专注不游移。在那个时代,山间没有开凿大大小小的道路,湖泊河流之上也没有舟船和桥梁。

---

① 《庄子·应帝王》。
② 《庄子·应帝王》。
③ 《庄子·在宥》。
④ 《庄子·天地》。
⑤ 《庄子·天地》。

人与万物合群而生,住处相互连接,无有分界,禽兽成群结队,草木顺性滋长。因此,人可以牵引禽兽到处漫游,也可爬到树上窥视鸟鹊之巢。在至德之世,人与禽兽住在一起,人群与万物浑然不分,哪里知道什么是君子和小人的区别呢!人与无知之物一样,他的本性就不会离失;人同无欲之物一样,即谓之"素朴"。做到"素朴"即保持了人的本性。然而圣人出现后,他们"蹩躠为仁,踶跂为义,而天下始疑矣;澶漫为乐,摘僻为礼,而天下始分矣"。①圣人用尽心力去推行仁,卖力去达到义,而天下从此开始产生种种猜疑迷惑。放纵无节制的作乐,选取分析出烦琐的礼仪条文,而天下由此开始产生尊卑贵贱的区分。庄子认为的"至德之世",还表现为:"民结绳而用之,甘其食,美其服,乐其俗,安其居,邻国相望,鸡狗之音相闻,民至老死而不相往来。若此之时,则至治已。"②在那个时代,民用结绳方法记事,以其所食为甘美,以其所衣为漂亮,以其习俗为快乐,以其居处为安适,相邻之国互相间看得到,民众直到老死也不互相交往。那样的时代,在庄子看来就是治理得最好的了。

庄子批判所谓的圣人之治。庄子说:"故纯朴不残,孰为牺尊!白玉不毁,孰为珪璋!道德不废,安取仁义!性情不离,安用礼乐!五色不乱,孰为文采!五声不乱,孰应六律!夫残朴以为器,工匠之罪也;毁道德以为仁义,圣人之过也。"③天然的木料不被剖开,谁能做成牺尊之类酒器!白玉不被毁坏,谁能做成珪璋之类玉器!大道不被废弃,哪里用得着仁义呢!自然本性不离失,哪里用得着礼乐呢!五色不相混相间,谁能制出美丽的图案花纹呢!五声不打乱重组,谁能制出与六律相应的乐曲呢!庄子认为毁坏天然木料用以造成器具,是工匠的过错。毁坏道德以推行仁义,是圣人的罪过。

庄子还对战国之世的"尚贤"进行批判。庄子说,当今之世竟然要让民众伸长脖子、踮起脚跟企盼圣贤。听说某地方有贤人,就带足食粮,奔往贤人之处,搞得在家里抛弃了亲人,在外面丢掉了所主管之政事,他们的足迹踏遍诸侯国土,车子的辙印交错于千里之外。④庄子认为造成这种状况,是君主崇尚智慧的过错。庄子指出,君主诚心崇尚智慧而抛弃大道,从而带来

---

① 《庄子·马蹄》。
② 《庄子·胠箧》。
③ 《庄子·马蹄》。
④ 《庄子·胠箧》。

天下大乱。弓箭、罗网、机关方面的智巧多了,空中的飞鸟就要被扰乱。钓具、渔网、鱼篓方面的智巧多了,水中的鱼类就要被扰乱。削木桩布成各类网具的智巧多了,山泽中的野兽就要被扰乱。运用智谋欺骗,使人不知不觉中深受毒害,把坚白之辩纠结在一起,把同异之辩加以曲说诡辩,这类智巧多了,故风遗俗就要受其迷惑。庄子指出,天下常常发生大乱,罪过就在于崇尚智慧。天下人都懂得去探求他所不知道的,却不懂得去探求他所知道的。都知道责难他认为恶的,却不知责难他认为善的,所以天下就大乱了。按庄子的看法,知与不知、善与恶、是与非等等,都是主观意向,没有客观标准,因而都可混而为一,不加区分。如果执着于己见,以此非彼,便会造成无穷的纷争,引起天下大乱。因此这样做就会上遮蔽日月之光明,下销毁山川之生命,中破坏四季之正常运行。蠕动爬行的小虫、微小的飞虫,都无不因此而丧失其本性。庄子认为崇尚智慧而祸乱天下,从夏商周三代以来就是这样。舍弃淳厚朴实之民而喜爱奔波劳碌不肯停歇之有才艺者,废弃恬淡无为的风尚而喜欢多言不倦的游说,已经把天下搞得大乱了。① 故而,庄子所说的"无为",才是真正的无为。

庄子的"无为"思想还体现为他的人生论当中。在他看来,政治就是网罗和陷阱,用功名利禄来诱惑那些过往的人,使他们"中于机辟,死于网罟",②从而成为政治斗争的牺牲品。在现实生活中,庄子并不主张抗争和改变政治,而是采取安命无为、无心无情的态度。庄子说:"大知闲闲,小知间间;大言炎炎,小言詹詹。其寐也魂交,其觉也形开,与接为构,日以心斗。其溺之所为之,不可使复之也。"③大知过于广博,小知过于精细。大言盛气凌人,小言喋喋不休。他们睡时也心神交错烦乱,他们醒时也形体不得安宁。与社会接触构合纠葛,整天钩心斗角。他们沉溺在所作所为的活动之中,再无法使他们恢复原状。庄子还说:"一受其成形,不忘以待尽。与物相刃相靡,其行尽如驰,而莫之能止,不亦悲乎!"④人一旦禀受成形体,就要不失其真性以尽天年。和外物相接触,既有相互矛盾之时,也有切中事理之时,他的心追逐外物像奔驰一样不能止步,这是很可悲的。因此他主张"安

---

① 《庄子·胠箧》。
② 《庄子·逍遥游》。
③ 《庄子·齐物论》。
④ 《庄子·齐物论》。

时而处顺"安之若命"。具体做法是不伸张自己的意志,不以外物而动心,不以喜怒哀乐的好恶伤其内心,甚至对于死生也无动于衷。庄子说:"安时而处顺,哀乐不能入也。此古之所谓悬解也。"①安于时运而生,顺应自然而死,悲哀和欢乐的情绪就不会进入胸中了。这就是古语所说的彻底地解脱了。庄子还说:"自事其心者,哀乐不易施乎前,知其不可奈何而安之若命,德之至也。"②庄子认为修养心性不以哀乐为转移,知道事难无可奈何而安心去做,是德性的最高境界。

庄子在外在的行为上采取了安命无为的处世态度,但内心却时刻保持着超拔的意志和孤傲的性格,时刻没有放弃独立、自由的精神追求。庄子称此为"内直而外曲"③"外化而内不化"④。"外曲"和"外化",是安于自然,随外界环境而弯曲和变化。"内直"和"内不化",指保持内心的独立、自由和纯洁。他假托孔子的话,论述了"才全"的道理。庄子说:"死生存亡,穷达贫富,贤与不肖毁誉,饥渴寒暑,是事之变,命之行也;日夜相代乎前,而知不能规乎其始者也。故不足以滑和,不可入于灵府。使之和豫,通而不失于兑;使日夜无隙而与物为春,是接而生时于心者也。是之谓才全。"⑤即生死存亡,贫穷富贵,赞贤与毁不肖,饥渴冷暖,这都是事物的变化和天命的运行。犹如日夜轮转,而智慧不能测度它们的起始。因此不值得以此扰乱德之为德的德性,不可以侵入心灵。使心境和谐快乐,畅通而不失其怡悦,使自己日夜不停地和万物共处在像春天一样的和乐之中,顺应外物而在心中产生和悦的气质,便叫作"才全"。

庄子的人生论还体现在他的无心无情思想上。庄子说:"有人之形,无人之情。有人之形,故群于人,无人之情,故是非不得于身。眇乎小哉,所以属于人也!謷乎大哉,独成其天。"⑥是说有人的形体,没有人的性情。有了人的形体,所以能和人群居。没有人的性情,所以是非就不会在他身上产生。庄子认为与人同类的人情事故是渺小的,与天同体而成其天德是高

---

① 《庄子·养生主》。
② 《庄子·人世间》。
③ 《庄子·知北游》。
④ 《庄子·人世间》。
⑤ 《庄子·德充符》。
⑥ 《庄子·德充符》。

大的。

由上可知,庄子社会人生论在政治上强调"无为",但在精神上却坚持独立和自由的理想,这构成了庄子社会人生哲学的一个鲜明特色。

四、怀疑主义和直觉主义的认识论

庄子的认识论是从老子"玄同"的认识论基础上发展而来的。所谓"玄同",指的是主观世界在"道"的绝对精神实体上达到抽象的同一。老子曰:"塞其兑,闭其门,挫其锐,解其纷,和其光,同其尘,是谓玄同。"①就是说,塞其嗜欲的孔窍,闭起嗜欲的门径,不露锋芒,消解纷扰,含敛光耀,混同尘世,才会达到真正的认识。庄子发展了老子的"玄同"思想,形成了自己的怀疑和直觉主义的认识论。庄子同老子一样,也是以"道"为其认识论的基础,不过他的"道",已是由老子的客观绝对精神实体变成了主观精神实体。在庄子的认识论中,虽然还没有否认客观的认识对象,但是却否认了认识标准的客观性,从而对认识抱怀疑的态度,这构成了他的怀疑主义和直觉主义。

首先,庄子认为认识对象的性质都是相对的。庄子说,"天下莫大于秋毫之末,而泰山为小;莫寿乎殇子,而彭祖为夭","举莛与楹,厉与西施,恢恑憰怪,道通为一。"②在庄子看来,事物的差异和性质不是客观的,而是决定于观察者采取的标准和看法。这样,事物便没有大小之分,泰山与秋毫之毛的末端也无大小之别。没有时间上的差别,夭折婴儿的短命与彭祖的长寿是相同的。没有轻重的区别,举小草和大木的重量是一样的。没有美丑之分,西施与丑厉是一样的。庄子认为,从道来看,万物是没有贵贱之分的。从量上看,顺万物大的来看万物都是大的;顺小的来看万物又都是小的。从功能上看,顺万物功用来看,都是有用的。顺无用角度来看,又都是无用的。从取向来看,顺万物对的看,都是对的。从不对的看,则又都是不对的。③ 庄子说:"物固有所然,物固有所可。无物不然,无物不可。"④万物各有其存在的依据,万物各有其合理性,没有什么事物是不对的,没有什么事物是不可肯

---

① 《老子》第五十六章。
② 《庄子·齐物论》。
③ 《庄子·秋水》。
④ 《庄子·齐物论》。

定的。他还说:"其分也,成也;其成也,毁也。凡物无成与毁,道通为一。"①
任何事物都在发展转化,发展转化的结果必然生成另一事物。而另一事物
的生成,就是原来事物的毁灭。由此庄子得出结论说:"万物一齐,孰短孰
长。"②万物原本是齐一的,因此没有短长、轻重、大小等区别。庄子否认了事
物的差别,从而也就否认了认知的前提。

　　其次,庄子否认了认识真理的客观性。在庄子看来,世间根本没有是非
的界限。庄子说:"是亦彼也,彼亦是也。彼亦一是非,此亦一是非。果且有
彼是乎哉? 果且无彼是乎哉? 彼是莫得其偶,谓之道枢。枢始得其环中,以
应无穷。是亦一无穷,非亦一无穷也。故曰莫若以明。"③此也是彼,彼也是
此。彼有一个是非,此也有一个是非,二者并没有彼此之分。彼此都没有它
的对立面,这就是物通为一的规律。符合道的规律才能得到它的运转的要
害,以顺应无有穷尽的发展变化。"是"的发展变化是无穷尽的,"非"的发展
变化也是无穷尽的。所以说,不如以空明的心境去反映事物的实情。

　　因此,庄子对人的认识能力和认识的可靠性提出了怀疑。庄子说:"吾
生也有涯,而知也无涯。以有涯随无涯,殆已,已而为知者,殆而已矣。"④在
庄子看来,生命是有限的,而知识是无限的。要想用有限的生命去追求无限
的知识,就会很疲倦了。明知如此,仍要孜孜以求地追求知识,那就会更疲
倦了。他还说:"计人之所知,不若其所不知;其生之时,不若未生之时;以其
蔓小求穷其至大之域,是故迷乱而不能自得也。"⑤计算人所知道的,不如他
所不知道的多。人生之时间,不如其未生之时间为长。以其极有限的智慧
和极短暂的生命穷尽对无限大宇宙的认识,因此陷入迷惑昏乱而茫然无
所得。

　　庄子还对知识的可靠性提出怀疑。庄子说,两个人辩论,你说你的观点
对,我说我的观点对,无法断定谁是谁非。如果找个第三者来评论是非,那
么第三者站到你我任何一方也判定不了谁是谁非,第三者如果不站在你我
任何一方更无法判定谁是谁非,所以是非是永远搞不清楚的,是非之争辩毫

---

① 《庄子·齐物论》。
② 《庄子·秋水》。
③ 《庄子·齐物论》。
④ 《庄子·养生主》。
⑤ 《庄子·秋水》。

无意义。庄子认为："予恶乎知说生之非惑邪！予恶乎知恶死之非弱丧而不知归者也！"即我哪里知道贪生并不是迷误？我哪里知道人之怕死，并不是像幼年流落在外面不知回归故乡呢？庄子意在阐明，生未必乐，死未必苦，生死其实没什么分别。一个人活着，不过是"做大梦"。死了，那像"睡大觉"。庄子还说骊戎国有个美女，是该国在艾地戍守边界人的女儿。晋国刚得到她的时候，她哭得泪水湿透了衣襟。等她到了晋献公的王宫里，和国王睡在一张方正而安适的床上，同吃美味的牛羊猪狗肉时，才后悔当初不该哭泣。①庄子假托泰清与无始的对话，泰清问无始曰："则无穷之弗知，与无为之知，孰是而孰非乎？"即无穷之不知道与无为之知道，究竟谁是谁非呢？无始曰："不知深矣，知之浅矣；弗知内矣，知之外矣。"②即不知是对道知之甚深，知是对道所知极浅。不知是内心悟道，知是只了解一点道的外在形式。庄子认为："知天之所为，知人之所为者，至矣！知天之所为者，天而生也；知人之所为者，以其知之所知，以养其知之所不知，终其天年而不中道夭者，是知之盛也。"③即认识了自然的本体，也认识了人的作用，这样的认识才算达到了最高境界。认识自然的本体，是自然产生的。认识人的作用，是用自己的智慧所认识的，去保养自己的智慧所不能认识的，使自己能享尽自然所赋予的寿命而不中途夭折，就是最高的智慧。

庄子的问题在于没有超出人的主观意识去寻找认识真理的客观标准，没有将主客观联系起来思考，而是武断地否认了真理的客观标准，从而陷入了诡辩。但是庄子的怀疑和直觉主义的认识论仍富有创新和启发意义。庄子的认识论在当时具有破除主观偏见和独断僵化的功效。庄子认为人所取得的认识都是局部性的，他称之为"小成"。④人在获得"小成"之后，最容易犯满足于局部和片面认识的错误，误认为已经获得了全面真理而停步不前，对他人的意见采取排斥的态度，从而妨碍了获得更全面、更正确的认识。为此庄子举了河伯的寓言故事，在"秋水时至，百川灌河"之时，河伯以"天下之美为尽在己"而沾沾自喜，见到大海后，才知道自己的渺小和浅薄。⑤庄子通过这个寓言故事告诉人们，要时刻警惕主观偏见禁锢自己的头脑，不能小有

---

① 《庄子·齐物论》。
② 《庄子·知北游》。
③ 《庄子·大宗师》。
④ 《庄子·齐物论》。
⑤ 《庄子·秋水》。

成就便故步自封。人们看待过去和思考问题时,容易形成以自我为中心的主观偏见,庄子称之为"成心"。① "成心"会遮蔽人们的心灵,使人产生主观成见和认识上的片面性。庄子认为儒墨两家"以是其所非,而非其所是",② 认为只有自己的意见是正确的,而武断地认为与自己不同的意见一定是错误的。所以庄子指出:"物无非彼,物是非是。自彼则不见,自是则知之。故曰:彼出于是,是亦因彼。彼是方生之说也。"③宇宙间的事物没有不是彼的,也没有不是此的,从彼方看不见此方,从此方来看就知道了。所以说彼方是出于此方,此方也依存于彼方。彼此是相互依存的。庄子认为事物本来没有什么彼此,由于人们观察思考的角度和立场不同才有了彼此。庄子还说,人在潮湿的地方睡觉就会腰痛和偏瘫,而泥鳅却不是这样。人在树上居住就惊恐不安和发抖,而猿猴却不是这样。这三种动物究竟谁最了解真正舒适的处所呢? 人吃牛羊猪狗,麋鹿吃蒿草,蟋蟀吃蚁子,鹞鹰和乌鸦爱吃老鼠,这四种动物究竟谁知道真正好吃的美味呢? 母猿猴与狗头猿相配为雌雄,麋鹿和鹿相交媾,泥鳅和鱼相追尾。毛嫱、骊姬是世人认为最美的人,然而鱼见到她们就潜入水底,鸟见到她们就飞向高空,麋鹿见到她们就疾速奔跑,这四种动物究竟是谁知道天下真正的美色呢?④ 在庄子看来,这些都是由于所处身份和角度的不同,而产生不同的好恶。而任何以自我为中心之独断僵化的思维,都可能带来错误和形成偏见。庄子还改编了一个历史故事,他说,从前有一只海鸟飞落在鲁国都城的郊外,鲁侯把它迎进太庙,用酒宴招待它,演奏九韶之乐去娱乐它,设太牢之宴为膳食。而鸟却头晕目眩忧愁悲苦,不敢吃一块肉,不敢饮一杯酒,三天就死了。这是用养己的方式去养鸟,不是用养鸟的方式去养鸟。⑤ 庄子的这些认识,对当时的主观偏见和独断僵化的思维方式提出了挑战,对于今天的社会仍然具有启发意义。

　　前面我们阐述了庄子的自然人性说、追求精神和心灵自由的逍遥论、安命无为和无心无情的社会人生论,以及怀疑主义和直觉主义的认识论。与孟子的性善说和荀子的性恶说有所不同,庄子主张自然人性说。庄子认为,人是"与天一"的自然物,故而人的本性就是人的自然性。因此庄子主张回

---

① 《庄子·齐物论》。
② 《庄子·齐物论》。
③ 《庄子·齐物论》。
④ 《庄子·齐物论》。
⑤ 《庄子·至乐》。

归人的本性，即"素朴"的状态。庄子提出人的本性就是人的自然性，并认为仁义破坏了素朴的人性，所以他对儒家所提倡的仁义道德进行了批判。这在当时是石破天惊之论，在当今社会对我们讨论人权问题仍有启示作用。庄子的逍遥论是建立在他的人性说基础之上的，内容是讨论如何获得自由的问题。庄子对战国时期剧烈的政治斗争，采取了回避和批判的态度。现实的道路走不通，所以庄子主张逍遥论，追求精神和心灵的自由。庄子所提倡的逍遥游，是一种"无待"的遨游，即不依赖任何外界物质条件、超然肉体之外、无所不适的绝对逍遥。庄子认为要达到这种境界，其办法就是"坐忘"和"心斋"。庄子关于精神和心灵逍遥的思想虽然带有幻想的成分，但是却在中国古代第一次提出了精神自由的命题，对人生的价值、意义和境界等问题进行了别开生面的思考，这在中国思想史上具有重要理论意义。"无为"是老子提出来的一种独特政治主张，是指顺应自然的发展规律，排除不必要的作为或妄为。庄子哲学是一种寻求自我精神解脱和自救的哲学，所以他所说的"无为"才是真正的无为。庄子社会人生论在政治上强调"无为"，但在精神上却坚持独立和自由的理想，这构成了庄子社会人生哲学的一个鲜明特色。庄子还发展了老子的"玄同"思想，形成了自己的怀疑和直觉主义认识论。庄子认为认识对象的性质都是相对的，并且否认了认识真理的客观性。由此，庄子对人的认识能力和认识的可靠性提出了怀疑。在这一问题上，庄子没有超出人的主观意识去寻找认识真理的客观标准，没有将主客观联系起来思考，而是武断地否认了真理的客观标准，从而陷入了诡辩。但是庄子的怀疑和直觉主义的认识论仍富有创新和启发意义。庄子的认识论，对当时的主观偏见和独断僵化的思维方式提出了挑战，对当今社会仍然具有启示作用。

第五章　法家的代表人物及思想要旨

　　法家是战国时期的重要学派之一,因主张"以法治国","不别亲疏,不殊贵贱,一断于法",故称之为法家。春秋时期,管仲、子产是法家的先驱。战国初期,李悝、商鞅、申不害、慎到等开创了法家学派。至战国末期,韩非综合商鞅的"法"、慎到的"势"和申不害的"术",集法家思想学说之大成。法家强调法律的作用就是"定分止争",也就是明确物件的所有权。法家还主张"兴功惧暴",鼓励人们立战功,而使那些不法之徒感到恐惧,兴功的最终目的是为了富国强兵,取得兼并战争的胜利。这一学派在经济上主张废井田、重农抑商、奖励耕战;政治上主张废分封、设郡县、君主专制、仗势用术及以严刑峻法进行统治;历史观上反对保守的复古思想,主张锐意改革,提出了进化的历史观。法家认为历史是向前发展的,一切法律和制度都要随历史的发展而发展,既不能复古倒退,也不能因循守旧,提出了"不法古,不循今"的主张;在思想和教育方面主张禁断诸子百家学说,以法为教、以吏为师。法家学说为中央集权的君主专制提供了理论根据和行动方略,其开创的集权思想和法律体制成为中国古代封建社会政治与法制的主体。战国时期法家学派的主要代表人物是商鞅和韩非子。

一、商鞅的思想要旨

　　商鞅,姓公孙,名鞅,大约生于公元前390年,卒于公元前338年。秦孝公时封于商邑,故名商鞅,又号为商君。商鞅为卫国庶出公子,所以亦称为卫鞅。商鞅先侍奉魏相公叔痤为中庶子。公叔痤知道商鞅有才能而未得到重用,向魏惠王推荐商鞅。然而商鞅终未被惠王纳用,待公叔痤去世后,他闻秦孝公下令求贤,于是便西入秦国,并因秦孝公宠臣景监以求见。商鞅入秦后,先后以"帝道""王道""霸道"说服秦孝公,都未被采纳。最后以"强国之术"说君,孝公大悦,遂受到重用,由左庶长、大庶长升为大良造。并于秦

孝公六年(公元前356)和十二年(公元前350年)两次进行变法改革。经过这两次变法运动,秦国比较彻底地废除旧制度实行新制度,从而奠定秦国富强的基础,使秦国成为战国时期第一等强国。秦孝公死后,商鞅遭人诬陷,被处以车裂极刑。其思想主要保存在《商君书》一书中。

商鞅是先秦思想家中少数几个能够登上政治舞台,并且实现自己政治理想的人物之一。他继承了前期法家先贤管仲、子产和李悝等的法制观念,但是商鞅却不完全局限于前人的学说,在思想上多有创新。

(一)以农战为目的的重农抑商思想

战国时期,兼并战争异常激烈,需要大量的人力和物力作为保障。商鞅充分认识到这一点的重要性,因此他在入秦后,积极地推行农战政策。商鞅曰:"国之所以兴者,农战也。"[1]即国家得以兴旺的根本是农耕和作战。商鞅说:"国待农战而安,主待农战而尊。"[2]国家依赖农耕和作战而安全,君主依靠农耕和作战才能尊贵。他认为:"百人农,一人居者王;十人农,一人居者强;半农半居者危。故治国者欲民者之农也。国不农,则与诸侯争权不能自持也,则众力不足也。故诸侯挠其弱,乘其衰,土地侵削而不振,则无及已。"[3]如果一百人从事耕作,一个人闲着,这个国家就能称王天下;十个人从事农耕,一个人闲着,这个国家就会强大;有一半人从事农耕,有一半人闲着,这个国家就危险了。所以治理国家的人都想让民众务农,国家不重视农耕,就会在诸侯争霸时不能自保,这是因为民众的力量不足。因此其他诸侯国就来削弱和侵犯,从而使之衰败。这个国家的土地就会被侵占,从此一蹶不振,到那时就来不及想办法了。他还说:"上无使农战,必贫至削。"[4]君主没有办法让民众从事农耕和作战,国家一定会贫穷直到被削弱。农战政策的核心是控制战士和粮食,为此商鞅提出了重农抑商的思想。中国古代先民自新石器时代就开始进入农业社会,对农业的重视自不待言。在商鞅以前,李悝也曾为魏文侯作尽地力之教。但是将重农和抑商联系起来却始自商鞅。

---

① 《商君书·农战》。
② 《商君书·农战》。
③ 《商君书·农战》。
④ 《商君书·靳令》。

　　商鞅在当政期间推出了许多激励和促进农业发展的政策措施。首先，"无得取庸，则大夫家长不建缮。爱子不惰食，惰民不窳，而庸民无所于食，是必农。"①不准雇用佣工，那么卿大夫、家族长就没有办法建筑修缮自家府院的房屋，他们那些娇生惯养的儿女就无法不劳动吃闲饭，懒惰的人也不能偷懒，那些靠给人做佣工生活的人就没有地方混饭吃，这样他们就一定去务农。其次，"废逆旅，则奸伪躁心私交疑农之民不行。逆旅之民无所于食，则必农。"②废除旅馆，这样奸邪伪诈、不安心本职、私下交游、对从事农业生产迟疑不定的人就不会外出四处周游，而且那些开旅馆的人就没有办法谋生，那么他们一定会去务农。再次，"壹山泽，则恶农慢惰倍欲之民无所于食；无所于食则必农。"③国家统一管理山林川泽，那么讨厌务农、怠慢懒惰、贪婪的人就没有吃饭的地方。没有吃闲饭的地方，那么一定会去务农。最后，"均出余子之使令，以世使之，又高其解舍，令有甬官食概。不可以辟役。而大官未可必得也，则余子不游事人。余子不游事人，则必农。"④等同地发布有关嫡长子以外弟子担负徭役赋税的法令，根据他们的辈分让他们服徭役，再提高他们服徭役的条件，让他们从掌管为服徭役之人供给谷米的官吏那里领取粮食，他们就不可能逃避徭役，而且想做大官也未必能够获得，那么他们就不再四处游说或投靠权贵，就一定会去务农。全国各行各业的人都专心为农，这样农业人口的数量就大大增加起来，农业自然也就发展起来了。商鞅认为："无以外权任爵与官，则民不贵学问，又不贱农。民不贵学则愚，愚则无外交，无外交则勉农而不偷。民不贱农，则国安不殆。国安不殆，勉农而不偷，则草必垦矣。"⑤无以外权来给某些人封爵加官，这样百姓就不看重学问，也不会轻视农业。百姓不推崇学问就会愚笨，百姓愚笨无见识就不会到处交游，就会勉励从事农业生产不懈怠。百姓不轻视农业，国家就安全没有危险，荒地也一定能得到开垦。他还说："国之大臣诸大夫，博闻辨慧游居之事，皆无得为；无得居游于百县，则农民无所闻变见方。农民无所闻变见方，则知农无从离其故事，而愚农不知，不好学问。愚农不知，不好学问，

---

① 《商君书·垦令》。
② 《商君书·垦令》。
③ 《商君书·垦令》。
④ 《商君书·垦令》。
⑤ 《商君书·垦令》。

则务疾农。知农不离其故事，则草必垦矣。"①国家的大臣诸大夫们，不准做博学多闻、能言巧辩、到处周游之事，更不准到各郡县去居住游说，农民便没有地方能听到奇谈怪论，那么聪明的农民就不能脱离农业，愚笨的农民就会无知识和不喜欢学问，就会积极务农。聪明的农民不脱离农业生产，那么荒地就一定能开垦了。这是一种愚农政策，商鞅认为农民愚昧无知，则不生异心，就会专心致力于农耕了。

商鞅重视招徕农业人口，为此他采取了许多徕民措施。商鞅说："民胜其地者，务开；地胜其民者，事徕。"②他认为人口数量超过国家拥有的土地，就一定要开辟疆土；土地面积超过人口，就要想办法招徕人口垦荒。商鞅指出，秦国的土地有五个方圆千里之大，可是能种庄稼的田地还不到两个，田数不到百万，国中的湖泊、沼泽、山谷、溪流、大山、大河中的材货、宝物又不能全部被利用，所以这是人口不能满足土地的开垦。所以商鞅主张徕民，建议"诸侯之士来归义者，今使复之三世，无知军事；秦四境之内陵阪丘隰，不起十年征。着于律也，足以造作夫百万"，凡是各诸侯国来归服的人，立刻免除他们三代的徭役赋税，亦不征兵役。秦国四界之内陵阪丘隰十年不收赋税。并把这些都写在律法中，便足以招徕百万农夫。"今利其田宅，而复之三世，此必与其所欲而不使行其所恶也，然则山东之民无不西者矣。"③赐给他们田地住宅，又免除他们三代的徭役赋税，给他们想要的又不让他们干讨厌干的事，山东六国之民便无不西来秦国。

商鞅还主张对统治下的人口进行户籍编制。商鞅说："四境之内，丈夫女子皆有名于上，[生]者著，死者削。"④国家四境内的男女都在官府登记名字，出生便写上，去世便削去。建立户籍制度，是为了便于国家推行授田制度。所谓"上无通名，下无田宅"，便是户籍和授田关系的最好诠释。⑤人民不向国家登记自己的户籍信息，就没有土地和住宅。反之，登记自己信息，就会有田宅分配。商鞅采取重农和徕民政策，推行户籍制度与授田制度，对秦国农业发展起到了积极的促进作用。

---

① 《商君书·垦令》。
② 《商君书·算地》。
③ 《商君书·徕民》。
④ 《商君书·境内》。
⑤ 《商君书·徕民》。

在商鞅看来,抑商和重农是一个问题的两个方面,因此重农必须抑商。春秋以前,商品经济并不发达,社会还处在自给自足的自然经济阶段,剩余产品很少投入市场流通。这一时期的社会经济主要表现为以下三个特点:一是工商主要为统治者服务。在"工商食官"制度下,工商主要由王室和贵族控制,手工业生产的产品归统治者所有,并不进入市场流通。商人贸易主要是满足统治者的需求,贸易的物品也多是珍奇玩好之类。所以这时的工商主要以为统治者服务为目的,并不是真正的商品经济和商业贸易。马克思曾经说过:"在古代印度公社中就有社会分工,但产品并不成为商品。""只有独立的互不依赖的私人劳动的产品,才作为商品互相对立。"①在春秋以前,我们看不到这种不同所有权的对立。二是社会分工滞后。由于春秋以前工商主要为统治者服务,因而我们看到这一时期手工业生产的专门化,就主体而言应属于王室和贵族宗室经济内的强制分工,而真正的社会和市场分工还处在萌芽阶段。在民间,自给自足的自然分工仍然是社会的主要经济形态。《尚书·酒诰》曰:"肇牵车牛,远服贾,用孝养厥父母。"正是因为社会分工极为有限,只有利用不同产地由于自然条件差异而形成的产品种类差别,方能形成商品交换,所以要"远服贾"。就目的而言也不是为了实现利益的最大化,而是为了孝养父母。可见这些服贾者并不是专业商贾。到了春秋时期,据《国语·鲁语下》记载,公父文伯退朝,朝见他的母亲,见其正在纺织。文伯劝止,其母曰:"王后亲织玄纮,公侯之夫人加之以纮、綖,卿之内子为大带,命妇成祭服,列士之妻加之以朝服,自庶士以下,皆衣其夫。"这些衣其夫的行为,正是自给自足的自然经济的体现。《左传·文公二年》记载,鲁国臧文仲,"下展禽,废六关,妾织蒲",被孔子称为"三不仁"。"废六关",即设置六关以向行者纳税。"妾织蒲",就是让其妾织蒲席贩卖。由此可见,当时统治者上层的商业行为还很难为社会所认可。三是货币经济不发达。商周时期,贝虽然担当了一般等价物,但流行并不广,可能只通行于上层社会。在民间,则主要还停留在以物易物的实物交换阶段,如《曶鼎》铭文曰:"我既卖女(赎汝)五[夫,效]父用匹马、束丝"(《集成》2838),用马匹、丝绸换取五夫。《诗经·卫风·氓》曰:"氓之蚩蚩,抱布贸丝。"用布料换取丝绸。《孟子·滕文公上》记载,孟子问陈相许子之冠,"自织之与?"陈相曰:"否,

---

① 马克思、恩格斯:《马克思恩格斯全集》(第23卷),人民出版社1972年版,第55页。

以粟易之。"接着孟子又问许子以釜甑爨、以铁耕,"自为之与?"陈相亦曰:"否,以粟易之。"用粟米换取了衣物和铁器。从这些资料得知,当时货币尚无法进入广大的民间,普通劳动人民中的交换当时仍旧处在"抱布贸丝"式的以物易物阶段。

战国时期商品经济获得了极大发展,主要表现在以下四个方面:一是私人工商的兴起。战国时期家族普遍解体,一批独立的私人工匠开始成长起来。"物勒工名,以考其诚"的出现,反映官府已抛开家族,直接把个人作为剥削对象。一些独立的手工业者取得了自行开业的权利,并开始向四方迁移。私人工匠出现的同时,私商也出现了。当时的富商大贾有很多,如范蠡用"计然之策",十几年中三次散尽千金之财,后来他的子孙又重整其业积累财富,便又累积巨万的财产,天下言富者皆称其为陶朱公;孔子的弟子子贡"废著鬻财于曹、鲁之间",在孔门弟子当中"最为饶益",致使"国君无不分庭与之抗礼";白圭采取"人弃我取,人取我与"的商业原则,故天下言治生乃祖白圭。还有猗顿、刀间以贩盐起家,郭纵、蜀卓氏、程郑、宛孔氏、曹邴氏以铁冶成业,乌氏倮畜牧,巴寡妇清经营丹砂,宣曲任氏善存储粮食等,他们都是当时富有的私人大商业主,司马迁称之为"千金之家比一都之君,巨万者乃与王者同乐",并称这一群体为"素封"。① 二是社会分工的发展。战国时期,由于生产力的提高,个体劳动和个体家庭大量出现,社会分工也获得了极大的发展。《孟子·滕文公上》记载,陈相说:"百工之事固不可耕且为也。"孟子也说,"有大人之事,有小人之事","或劳心,或劳力;劳心者治人,劳力者治于人;治于人者食人,治人者食于人,天下之通义也。"《荀子·王霸》亦谓:"农分田而耕,贾分货而贩,百工分事而劝,士大夫分职而听。"社会分工的发展进而促进了工商业职业分工的专门化,如《韩非子·说林上》曾记载一位鲁国的善织履者;《吕氏春秋·召类》记录宋国有一个制鞋店,已经营了三代;《庄子·逍遥游》提及漂捣丝絮的职业,以及那张能防止工人的双手龟裂的特殊药方;《庄子·逍遥游》提到专门贩卖帽子的"资章甫"者等,各种职业千差万别而又复杂多端。三是金属货币的普及。中国最早的金属铸

---

① 《史记·货殖列传》。

币出现于商代晚期，在殷墟就曾发现铜贝。[①] 但由于数量较少，可能并不是流通货币。春秋晚期，在山西侯马和河南洛阳一带发现了空首布[②]，但是形制粗大，与实际使用的同名农具镈几乎无别，显然刚同一般商品发生分离，并不是先行铸币发展的结果。战国时期金属货币才逐渐繁荣起来，从而形成了四大货币体系，即以东部的齐国、燕国为代表的刀币系统，以中原地区东周和三晋为代表的布币系统，以西部秦国为代表的圜钱系统，以及南方楚国为代表的蚁鼻钱系统。文献中也有很多关于铸钱的记载，如《国语·周语下》言景王二十一年想要铸大钱，单穆公劝谏景王不听，"卒铸大钱"。恩格斯说过："日益发达的货币经济，就像腐蚀性的酸类一样，渗入了农村公社的以自然经济为基础的传统的生活方式。氏族制度同货币经济绝对不能相容。"[③]四是商业都会的出现。春秋时期周、郑、齐、晋、鲁、楚、吴等诸侯国就出现了一些市场。但当时的所谓"市"，大约也只是人民在城市中或乡下的大道旁定时聚集买卖的空地。[④] 战国时期，各诸侯国的国都及二周均有规模宏大的市肆，自不待言。更值得注意的是，在国都之外，一批新的商业交换中心也如雨后春笋般涌现。最为典型的如宋国的陶邑，它北临济水，东北有荷水沟通泗水，自从鸿沟开凿以后，济、汝、淮、泗联结为一个完整的水运交通网，陶邑就处在这个交通网的中间。加以陆路交通也很便利，因而它便成为"诸侯四通""货物所交易"的地方，并与洛阳齐名，被称作"天下之中"。[⑤] 其他如燕之涿，魏之温、轵，韩之荥阳，楚之宛、邓等，同各国国都一样被誉为"富冠海内"的"天下名都"，[⑥]都是因为那里有着较为发达的手工业，因是各种物产的集散地而闻名天下。

商鞅所处的时代，正是商品经济大发展的时代，商业利益的驱使，大批农民弃农经商。商鞅为了满足农战的需要，提出了许多抑制商人的措施。商鞅为了限制商人，"使商无得籴，农无得粜。农无得粜，则窳惰之农勉疾。

---

① 杨锡璋、高炜主编；中国社会科学院考古所编著：《中国考古学·夏商卷》，中国社会科学出版社 2003 年版，第 423 页。

② "布"为"镈"的假借字。

③ 马克思，恩格斯：《马克思恩格斯选集》（第四卷），人民出版社 1995 年版，第 109 页。

④ 童书业：《春秋史》，上海古籍出版社 2003 年版，第 65 页。

⑤ 《史记·货殖列传》。

⑥ 《盐铁论·通有》。

商无得籴,则多岁不加乐;多岁不加乐,则饥岁无裕利;无裕利则商怯,商怯则欲农。窳惰之农勉疾,商欲农,则草必垦矣。"①规定商人不准卖粮食,农民不准买粮食。他认为农民不准买粮食,那么懒惰的农民就会努力积极从事农业生产。商人不准卖粮食,到了丰收年就不能买粮食,那么饥荒之年也没有充裕的厚利可图。没有厚利可图,商人一定会害怕经商而想去务农。懒惰的农民努力从事生产,商人也想去务农,那么荒地就一定能开垦了。为了抑商,商鞅还提高酒肉的价格。他说:"贵酒肉之价,重其租,令十倍其朴。然则商酤少,民不能喜酣奭,大臣不为荒饱。商酤少,则上不费粟;民不能喜酣奭,则农不慢;大臣不荒饱,则国事不稽,主无过举。上不费粟,民不慢农,则草必垦矣。"②商鞅认为抬高酒肉等奢侈品的价钱,加重收取这些东西的赋税,让租税的数量高出它本钱的十倍,如果这样的话,卖酒、肉等东西的商人就会减少,农民也就不能纵情饮酒作乐,大臣也就不会荒废政事而吃喝享乐。从事经商的人少了,那么国家就不会浪费粮食。农民不能纵情饮酒作乐,那么农民就不会懒惰。大臣不荒废政事,那么国家的政事就不会拖延不办,君主也就不会有错误的举措。国家不浪费粮食,农民不怠慢放松农业,那么荒地就一定能开垦了。不仅是提高酒肉的价格,他还主张抬高粮食的价格。商鞅认为,人民的境内之事,没有比农事更苦的了。所以"轻治"不能役使他们,"轻治"即农民穷而商人富。商鞅指出:"农贫而商富,故其食贱者钱重。食贱则农贫,钱重则商富;末事不禁,则技巧之人利,而游食者众之谓也。"粮食贱农民就穷,钱值钱商人就富。不约束商业和手工业,那么手工业者获利,而游荡求食的人也增多。商鞅认为农民用力最为辛苦,而获利最少,不如商业和手工业者。他认为如果能使商人和手工业者不那么多,而国家想要不富都是不可能的。所以想发展农业来富国,国内的粮价必贵,而不从事农业生产的赋敛必须增多,贸易的利税必须加重。那么百姓不得不去种田,不种田就不得不买粮,粮价高农民就获利。种田获利,从事此业的人就会多。粮食贵,买粮就不合适,而又加重赋敛,那么百姓就不得不放弃经商和手工业,而赚取田利。所以,百姓的力量都集中到农业上了。③ 商鞅还

---

① 《商君书·垦令》。
② 《商君书·垦令》。
③ 《商君书·内外》。

主张加重征收商品销售税，"重关市之赋，则农恶商，商有疑惰之心。农恶商，商疑惰，则草必垦矣"。① 加重关口、集市上商品的税收，那么农民就会讨厌经商，商人就会对经商产生怀疑甚至懒得做的思想。农民讨厌经商，商人对自己所从事的工作产业怀疑不愿意经商，那么荒地就一定能开垦了。商鞅还规定商人的奴仆必须服劳役，根据商人家庭的人口数量向他们摊派徭役，让他们家中砍柴的、驾车的、供人役使的、做僮仆的人都一定要到官府登记注册，并且按名册服徭役。这样，农民的负担就会轻，商人的负担就会加重，来来往往送礼的人就不会在各地通行。因此农民就不会饥饿，做什么事也不用送礼讲排场，那么他们就一定会对国家让做的事积极努力，并且个人的事也不会荒废，从而把农业上的事做好。②

（二）轻罪重罚的法制思想

春秋以前，法律制度还具有很大的原始性，还处在"议事以制，不为刑辟"的阶段。殷代卜辞中有"贞其𦥑多𠂤，其𠬝［多］𠂤"（《屯南》857）。"𠬝"，字形像用刀子砍断人的一只脚，即"刖"之本字。宋镇豪先生认为"𦥑"，即"鯨"字。以鯨和刖对贞，量刑并不重视罪之轻重，而往往听凭于神意。③ 西周民事纠纷和刑事诉讼不分，口头盟誓常被作为判罪的依据。如《䧹比鼎》，䧹比把攸卫牧告到周王那里，周王命虢旅负责此事审判，虢旅使攸卫牧发誓说："我弗具（俱）付比（比），囟且射（其沮厌）分田邑，则杀"（《集成》2818）；《散氏盘》，交换田的一方矢使薳（鲜）、且、鼻（舀）、旅发誓说："我既（既）付散（散）氏田器，有爽，实余有散（散）氏心繊（贼），劓(则)隐）千罚千，传弃（弃）之"，又使西宫襄、武父发誓曰："我既（既）付散（散）氏湆（湿）田、墙田，余有爽窓（变），劓（隐）千罚千"（《集成》10176）；《㒇匜》，伯扬父使牧牛发誓曰："自今余敢扰（扰）乃小大史（事）。乃师或曰女（以汝）告，劓到（则致），乃俊（鞭）千，黥剧（嚲剧）"（《集成》10285）。掌管刑罚的专门机构尚未产生，往往随机指派贵族承办具体案件。如《䧹比鼎》

---

① 《商君书·垦令》。
② 《商君书·垦令》。
③ 宋镇豪：《商代法律制度》，见《早期奴隶制社会比较研究》，中国社会科学出版社1996年版，第193页。

的虢旅和《儳匜》的伯扬父等。甚至到了春秋时期，仍可见到诅咒罪人求神杀之、略盗杀之、使巫医鸩杀之、令家宰杀之等十分原始的行刑方式。① 罪名的确定也带有很大的临时性和随意性。如《左传·襄公二十三年》记载，鲁国的臧纥因受诬陷被迫"斩鹿门之关以出奔邾"，外史掌恶臣，举出几种罪名都不适用，孟椒从旁建议："盍以其犯门斩关？"臧纥听到消息，不由叹道："国有人焉！"《左传·僖公十年》记载，晋国的里克迎立惠公，却又以"弑二君与一大夫"之罪被处死，临刑前，他愤怒地质问说："不有废也，君何以兴？欲加之罪，其无辞乎！"② 可见刑法不定型，常由统治者灵活运用，弄得被诬者有口莫辩。从上述情况看，《尚书·尧典》的"流宥五刑""五刑有服"，《尚书·皋陶谟》的"五刑五用"，《尚书·吕刑》的"五刑之属三千"，"夏有乱政而作《禹刑》，商有乱政而作《汤刑》，周有乱政而作《九刑》"等，③ 且不说这些篇章的年代尚不会太早，就这些刑罚来说，充其量也只不过是依照习惯法判罪积累起了许多案例而已。故《左传·昭公六年》记载，郑人铸刑书，叔向送给子产书信说："始吾有虞于子，今则已矣。昔先王议事以制，不为刑辟，惧民之有争心也。"即开始我对您抱有希望，现在完了。从前先王衡量事情的轻重来判罪，不制定刑法，这是害怕百姓有争夺之心的缘故。"议事以制"，就是按照以前遗留的案例来作为审理案件的标准。"不为刑辟"，就是说以前没有成文法律。这里所说的"先王议事以制，不为刑辟"，基本反映了春秋以前的法律情况。战国时期随着国家疆域的扩大、经济生活的活跃及血缘关系的解体，日益增强了对统一和健全法制的需求。法律制度也在这一时期获得了极大的发展，主要表现为成文法的公布。春秋时期，郑、晋等国相继颁布了成文法。《左传·昭公六年》记载郑国"铸《刑书》"，杜预注："铸《刑书》于鼎，以为国之常法。"《左传·定公九年》亦记载郑国大夫"驷歂杀邓析，而用其《竹刑》"，杨伯峻注："邓析作刑律，书于竹简，故名曰《竹刑》。鲁昭公六年子产曾铸刑书，《竹刑》后出，或较子产所铸为强，故驷歂用之。"《左传·文公六年》记载，晋国"蒐于夷，使狐射姑将中军"。但"阳处父至自温，改蒐于董"，却以"使能，国之利也"为名，硬把中军帅换成了赵盾。赵宣子"于是乎

---

① 《左传·隐公十一年》《左传·庄公三十二年》《左传·僖公二十四年》《左传·僖公二十八年》《左传·隐公四年》及《国语·周语》。

② 《左传·僖公十年》。

③ 《左传·昭公六年》。

始为国政。制事典,正法罪,辟狱刑,董逋逃,由质要,治旧洿,本秩礼,续常职,出滞淹。既成,以授太傅阳子与太师贾佗,使行诸晋国,以为常法。"赵宣子从这时开始掌握国家的政权,制定章程,修订法令,清理狱讼,督查逃亡,使用契约,清除政治上的污垢,恢复被破坏的等级,重建已经废弃的官职,举拔屈居下位的贤能。政令法规完成以后,交给太傅阳子和太师贾佗,使之在晋国推行,将其作为常规的法则。由此开启了晋国制定成文法的先声。据《左传·昭公二十九年》记载,晋国"赵鞅、荀寅帅师城汝滨,遂赋晋国一鼓铁,以铸刑鼎,著范宣子所为刑书焉",此举实为将赵盾于夷之蒐时所为的"常法"公布于世。① 此外,据说楚国在春秋时有《仆区之法》《茅门之法》和《将遁之法》等,②是否也是成文法,却无从考订。战国时期成文法的集大成者是魏国的李悝。他继承三晋立法传统,"集诸国刑典,造《法经》六篇",③"以为王者之政,莫急于盗贼,故其律始于《盗贼》。盗贼须劾捕,故著《纲》《捕》二篇。其轻狡、越城、博戏、借假不廉、淫侈、逾制以为《杂律》一篇,又以《具律》具其加减。是故所著六篇而已,然皆罪名之制也。"④李悝认为帝王治理国政,没有比解决盗贼问题更急迫的,所以他的刑律从《盗贼》开头。盗贼必须揭发收捕,所以著《网》《捕》二篇。轻狡、越城、博戏、借假不廉、淫侈、逾制这些问题写成《杂律》一篇,又用《具律》列出增加或减去的条目。因此撰著只有六篇而已,但都是关于罪名的法令。《法经》开创了中国历史上第一部比较系统的成文法典,并成为后世历代法典的蓝本。

春秋战国时期法律的发展对商鞅产生了重要影响,他在前人的基础上明确提出了轻罪重罚的法制思想。商鞅强调法制的重要性,他说:"以刑治则民威,民威则无奸,无奸则民安其所乐。以义教则民纵,民纵则乱,乱则民伤其所恶。吾所谓刑者,义之本也;而世所谓义者,暴之道也。"⑤用刑罚治理民众就会畏惧,就不会有邪恶的事发生,民众就可以享受他们的快乐了。用道义来教化就会放纵自己,民众放纵就会作乱,民众作乱就会被民众所讨厌

---

① 范宣子为赵宣子之误,见顾颉刚:《顾颉刚读书笔记》,台北联经出版事业公司1990年版,第8077页。

② 《左传·昭公七年》《韩非子·外储说右上》等。

③ 《唐律疏义·名例》。

④ 《晋书·刑法志》。

⑤ 《商君书·开塞》。

的东西伤害。在商鞅看来,当世所说的道义是导致暴乱的原因,而刑罚却是实施道义的根本。商鞅说:"以治法者,强;以治政者,削。"①商鞅认为能用法律来治国,国家就强。专靠政令来治国,国家就削弱。他还说:"刑生力,力生彊,彊生威,威生德,德生于刑。"②是说刑罚和法治能产生实力,实力能产生强大,强大能产生威力,威力能产生恩惠,而恩惠却从刑罚中产生。

商鞅主张轻罪重罚。他说:"重罚轻赏,则上爱民,民死上;重赏轻罚,则上不爱民,民不死上。兴国,行罚,民利且畏;行赏,民利且爱。行刑重其轻者,轻者不生,重者不来。国无力而行知巧者,必亡。怯民使以刑必勇,勇民使以赏则死。怯民勇,勇民死,国无敌者强,强必王。"③商鞅认为加重刑罚,慎用赏赐,那么国君就是爱护民众,民众也会拼死为君主效命。强盛的国家使用刑罚,民众利之而且心中畏惧;使用赏赐,民众亦利之而且一心要得到。对于较轻的犯罪,施以重罚,那么轻的犯罪就不会发生,重的犯罪也不会来。国家没有实力,却使用智谋和欺诈的办法,国家就一定会灭亡。对于胆小的人用刑罚来让他们作战,一定会勇敢;勇敢的人使用奖赏的办法,他们就会不怕牺牲,舍生忘死去作战。胆小的人勇敢,勇敢的人不怕牺牲,国家就没有对手,这样就会强大。国家强大了就一定能称王天下。他还说:"罚重,爵尊;赏轻,刑威。爵尊,上爱民;刑威,民死上。"刑罚重了,爵位显得尊贵;赏罚少了,刑罚才更威严。爵位尊贵,这是君主爱护民众;刑罚有威严,民众才能拼死为君主效命。④

商鞅认为轻罪重罚的目的是为了"以刑去刑""以杀去杀"。商鞅说,古时昊英氏统治的时代,让民众砍树捕杀野兽,那是因为当时民众少而树木和野兽多。黄帝的时代不让人们捕杀幼小的野兽,不让人们吃鸟蛋,官吏没有供自己使唤的奴仆,死了不能用棺材埋葬。昊英、黄帝做的事不同,却都称王于天下,这是因为"时异也"。神农治理天下时,男人耕而后食,女人织而后衣,不用刑法和政令而天下大治,不用征伐而称王天下。神农死了,强凌弱、众暴寡的时代来临,因此黄帝制定了君臣上下的道德准则、父子兄弟间的礼仪、夫妻之间的婚配原则,对内使用刑罚,对外用军队征伐,同样是由于

---

① 《商君书·去强》。
② 《商君书·说民》。
③ 《商君书·去强》。
④ 《商君书·说民》。

"时变也"。由此看来,神农并不是比黄帝高明,可是他的名声却很尊贵,这是因为他"适于时"的缘故。因此采用了"以战去战""以杀去杀""以刑去刑"的方式,战争、杀人和刑罚都是可以的。① 商鞅说:"王者以赏禁,以刑劝;求过不求善,藉刑以去刑。"②称王天下的君主用刑罚规劝民众,追究民众的过错而不追求民众的善举,借刑罚除掉刑罚。他还说:"以刑去刑,国治;以刑致刑,国乱。故曰:行刑重轻,刑去事成,国彊;重重而轻轻,刑至事生,国削。"③是说用刑罚消除刑罚,国家就能大治;用刑罚招致刑罚,国家会混乱。所以说加重刑于轻罪,刑罚就是不用也能将事情办成,这样的国家才能强大;重罪重罚,轻罪轻罚,用刑轻重不一,即使采用了刑罚,犯法的事情也会不断发生,国家因此被削弱。

商鞅还主张"刑无等级",即在法律面前人人平等。春秋以前,刑罚有等级的区分,即"礼不下庶人,刑不上大夫"。《左传·昭公二十九年》记载,晋国赵鞅赋晋国一鼓铁铸刑鼎,著范宣子所作的刑书。孔子反对说:"晋其亡乎! 失其度矣。夫晋国将守唐叔之所受法度,以经纬其民,卿大夫以序守之。民是以能尊其贵,贵是以能守其业。贵贱不愆,所谓度也。文公是以作执秩之官,为被庐之法,以为盟主。今弃是度也,而为刑鼎,民在鼎矣,何以尊贵? 贵何业之守? 贵贱无序,何以为国?"孔子说,晋国恐怕要灭亡了吧!失掉了它的法度了。晋国应该遵守唐叔传下来的法度作为百姓的准则,卿大夫按照他们的位次来维护它,百姓才能尊敬贵人,贵人因此能保守他们的家业。贵贱的差别没有错乱,这就是所谓的法度。文公因此设立职掌位次的官员,在被庐制定法律,以作为盟主。现在抛弃这个法度,而铸造了刑鼎,百姓都能看到鼎上的条文,还用什么来尊敬贵人? 贵人还有什么家业可以保守? 贵贱没有次序,还怎么治理国家?"铸刑鼎"实为将赵盾所定之法公布于世,而孔子公然反对公布法律,认为是"民在鼎矣,何以尊贵?""贵贱无序,何以为国?"由此可知,孔子仍主张维护"刑不上大夫"的旧制度。

商鞅针对以前刑分等级的社会状况,提出"刑无等级"的主张。商鞅说:"所谓壹刑者,刑无等级。自卿相将军以至大夫庶人,有不从王令,犯国禁,

① 《商君书·画策》。

② 《商君书·开塞》。

③ 《商君书·去强》。

乱上制者,罪死不赦。有功于前,有败于后,不为损刑。有善于前,有过于后,不为亏法。忠臣孝子有过,必以其数断。"①商鞅指出,所谓统一刑罚就是指使用刑罚没有等级区分,从卿相、将军,一直到大夫和平民百姓,有不听从君主命令、违反国家禁令和破坏君主制定的法律的,处以死罪不可赦免。从前立过战功,但后来有触犯刑罚的事发生,也不因此而减轻刑罚。从前做过好事,又在后来犯过错误,也不因此而破坏法令。即使那些忠臣、孝子犯了罪,也一定根据他们罪过的大小判刑。商鞅还说:"故赏厚而利,刑重而必,不失疏远,不私亲近。故臣不蔽主,下不欺上。"②重赏之下树立了信用,而重罚也是必然的。重赏不忘关系疏远的人,重罚不回避关系亲近的人。这样臣子就不会蒙蔽君主,百姓就不会欺骗统治者。《战国策·秦策一》记载商鞅时说:"商君治秦,法令至行,公平无私,罚不讳强大,赏不私亲近,法及太子,黥劓其傅。"是说商鞅治理秦国,法令获得执行,而且公平无私。刑罚不避讳势力强大的人,赏赐要不徇私情。太子犯了法,把他的老师刺面割鼻。这一措施推行一年之后,"道不拾遗,民不妄取,兵革大强,诸侯畏惧",没有人拾取别人丢在路上的东西,也无人敢谋取非分的财物。这样秦国军事就强大起来,诸侯都害怕它了。

为了加强统治,商鞅还推行了告奸和连坐的制度。商鞅把军队中"五人束簿为伍,一人逃而到其四人"的相关法条搬用到地方,③"令民为什伍,而相牧司连坐",颁布了"不告奸者腰斩,告奸者与斩敌首同赏,匿奸与降敌同罚"的惩治措施。④ 商鞅说:"省刑要保,赏不可倍也。有奸必告之,则民断于心。"⑤即减少刑罚,就要在民众中建立什伍制度,使民众互相监督,互相约束,对那些揭发犯罪者的奖赏不可失信。发现奸邪一定要告发,那是由于民众的心中能判断是非。他还说:"守法守职之吏,有不行王法者,罪死不赦,刑及三族。同官之人,知而讦之上者,自免于罪。无贵贱,尸袭其官长之官爵田禄。"⑥守法守职的官吏有不实行君主法令的,便犯了死罪决不赦免,而

---

① 《商君书·赏刑》。
② 《商君书·修权》。
③ 《商君书·境内》。
④ 《史记·商君列传》。
⑤ 《商君书·说民》。
⑥ 《商君书·赏刑》。

且刑罚株及三族。同朝为官者知道他们的罪过，并能向君主揭发检举其罪行的人，自己不仅能免受刑罚处分，而且不分富贵贫穷，都能继承那位官吏的官爵、土地和俸禄。据《睡虎地秦墓竹简·法律杂抄》记载："匿敖童，及占癃不审，典、老赎耐。百姓不当老，至老时不用请，敢为酢（诈）伪者，赀二甲；典、老弗告，赀各一甲；伍人，户一盾，皆　（迁）之。"①乡里隐匿成童，申报废疾不确实，里典、伍老应赎耐。百姓不应免老，或已免老而不加申报，敢弄虚作假的，罚二甲；里典、伍老不告发，各罚一甲；同伍的人每家罚一盾，且都要加以流放。

与告奸制度相伴的是连坐制度。商鞅说："重刑而连其罪，则褊急之民不斗，很刚之民不讼，怠惰之民不游，费资之民不作，巧谀恶心之民无变也。"②商鞅认为加重刑罚处罚措施，并且建立联保组织，使他们互相监视，如果一个人犯了罪，其他人一起受处罚，那么那些气量小、性格暴躁的人就不再敢打架斗殴，凶狠强悍的人便不敢争吵斗嘴，懒惰的人也不敢到处游荡，喜欢挥霍的人也不再会出现，善于花言巧语、心怀不良的人就不敢再进行欺诈。

商鞅通过告奸和连坐制度，加强了秦国的统治，也保障了战争的兵源和服劳役的人手。《商君书·画策》篇说，强国之民面临战争，就会父送其子、兄送其弟、妻送其夫，争着上前线，并要告诫从军者，"不得，无返"，"失法离令，若死，我死。乡治之，行间无所逃，迁徙无所入"，这实际是秦国制度的写照。儿子无功而返，或违反军令，本乡官吏会治父亲的罪，可知战士与亲属之间也有连坐关系。既然妻子父兄均已被政府劫为人质，打仗的无路可退，后方的无处可逃，"三军之众"当然就只能"从令如流，死而不旋踵"了。另外，由于盗贼危及治安，故知而匿之者，亦当"论为盗"，③见有人在大道上杀伤人却不去救助，距离在百步以内者，均须受罚，防盗也是告奸连坐的一个重点目标。

商鞅提出轻罪重罚的法制思想，主张"刑无等级"，并且推行了告奸和连坐的制度，对于当时秦国的统治，以及保障战争和劳役的进行，都起到积极

---

①　睡虎地秦墓竹简整理小组编《睡虎地秦墓竹简》，文物出版社 1990 年版，第 87 页。

②　《商君书·垦令》。

③　《睡虎地秦墓竹简·法律问答》。见睡虎地秦墓竹简整理小组编《睡虎地秦墓竹简》，文物出版社 1990 年版，第 97 页。

的作用,也为秦国的强大奠定了基础。但是正如《战国策》对商鞅的评论一样,他"刻深寡恩",只是"以强服之耳",①因此并不具有稳定性,缺乏长期施政的基础,终究难以走得更远。

(三)以序爵代替序齿建立新的乡里秩序

商鞅在重视刑法的同时,也注重奖赏。商鞅曰:"圣人之为国也,壹赏,壹刑,壹教。壹赏则兵无敌,壹刑则令行,壹教则下听上。夫明赏不费,明刑不戮,明教不变,而民知于民务,国无异俗。明赏之犹至于无赏也,明刑之犹至于无刑也,明教之犹至于无教也。"②商鞅认为圣人治理国家的办法是统一奖赏、统一刑罚、统一教化。实施统一奖赏,那么军队就会无敌于天下;实行统一刑罚,那么君主的命令就能实行;实行了统一教化,那么民众就会听从君主的役使。公正高明的奖赏并不浪费财物,严明的刑罚不杀人,修明教育不改变风俗,而民众却知道自己该做什么,国家也没有特殊的风俗。所以,在商鞅看来,公正高明的奖赏到了一定程度就可以不用奖赏,严明的刑法到一定时候就可以不用刑罚,修明教育到了一定程度就可以不用教化。

商鞅主张赏主要是赏"战"。商鞅说:"所谓壹赏者,利禄官爵抟出于兵,无有异施也。夫固知愚、贵贱、勇怯、贤不肖,皆尽其胸臆之知,竭其股肱之力,出死而为上用也;天下豪杰贤良从之如流水;是故兵无敌而令行于天下。"③商鞅认为统一奖赏就是指利禄官爵都专一根据在战争中的功绩赐给,因此,知愚、贵贱、勇怯、贤不肖都全部用尽自己的智慧,竭尽自己的全部力量,出生入死而替君主卖命;天下的英雄豪杰像流水一样追随君主;从而军队就天下无敌,而政令也得以在天下贯彻实行。

商鞅强调"壹赏"的重要性,要求必须做到"利禄官爵抟出于兵,无有异施",而且应该"赏厚而信,不失疏远"。④ 赏赐不忘关系疏远的人,亦不回避关系亲近的人。他说:"故君子操权一政以立术,立官贵爵以称之,论劳举功以任之,则是上下之称平。上下之称平,则臣得尽其力,而主得专其柄。"⑤商

---

① 《战国策·秦策一》。
② 《商君书·赏刑》。
③ 《商君书·赏刑》。
④ 《商君书·修权》。
⑤ 《商君书·算地》。

鞅认为国君必须掌握大权并制定政策,设置官吏和授予爵位要轻重相当,按照功绩任用群臣,这样衡量上级下级的秤就会平衡了。衡量上级下级的秤平衡了,臣民就能用尽他们的力量,国君也就能掌握自己的权力了。在商鞅看来,只有这样才能使"民之见战也,如饿狼之见肉"。① 民众看见打仗,就像饥饿的狼看见了肉一样。

实行"壹赏"的具体办法是逐步建立二十级军功爵制。秦法规定:"能得[甲]首一者,赏爵一级,益田一顷,益宅九亩,一(级)除庶子一人,乃得人(入)兵官之吏。"②能够斩获敌人甲士首级一颗就赐给爵位一级,赏给田地一顷,宅地九亩,每级赐给庶子一名,可以担任军队或行政部门的官员。秦法还规定,军中的爵位从一级以下到小夫,称作"校徒操士"。朝中的爵位,从二级开始到"不更",称作"卒"。五个人设置一个"屯长",一百个人设置一个"将"。在战争的时候,"百将"和"屯长"没有获得敌人的首级,就杀死他;获得敌人的首级三十三颗以上,就满了朝廷所规定的数目,"百将"和"屯长"都赏赐爵位一级。围攻敌人的城邑,军队能够斩敌人首级八千颗以上,就满了朝廷规定的数目。在野战中,军队能够斩敌人首级两千颗,就满了朝廷规定的数目。这样,官吏自"操士"和"校徒"以上至大将,都加赏赐。队伍的官吏,旧爵是"公士"的升为"上造"。旧爵为"上造"的升为"簪袅"。旧爵是"簪袅"升为"不更"。旧爵为"不更"升为"大夫"。旧爵是"小吏"的升为"县尉",并赏赐奴隶六人,五千六百钱。旧爵为"大夫",就让他掌管国家一项政务,升为"官大夫"。旧爵是"官大夫"升为"公大夫"。旧爵为"公大夫"升为"公乘"。旧爵是"公乘"升为"五大夫",并赏给三百户的地税。旧爵是"五大夫",升为"庶长"。旧爵为"庶长"升为"左更"。旧爵是"三更"的升为"大良造"。庶长三更及大良造都赏赐三百户的封邑,另赏赐三百户的地税。有了六百户的地税和封邑就可以养客。将军、车夫、骖乘都赏赐爵位三级。有人原来是"客卿",做了军佐,在满了朝廷规定的数目情况下,就升为正卿。由于战争的缘故,把战士所得敌人首级的数目公布三天并加以核实。经过三天,将军认为无误,就按功给予士大夫"劳爵"。③ 同时,用五大夫以上的高

---

① 《商君书·画策》。
② 《商君书·境内》。
③ 《商君书·境内》。

爵专门奖励六百石以上的官吏,使"官爵之迁与斩首之功相称"。①

于是,依照有无爵位和爵位的高低,所有人便被重新划分了等级。有爵者可以"乞无爵者以为庶子,级乞一人。其无役事也,其庶子役其大夫,月六日;其役事也,随而养之军"。② 有爵位的人乞要无爵位的人做他的"庶子",每一级爵位可以申请一个"庶子"。没有役事的时候,庶子每月为其大夫服役六天。有役事的时候,根据实际情况役使"庶子"随军为其提供厮养。依照法律,爵位高的人可以审判爵位低的人,有爵者可拿爵级赎罪,高爵即便有罪,也不能沦为仆隶。商鞅规定:"其狱法,高爵訾下爵级。高爵能,无给有爵人隶仆。爵自二级以上,有刑罪则贬。爵自一级以下,有刑罪则已"。③刑狱的法律,由爵位高的人审判爵位低的人,爵位高的人被罢免后,不再给他有爵位之人才能享用的奴仆。二级爵位以上的人犯了罪,就降低他的爵位;一级以下的人犯罪,就取消他的爵位。可见,爵位绝不是抽象的荣誉,作为一项制度,它包含着许多实际的政治经济利益。非但如此,政治经济地位变了,人的社会身份也随之变化了。西岛定生先生据《九章算术》所保存的几道算题推断,无论是分配共同的猎获物,还是酿出钱款饮酒,都有对高爵有利、对低爵不利的"利得差异",④甚至在类似乡饮酒礼的民间酒会上,除还保留有"同爵则尚齿"等些微旧的孑遗外,位次也要依爵秩来重新排定了。很显然,二十级爵和军功至上原则确已破坏了五等爵和亲亲原则,乡里秩序围绕着"举国而责之于兵"的目标,得到了彻底的改造和重构。商鞅在变法中规定:"宗室非有军功论,不得为属籍。明尊卑爵秩等级,各以差次名田宅,臣妾衣服以家次。有功者显荣,无功者虽富无所芬华。"⑤现在看来,在大力贯彻"壹赏"精神的前提下,通过强制性改革,对社会分层做一次全面的重新洗牌,应该是能够做到的。

前面我们阐述了商鞅以农战为目的的重农抑商思想、轻罪重罚的法制

---

① 《韩非子·定法》。

② 《商君书·境内》。

③ 《商君书·境内》。

④ [日]西岛定生:《中国古代帝国的形成与结构》,中华书局 2004 年版,第 336 页。按:《九章算术》虽是汉代著作,但所举的算题中涉及的"利得差异"应在秦就有了,不过秦以军功爵为准,汉代有了民爵。

⑤ 《史记·商君列传》。

思想和以序爵代替序齿建立新的乡里秩序。商鞅以农战为目的,提出了重农抑商的思想。他在当政期间推出了许多激励和促进农业发展的政策措施,对秦国农业的发展起到了积极的促进作用。在商鞅看来,重农必须抑商,为此他推行了许多抑制商人的措施。如规定商人不得买卖粮食、提高酒肉的价格等。春秋战国时期法律的发展对商鞅产生了重要影响,商鞅在前人的基础上明确提出了轻罪重罚的法制思想。其目的是"以刑去刑""以杀去杀"。商鞅主张"刑无等级",在法律面前人人平等。为了加强统治,商鞅还推行了告奸和连坐的制度。商鞅提出轻罪重罚的法制思想,主张"刑无等级",并且推行了告奸和连坐的制度,对当时秦国的统治,以及保障战争和劳役的进行,都起到积极的作用,从而为秦国的强大奠定了基础。商鞅在重视刑的同时,也注重"壹赏",实行"壹赏"的具体办法就是逐步建立了二十级军功爵制。二十级爵和军功破坏了五等爵和亲亲原则,乡里秩序得到彻底的改造和重构,对社会分层做一次全面洗牌。商鞅提出以农战为目的的重农抑商和轻罪重罚等思想付诸实践后,对秦国的强大直至最终统一六国产生了深远的影响。韩非子曾评论说:"商君教秦孝公以连什伍,设告坐之过,燔诗书而明法令,塞私门之请而遂公家之劳,禁游宦之民而显耕战之士。孝公行之,主以尊安,国以富强。"①虽然商君车裂于秦,但到了韩非子的时代,还说:"及孝公、商君死,惠王即位,秦法未败也。"②"今境内之民皆言治,藏商、管之法者家有之。"③可见,商鞅变法的影响并不局限于一时一隅。

二、韩非的思想要旨

韩非,战国末期韩国人,出身于贵族世家,为韩国的公子,生年已不可考,卒于公元前233年。韩非说话口吃,不善于言表,但好著书,曾与李斯同师事于荀子。韩非见当时韩国势弱,曾上书韩王变法图强,但韩王不听。韩非痛恨治国不修明法治,不实行富国强兵,而重用那些没有实际经验好发空论的人。于是他观往者得失之变,作《孤愤》《五蠹》《内外储》《说林》《说难》十余万言,成为法家思想的集大成者。他的《孤愤》《五蠹》传到秦国,秦王读

① 《韩非子·和氏》。
② 《韩非子·定法》。
③ 《韩非子·五蠹》。

后大加赞赏，感慨："寡人得见此人与之游，死不恨矣。"①公元前233年秦国攻打韩国，韩王派韩非出使秦国。秦王见到了韩非甚为喜悦，但亦未被信用。后来经李斯、姚贾陷害，韩非怀才不遇，死于狱中。其思想主要保存在《韩非子》一书中。韩非子作为法家思想的集大成者，在继前人思想的基础上又有创新。

（一）进化的历史观

前文我们提到过孟子和荀子分别提出法先王和法后王的历史观。而且孟子还说"五百年必有王者兴"，②明显属于历史循环论。韩非子与孟荀不同，提出了进化论的历史观，他把古代历史分为"上古之世""中古之世""近古之世"三个阶段。韩非子说，"上古之世"人口稀少而禽兽众多，人们敌不过禽兽蛇虫等野生动物。这时圣人出现了，他教人们架起木头搭成像鸟巢一样的住处，来避免各种禽兽的伤害，人民就高兴了，让他统治天下，称他为有巢氏。人民食用瓜果河蚌蛤蜊等动植物，腥臭难闻而且伤害肠胃，人民因此经常生病。这时圣人出现了，用钻擦木燧的方法取得火种烧熟食物，来除去腥臊臊气，人民就高兴了，让他统治天下，称他为燧人氏；"中古之世"天下洪水泛滥，而鲧、禹疏通河道；"近古之世"夏桀、商纣残暴昏乱，而商汤、周武王征伐了他们。韩非子进化的历史观，把历史从圣王的观念中解放出来，并且还原为社会的历史，这是历史观的一大进步。与韩非类似，《商君书·开塞》篇把历史分为"上世""中世"和"下世"。文中说："上世亲亲而爱私，中世上贤而说仁，下世贵贵而尊官。上贤者，以道相出也；而立君者，使贤无用也。亲亲者，以私为道也，而中正者使私无行也。此三者，非事相反也，民道弊而所重易也，世事变而行道异也。"然而侯外庐等先生认为："《商君书》真伪颇有问题，而其内容确含有晚期法家的思想。"③故而本文谈进化历史观只涉及韩非子。

韩非子还从经济的角度，对这种历史观做出解释。韩非子认为古时候成年男子不耕种庄稼，野草树木的果实足够吃了；妇女不纺织，禽兽的皮足

---

① 《史记·老子韩非列传》。
② 《孟子·公孙丑下》。
③ 侯外庐、赵纪彬、杜国庠等：《中国思想通史》，人民出版社2011年版，第546页。

够穿了。不从事耕种纺织等体力劳动而给养充足,人口稀少而财物有余,所以民众不互相争夺。因此,优厚的奖赏不必推行,严重的惩罚不必使用。而如今,人有五个儿子不算多,每个儿子又有五个儿子,祖父还没有死就有了二十五个孙子。因此,人民众多而财物缺少,从事劳动很辛苦而给养却很微薄,所以民众就互相争夺,虽然加倍奖赏屡次处罚,仍然不能避免祸乱发生。① 韩非子又说,帝尧统治天下的时候,茅草盖的屋顶也不加修剪,采集来的橡木也不砍削;吃的是粗糙的饭食及野菜豆叶的羹汁。冬天穿小鹿皮衣,夏天穿葛布的衣衫,虽然现在看门人的衣物给养也不会比这更少了。大禹统治天下的时候,亲自拿着木锹铲,作为民众的带头人累得大腿上没有肥肉,小腿上不长汗毛,即使是奴隶的劳动也不至于这样苦。据此来说,古代禅让天子之位的事,是去掉看门人的给养,而脱离了奴隶般的劳役,所以把天子位传给别人并不值得称赞。到如今,县令一旦死亡,他的子孙接连几代都享受出门乘车的特殊待遇,所以人们才看重这个官职。因此,人们对于辞让职位这件事,可以轻易辞去古代的天子,却难以舍弃如今的县令。韩非子认为"薄厚之实异也",即待遇上的微薄与优厚不一样。② 韩非还说,在山上居住而从山谷中取水的人们,每逢腊祭就把水作为礼物互相馈赠;在洼地居住而被水涝害苦的人们,却要雇佣劳力来开沟排水。所以,在饥荒之岁的春季,即使幼小的弟弟也不给饭吃。在丰收之年的秋季,即使是关系疏远的过客也要请他吃饭。这并不是要疏远自己的骨肉之亲而偏爱过路的客人,而是因为粮食的多少不一样。因此,古代人看轻钱财,并不是心地仁慈,而是财物很多。而如今,人民争夺财物,并不是因为卑鄙无耻,而是因为财物很少。轻易地辞去天子,并不是因为品德高尚,而是因为天子的权势很小。如今争着当官或依附权势,并不是因为身处下位,而是因为权势重要。圣人计议社会财富的多少、考查权势的厚薄来为政。所以,处罚轻微并不是因为仁慈,惩办严厉也不是因为残暴,而是适应社会习俗来办事而已。在韩非子看来,要"事因于世,而备适于事"。政事要顺应时代的变化,政治应该适应变化的社会。③

① 《韩非子·五蠹》。

② 《韩非子·五蠹》。

③ 《韩非子·五蠹》。

　　韩非感慨古今的不同,认为"世异则事异""事异则备变"。① 时代不同了,社会的事务也就不同了。社会事务不同了,采取的措施也就应该变化了。因此,韩非子反对循环守旧的思想。韩非子说,古时候周文王住在丰、镐之间,领土才方圆百里,他行于仁义而感化了西边的戎族,随后就统治了天下。徐偃王处在汉水以东的地区,土地方圆五百里,行于仁义,割地给向他朝拜的国家就有三十六国。楚文王害怕徐偃王会危害到自己,便举兵攻打徐国,随后把徐国消灭了。因此,周文王行仁义而统治天下,徐偃王行仁义而丢失了国家,这说明推行仁义适合古代而不能用于现在。韩非子进而认为"世异则事异",即时代不一样了事情也就不一样了。② 韩非子还说,在帝舜统治天下时,三苗不肯服从,大禹就准备征伐他们。帝舜不同意,认为君主德行不深厚而使用武力不符合道。于是,修治教化三年,拿着盾牌大斧跳舞,三苗于是服从了。到共工之战时,武器长者才能打倒敌人,铠甲不坚固就伤到自己身体。这说明盾牌大斧适用于古代而不适用于现代。韩非子由此得出结论说"事异则备变","上古竞于道德,中世逐于智谋,当今争于气力"。即社会事务不同了,采取的措施也就应该变化了。上古时代,人们在道德上竞高低;中古时代,人们在智谋上争优劣;当今时代,人们在力气上争强弱。③ 韩非子指出,现今如果还有人在夏王朝之后的时代里架木搭巢、钻木取火,那必然就要被鲧、禹耻笑;如果还有人在商、周之后的时代里整天疏通河道,那就必然要被商汤、周武王所耻笑了。然而,如今还有人赞美尧、舜、商汤、周武、夏禹的政治措施可以用在当今之世,必然就要被新时代的圣人所耻笑了。因此,圣人不指望学习照搬古代的那一套,不效法常规的那一套,而是据时论事,制定相应措施。韩非子还以"守株待兔"的寓言故事加以说明,他说宋国有个耕田者,兔子在奔跑时撞到了田里的一棵树上,兔子颈部撞断,死了。于是他放下木锹,天天守在树旁,希望再捡到撞树而死的兔子。兔子没有再得到,他却被宋国人当作笑话调侃。韩非认为:"今欲以先王之政,治当世之民,皆守株之类也。"即如今想要用古代帝王的政治措施,来治理当代的民众,就与"守株待兔"故事相类了。④

---

　① 《韩非子·五蠹》。
　② 《韩非子·五蠹》。
　③ 《韩非子·五蠹》。
　④ 《韩非子·五蠹》。

　　韩非对复古主义进行尖锐的批评。韩非说："孔子、墨子俱道尧、舜,而取舍不同,皆自谓真尧、舜,尧、舜不复生,将谁使定儒、墨之诚乎? 殷、周七百余岁,虞、夏二千余岁,而不能定儒、墨之真;今乃欲审尧、舜之道于三千岁之前,意者其不可必乎! 无参验而必之者,愚也;弗能必而据之者,诬也。"①孔子、墨子都称道尧、舜,而取舍亦不同,却也都说自己的主张是真正尧、舜的思想,尧、舜不可能再复生,那将让谁来确定儒家、墨家究竟哪一家的说法是真的呢? 商朝、周朝各自都有七百余年的历史,虞、夏到现在有两千多年了,而不能断定儒家、墨家的真假;如今想要审察三千年以前的尧、舜,想来更是不可能的。不用事实验证就对事物做出决断,是愚蠢的。不能确定事物的真假就作为依据,是一种欺骗。所以韩非子认为:"明据先王,必定尧、舜者,非愚则诬也。"即明据先王故事,肯定尧、舜的事迹,不是愚蠢就是欺骗。这样的学说,明君自然是不会接受的。韩非子指出,不懂得治理国家的人,一定会说"无变古,毋易常"。改变还是不改变,圣人是不听别人怎么说的,只是正确地治理而已。然而古代留下来的不改变,常规惯例也不改变,在于这些东西可行还是不可行。伊尹如果不改变殷商的古制惯例,姜太公如果不改变周朝的制度,那么商汤王、周武王就不能称王了。管仲不改变齐国的古制,郭偃不改变晋国的传统制度,那么齐桓公、晋文公也就不能称霸了。因此,大凡不能改变古制惯例的人,是害怕改变民众对旧传统的喜爱。但不改变古制惯例,是在重蹈乱国的覆辙。迎合民众的愿望,就是放纵邪恶的行为。民众愚蠢而不知道祸乱,上级懦弱而不知道更改,就是治理国家的失误。所谓人主就是明智而能知道治理的措施,严格并必然行之。所以虽然违背民心,还是要树立治国的原则。②

　　根据进化论,韩非子还论证了法制学说是历史发展的必然。韩非子认为:"举先王言仁义者盈廷,而政不免于乱。"③即赞扬先王大谈仁义的人挤满了朝廷,而国家政事仍不免于混乱。韩非子说:"当大争之世,而循揖让之轨,非圣人之治也。"④是说面对争夺激烈的社会,而遵循旧规矩,并不是圣人的治国之道。他还说:"治民无常,唯治为法。法与时转则治,法与世宜则有

①《韩非子·五蠹》。
②《韩非子·南面》。
③《韩非子·五蠹》。
④《韩非子·八说》。

功。故民朴而禁之以名则治,世知维之以刑则从。时移而治不易者乱,能治众而禁不变者削。"治理民众没有一成不变的常规,只有法度才是治世的法宝。法度顺应时代变化就能治理国家,统治方式适合社会情况就能收到成效。所以,民众质朴的话,只要用褒贬进行控制就可以治理好;社会开化的话,只有用刑罚加以束缚才能使人驯服。时代有了发展,而统治方式一成不变,社会必然危乱。智能普遍提高,而禁令规定一成不变,国家必被削弱。所以,韩非子认为"圣人之治民也,法与时移而禁与能变"。圣人治理民众,法制和历史时期同步发展,禁令和智能水平同步变更。①

总之,韩非子提出进化论的历史观,将历史分为"上古之世""中古之世""近古之世"三个阶段,并从经济的角度做出解释,得出了"世异则事异""事异则备变""故事因于世,而备适于事"的结论,成为其法制思想的主要依据。韩非子这种进化论的历史观,符合历史发展的趋势,为战国诸国所借鉴,尤其对秦国建立与时俱进的政治制度起到了积极的推动作用。

(二)集法家思想之大成

韩非子法制思想是以建立中央集权的专制主义为核心,他强调君主要以法为主,把法、术、势三者结合起来,集法家思想之大成,从而形成完整的法制理论,代表了先秦法治思想发展的新成就。

关于法,韩非认为其表现为三个特点,即"编著之图籍,设之于官府,而布之于百姓者也"。法要编写成图籍,设置在官府,而且还公布到百姓中去。韩非子强调"法莫如显",他指出:"明主言法,则境内卑贱莫不闻知也,不独满于堂。"②法主公开,因此明主讲法,即使是国内卑贱之人也都知晓,而不是只局限于殿堂之上。韩非子认为,法还表现为:"宪令著于官府,刑罚必于民心。"③法是指法令记录在官府中,刑罚制度贯彻落实到民心。韩非子指出,"赏""罚"均要依托于法,即"赏存乎慎法,而罚加乎奸令者也"。赏赐一定要依据法令,而刑罚是针对奸令的人。韩非子还强调法、令的重要性,他说:"明主之国,令者,言最贵者也,法者,事最适者也。言无二贵,法不两适,故

---

① 《韩非子·心度》。
② 《韩非子·难三》。
③ 《韩非子·定法》。

言行而不轨于法令者必禁。"①在明主的国家,令是言语中最尊贵的,法是事中最适宜的。言语没有两种都尊贵,法没有两种都适宜,因此言行不遵循法令就必须禁止。依照韩非的思想,法不仅不该是秘密,而且应该充分传播,人人都应该知道法律条文的内容,为此还需要"以法为教""以吏为师"。韩非子说:"明主之国,无书简之文,以法为教;无先王之语,以吏为师。"②在明主统治的国家里,并没有文献典籍等方面的文章,只看到用法律来教育人民。更没有先王的语录,只有用执法的官吏来当老师。

　　在韩非看来,法律必须具有公平性。韩非子说:"饬令,则法不迁;法平,则吏无奸。法已定矣,不以善言售法。"③即整饬法令,法令就不会随意改变;法令公正,官吏就无从成奸。法令既经确定,就不要因为善言来损害法令。韩非还假托晋文公与狐偃的对话来强调法的公平原则。晋文公问刑罚的最高境界是什么。狐偃回答说:"不辟亲贵,法行所爱。"④即刑罚不避亲友和显贵,法治对统治者宠爱的人同样具有效力。韩非还说:"法不阿贵,绳不挠曲。法之所加,智者弗能辞,勇者弗敢争。刑过不避大臣,赏善不遗匹夫。故矫上之失,诘下之邪,治乱决缪,绌羡齐非,一民之轨,莫如法。"⑤法律不迎合权贵,就像墨线不会屈从歪木。法律所制裁,即使是智者也不能逃避,即使是勇者也不敢争辩。刑罚所过之处不回避大臣,奖赏善行不会遗漏百姓。因此,纠正上级的过失,追究下级的奸邪,治理乱世解决纰缪,贬退贪慕纠正过失,统一百姓行轨,没有什么比得上法。韩非认为,法的立法原则是有功受赏,有罪则受罚。韩非认为:"诚有功则虽疏贱必赏,诚有过则虽近爱必诛。"确实有了功劳,虽然是疏远卑贱的人也一定给予赏赐;确实有了过错,虽然是亲近喜爱的人也一定给予诛罚。疏远和卑贱必赏,亲近和喜爱必惩,这样就会"疏贱者不怠,而近爱者不骄"。疏远和卑贱的人做事就不会怠慢,而亲近和喜爱的人做事也就不会骄傲放纵了。⑥ 韩非子还假托申子与韩昭

①　《韩非子·问辩》。

②　《韩非子·五蠹》。

③　《韩非子·饬令》。

④　《韩非子·外储说右上》。

⑤　《韩非子·有度》。

⑥　《韩非子·主道》。

侯的对话,提出法是"见功而与赏,因能而受官"。①在韩非子看来,法就是见到功劳给予奖赏,根据才能来授予官职。

术,主要是由申不害提出来的。《史记·老子韩非列传》记载申不害原是郑国的贱臣。以其学术获得韩昭侯的赏识,韩昭侯任用他为相。申不害主政韩国,内修政治教化,外应诸侯十五年。在其当政期间,国家安定,兵强马壮,没有敢侵犯韩国者。申不害的学术"本于黄老而主刑名",申不害的言论和思想主要保存在《申子》一书中,可惜早已佚失。韩非子继承了申不害的术,他强调:"凡术也者,主之所以执也。"②韩非认为术是君主应该掌握的。韩非子说:"术者,藏之于胸中,以偶众端,而潜御群臣者也。故法莫如显,而术不欲见。"术藏在当权者胸中,迎合事务的各个方面,并在暗地里驾驭群臣。与法强调公开相比,术却侧重隐秘不能暴露出来。法主张让所有人都知晓,而术则连"亲爱近习"也"莫之得闻",更不用说会传遍整个殿堂了。③韩非子认为术就是"因任而授官,循名而责实,操杀生之柄,课群臣之能者也",术是根据个人的能力来授予官职,根据官名来责求实际功效,掌握住生杀大权和考核各级官吏才能的办法。韩非子指出:"君无术则弊于上,臣无法则乱于下,此不可一无,皆帝王之具也。"④君主不掌握术就会被蒙蔽,臣子没有法治那么就会在下面出乱子,因此二者皆不可或缺,都是帝王统治的工具。

韩非认为君主掌握术,对维护国家的统治十分必要。韩非子指出:"主用术,则大臣不得擅断,近习不敢卖重。"⑤君主用术,那么大臣就不能独断专行,亲近之人就不敢卖弄权势。韩非子说:"有术而御之,身坐于庙堂之上,有处女子之色,无害于治;无术而御之,身虽瘁臞,犹未有益。"⑥有术而驾驭,就像身坐在庙堂之上,把自己养护得像未出嫁的少女一样,即使这样也不妨害治理;无术而驾驭,即使身体憔悴消瘦,对治理也没有多大益处。为强调术的重要性,韩非子指出,从前齐桓公同时重用管仲和鲍叔牙,成汤同时重

① 《韩非子·外储说左上》。

② 《韩非子·说疑》。

③ 《韩非子·难三》。

④ 《韩非子·定法》。

⑤ 《韩非子·和氏》。

⑥ 《韩非子·外储说左上》。

用伊尹和仲虺。一般而言同时重用两个大臣就是国家的忧患,然而齐桓公和成汤都擅长用术,所以二人都成就了霸业和王业。齐湣王专用淖齿,而自身被杀死在宗庙;主父专用李兑,结果被减少食物而饿死。这都是二人不擅用术的结果。韩非子进而认为:"主有术,两用不为患;无术,两用则争事而外市,一则专制而劫弑。"①君主有术,同时重用两人并不成为祸患;君主没有术,同时重用两人,那么就会争权夺利和卖国。专用一人,则会专权而挟持、杀害君主。

势,是慎到提出来的。据《史记·孟子荀卿列传》记载,慎到是赵国人,他与田骈和环渊皆学黄老道德之术,著有十二论。徐广认为《慎子》一书是刘向整理出来的,共有四十一篇。而《汉书·艺文志》法家类有《慎子》四十二篇。《史记》与《汉书》略有差异,总之慎到著有《慎子》一书则是肯定的。然而此书早已亡佚,今本《慎子》分为七篇,书虽并非伪作,但断简残编,已非秦汉时期的旧本。② 慎子主张利用势来治理国家,韩非子曾引述他的一段话说:"飞龙乘云,腾蛇游雾,云罢雾霁,而龙蛇与蚓螘同矣,则失其所乘也。贤人而诎于不肖者,则权轻位卑也;不肖而能服于贤者,则权重位尊也。尧为匹夫不能治三人,而桀为天子能乱天下,吾以此知势位之足恃,而贤智之不足慕也。夫弩弱而矢高者,激于风也;身不肖而令行者,得助于众也。尧教于隶属而民不听,至于南面而王天下,令则行,禁则止。由此观之,贤智未足以服众,而势位足以诎贤者也。"③慎子说,飞龙驾云而飞翔,腾蛇漂游雾中,如果云消雾散,而龙、蛇就和蚯蚓蚂蚁一样了,这是因为失去了所凭借的东西。贤能的人有时说不赢不肖之徒,那是因为权势轻职位低的缘故;不肖之徒有时能让贤能的人屈服,那是因为权势重职位高的缘故。让尧做一个普通人,那就连三个人都管不了;而让夏桀做天子,他就能搅乱天下;因此,权势地位值得依靠,而贤能才智不值得羡慕。弩弓软弱而射出来的箭却很高,是因为风力激荡的缘故;本身无德无能而发布的命令却能付诸实施,那是因为他从众人那里得到了借力。尧处在奴隶地位时去施教民众就不会听,等他在朝廷上南面而坐统治天下时,发令即行,有禁即止。由此看来,贤能才

---

① 《韩非子·难一》。
② 罗根泽:《慎懋赏本慎子辨伪》,《燕京学报》1929 年第 6 期。
③ 《韩非子·难势》。

智还不能够用来制服民众,而权势地位却完全可以让贤能的人屈服。

韩非继承了慎到势的思想。韩非子说:"夫有材而无势,虽贤不能制不肖。故立尺材于高山之上,则临千仞之溪,材非长也,位高也。桀为天子,能制天下,非贤也,势重也;尧为匹夫,不能正三家,非不肖也,位卑也。千钧得船则浮,锱铢失船则沉,非千钧轻锱铢重也,有势之与无势。故短之临高也以位,不肖之制贤也以势。"①即如果有才能而没有权势,虽然贤能也不能制服不肖之徒。所以将一尺长的木材放到高山上,那么就可以俯视千仞深的沟壑,并不是木材很长,而是站的地势很高。夏桀作为天子,能够治理天下,并不是他贤能,是他所处的权势很重要;尧作为一个普通人,不能管好三家人,并不是他不贤,而是他的地位卑微。千钧重的东西得到船载就能浮在水面上,几两重的东西没有船载就会沉入水中,并不是千钧轻而几两的东西重,是有载体与没有载体的关系。所以,短的东西放在高处是因为它的位置,不肖之徒能够制服贤人是因为权势。韩非子说:"民者固服于势,寡能怀于义","民者固服于势,诚易以服人。"②意思是说,民众本来就屈服于权势,很少能心怀仁义,由此看来,权势的确可以用来制服人。韩非子还说:"势重者,人君之渊也。君人者,势重于人臣之间,失则不可复得也。简公失之于田成,晋公失之于六卿,而邦亡身死。故曰:'鱼不可脱于深渊。'赏罚者,邦之利器也,在君则制臣,在臣则胜君。君见赏,臣则损之以为德;君见罚,臣则益之以为威。人君见赏,而人臣用其势;人君见罚,人臣乘其威。"即权势和君主相伴而生。统治别人的人,权势要重于做下属的,如果失去就再也找不回来了。例如齐简公把权势放给田成,晋国君主把权势放给六卿,结果却是国亡身死。所以说,君主离不开权势就像鱼儿离不开深渊一样。赏罚是邦国的利器,掌握在君主手里就能制服臣下,掌握在臣子手里就能战胜君主。君主赏赐,臣下则减少它并作为自己的恩德;君主惩罚,臣下就会增加它并作为自己的威势。君主赏赐,而臣下就利用其权势;君主惩罚,而臣下就利用其威势。因此,韩非子认为"邦之利器不可以示人"。③ 韩非子将国比喻成"君之车",将势比喻成"君之马",他说:"夫不处势以禁诛擅爱之臣,而

---

① 《韩非子·功名》。
② 《韩非子·五蠹》。
③ 《韩非子·喻老》。

必德厚以与天下齐行以争民,是皆不乘君之车,不因马之利,释车而下走者也。"①即君王不运用权势来制止和惩处那些擅自施行仁爱的臣子,而一定要用仁德的深厚来和臣子保持行动一致以争取爱民的名声,这就是不凭借君主的车,不依靠马的便利,舍弃车马而徒步行走的人。韩非由此得出结论:"善任势者国安,不知因其势者国危。"②善于运用权势的人国家安定,不知道凭借权势的人国家危险。

韩非子批判了商鞅、申不害和慎到只专注于一方面,他认为法、术、势三者不可偏废。韩非批判商鞅"徒法而无术"。他说:"公孙鞅之治秦也,设告相坐而责其实,连什伍而同其罪,赏厚而信,刑重而必。是以其民用力劳而不休,逐敌危而不却,故其国富而兵强;然而无术以知奸,则以其富强也资人臣而已矣。"③意思是说,公孙鞅治理秦国,设立了告发奸邪株连定罪的制度而求得犯法的真实情况,将株连什伍的人定同样的罪,奖赏丰厚而且信守承诺,刑罚很重而且一定执行。因此他治理下的民众努力劳作而不休息,追击敌人很危险而不退却,所以他的国家富裕而且兵力强盛;然而他没有运用术来识别奸邪,那就只能把富强资助给臣下了。韩非批判申不害"徒术而无法"。他说:"申不害,韩昭侯之佐也。韩者,晋之别国也。晋之故法未息,而韩之新法又生;先君之令未收,而后君之令又下。申不害不擅其法,不一其宪令,则奸多。故利在故法前令则道之,利在新法后令则道之,利在故新相反,前后相悖,则申不害虽十使昭侯用术,而奸臣犹有所谲其辞矣。故托万乘之劲韩,七十年而不至于霸王者,虽用术于上,法不勤饰于官之患也。"④是说申不害是韩昭侯的辅佐大臣,韩国是晋国分出来的一个国家。晋国原有的法律还没有完全废除,而韩国的新法律又产生了;前代君主的政令还没有收回,而后代君主的政令又下达了。申不害不去统一旧法和新法,也不去统一新旧政令,那么奸邪之事就多了。所以人们看到利益存在于原有的法律和从前的政令中就按原来的办,看到利益存在于新法律和新政令中就按现在的办,如果利益在旧法与新法中相互对立和前后违背,那么申不害虽然以十倍的努力让韩昭侯运用术治,而奸臣们仍然有办法用言辞来进行诡辩。

---

① 《韩非子·外储说右上》。
② 《韩非子·奸劫弑臣》。
③ 《韩非子·定法》。
④ 《韩非子·定法》。

所以韩国的君主即使有万乘兵车之强大,但经过七十年还没有成为霸主,虽然是在上面运用了术治,但这是没有用法治对官吏进行整顿所造成的祸患。韩非还批判慎到只重视势。韩非说:"势之于治乱,本末有位也,而语专言势之足以治天下者,则其智之所至者浅矣。"①即势对于国家的治乱,本来就没有固定的对应关系,而慎到的言论却专讲势足够可以用来治理天下,韩非认为慎到智力之所及过于浅薄。

韩非认为法、术、势三者相互联系,缺一不可。关于法和术之间的联系,韩非子说:"人主之大物,非法则术也。"②即君主的大事,不是法就是术。他说:"君无术则弊于上,臣无法则乱于下,此不可一无,皆帝王之具也。"③意思是说,君主不掌握术就会被蒙蔽,臣子没有法治就会出乱子,二者缺一不可,它们都是帝王的工具。他还说:"凡术也者,主之所以执也;法也者,官之所以师也。"④韩非认为术是君主所当掌握的,法是官吏们所效仿的。关于法和势之间联系,韩非子说:"抱法处势则治,背法去势则乱。"⑤意思是说,守着法度掌握权势,那么国家就会得到治理。违背法度离开权势,那么国家就会混乱。韩非还说:"民以制畏上,而上以势卑下,故下肆很触而荣于轻君之俗,则主威分。"⑥这里的"制",是指制度和法制。这句话的意思是民众因为制度和法制而畏惧君主上级,而君主上级以权势谦卑对待下级,所以下级就会放肆触犯而以轻视君主的习俗为光荣,那么君主的威势就会被分解。关于术和势之间的关系,韩非子说:"无术以御之,身虽劳,犹不免乱;有术以御之,身处佚乐之地,又致帝王之功也。"⑦韩非认为,国家好比君主的马车,权势就好比君主的马匹。不用术来驾驭,身体虽然劳累,还是免不了混乱;有术驾驭,身体就会处在安逸之地,又能取得帝王的功业。他还说:"入齐,则独闻淖齿而不闻齐王;入赵,则独闻李兑而不闻赵王。故曰:人主者不操术,则威势轻而臣擅名。"⑧进入齐国,听说的是淖齿而不会听说齐王;进入赵国,听说

---

① 《韩非子·难势》。
② 《韩非子·难三》。
③ 《韩非子·定法》。
④ 《韩非子·说疑》。
⑤ 《韩非子·难势》。
⑥ 《韩非子·八经》。
⑦ 《韩非子·外储说右下》。
⑧ 《韩非子·外储说右下》。

的是李兑而不闻赵王。所以说，君主不掌握统治术，那么威势就会轻，大臣也会独擅名望。韩非由此得出法、术、势三者相辅相成、互相关联。

韩非还对儒家的仁义惠爱进行批判。韩非认为"儒以文乱法"，他说："楚之有直躬，其父窃羊而谒之吏，令尹曰：'杀之。'以为直于君而曲于父，报而罪之。以是观之，夫君之直臣，父之暴子也。"①楚国有个人叫直躬，他的父亲偷了羊，他便把这事报告给官吏。令尹要杀掉他。人们都认为他对君主正直忠诚而对父亲大逆不道，所以报告官府把他惩处了。由此看来，君主正直忠诚之臣，就是父亲的逆子。他还说："鲁人从君战，三战三北，仲尼问其故，对曰：'吾有老父，身死莫之养也。'仲尼以为孝，举而上之。以是观之，夫父之孝子，君之背臣也。"②鲁国有个人跟随君主去打仗，三次交战他三次败退逃跑。孔子询问他原因，他回答说他家里有老父亲，他死了就没有人赡养了。孔子认为这个人很有孝道，就推举让他当了官。韩非认为，由此看来父亲的孝子，就是君主的叛臣。故而韩非指出："令尹诛而楚奸不上闻，仲尼赏而鲁民易降北。"③即令尹杀了告发父亲的直躬，楚国的坏人坏事就不再有人向上告发了。孔子奖赏了逃兵，鲁国民众就容易临阵败逃了。韩非说："世之学术者说人主，不曰'乘威严之势以困奸邪之臣'，而皆曰'仁义惠爱而已矣'。"④当世之学者说服君主，不说是凭借威严的权势去抑制奸邪的臣子，却都说是只要仁义惠爱就可以了。韩非认为："世主美仁义之名而不察其实，是以大者国亡身死，小者地削主卑。何以明之？夫施与贫困者，此世之所谓仁义；哀怜百姓，不忍诛罚者，此世之所谓惠爱也。夫有施与贫困，则无功者得赏；不忍诛罚，则暴乱者不止。国有无功得赏者，则民不外务当敌斩首，内不急力田疾作，皆欲行货财，事富贵，为私善，立名誉，以取尊官厚俸。故奸私之臣愈众，而暴乱之徒愈胜，不亡何时？"⑤当代君主欣赏仁义的名声，而不考察它的实质，重者国家灭亡、君主身死，轻者国土减少而君主地位卑微。施舍周济贫困的，就是世俗所谓的仁义；同情怜悯百姓而不忍心施行惩罚的，就是世俗所谓的惠爱。但有了对贫困者的施舍，那么没有功劳的人就会

---

① 《韩非子·五蠹》。
② 《韩非子·五蠹》。
③ 《韩非子·五蠹》。
④ 《韩非子·奸劫弑臣》。
⑤ 《韩非子·奸劫弑臣》。

得到奖赏;不忍心施行惩罚,那么暴虐作乱的人就不会得到禁止。国家有了没有功劳就能得到奖赏的人,那么臣民对外就不会致力于抵挡入侵的敌人并斩首杀敌,在国内就不着急尽力从事农耕,都想进行贿赂去奉承豪门贵族、为个人做好事、树立声誉,以此取得高官厚禄。所以,奸私之臣越来越多,而暴虐作乱的党徒也越来越放肆,想要国家不灭亡是不可能的。韩非还说:"天下皆以孝悌忠顺之道为是也,而莫知察孝悌忠顺之道而审行之,是以天下乱。皆以尧、舜之道为是而法之,是以有弑君、有曲于父。尧、舜、汤、武或反君臣之义,乱后世之教者也。尧为人君而君其臣,舜为人臣而臣其君,汤、武为人臣而弑其主、刑其尸,而天下誉之,此天下所以至今不治者也。"①韩非认为,天下的人都认为孝悌忠顺之道是正确的,却没有什么人进一步对孝悌忠顺之道加以认真考察,然后再去慎重实行,因此天下才会混乱。都认为尧舜之道正确而加以效法,因此才发生杀死君主、背叛父亲的事情。尧、舜、汤、武或许正是违反君臣之间道义和扰乱后世教令的人物。尧本来是君主,却把自己的臣子推尊为君主;舜本来是臣子,却把自己的君主贬为臣子;商汤、周武作为臣子却杀死自己的君主,还宰割了君主的尸体。对此天下人却都加以称赞,这就是天下至今不能得到治理的原因所在。韩非认为好利是人的本性,人际关系唯有物质利益是真实的。韩非说:"王良爱马,越王勾践爱人,为战与驰。医善吮人之伤,含人之血,非骨肉之亲也,利所加也。"王良爱马,越王勾践爱人,是为了打仗和赶路。医生善于吮吸别人的伤口,口含别人的脓血,并不是和病人有骨肉之亲,是因为有利益加在这些事上。"舆人成舆,则欲人之富贵;匠人成棺,则欲人之夭死也。非舆人仁而匠人贼也,人不贵,则舆不售;人不死,则棺不买。情非憎人也,利在人之死也。"造车的人造成车子,就想着要别人富贵;木匠造成棺材,便想着要人死亡。并不是造车人仁爱而木匠坏,而是因为别人不富贵,车子就卖不出去;人不死亡,那么就没有人来买棺材。木匠并不是天生憎恨别人,而是因为他的利益是在别人的死亡上。"后妃、夫人、太子之党成而欲君之死也,君不死,则势不重。情非憎君也,利在君之死也。"②后妃、夫人、太子的党羽结成后就希望君主快死去,君主不死,他们的权势就不会扩大。他们并不是天性就憎恨君

___

① 《韩非子·忠孝》。
② 《韩非子·备内》。

主,而是他们的利益是在君主的死亡上。韩非还说:"夫卖庸而播耕者,主人费家而美食,调布而求易钱者,非爱庸客也,曰:如是,耕者且深,耨者熟耘也。庸客致力而疾耘耕者,尽巧而正畦陌畦畤者,非爱主人也,曰:如是,羹且美,钱布且易云也。"①对于佣工的播种者,主人花费家财给他们丰盛的饭菜,拿了布帛去换取钱币,并非是喜欢佣客,而是只有这样做,耕作的人才能把地耕得深,锄草的人才会精耕细作地耘田。佣客使尽力气快速地耘田耕地,使尽技巧来端正畦亩田埂,并非是喜欢主人,而是只有这样,饭菜才会丰富,得到的钱币才成色足。在韩非看来,父母子女之间也是如此,他说:"父母之于子也,产男则相贺,产女则杀之。此俱出父母之怀衽,然男子受贺,女子杀之者,虑其后便,计之长利也。"②父母亲对于子女,生了儿子则会庆祝,生了女儿就杀死。子女都是父母所生,儿子与女儿待遇不同,这是因为父母亲考虑到自己今后的利益,并从长远利益打算的缘故。韩非认为君臣和君民之间,同样谈不上仁义道德。韩非说:"臣尽死力以与君市,君垂爵禄以与臣市。"③臣子拼死出力来与君主换取爵位俸禄,君主陈列爵位俸禄与臣下换取智慧和力气。他还说:"君上之于民也,有难则用其死,安平则尽其力。"④君主上级对于民众,有灾难就用他们卖命,安定太平时就使他们竭尽全力。人都争相好利,要想治理好这样的社会,除了实行法制以外就没有别的选择。

由上可知,法是官府公布的成文法,是编著在图籍中的国法条规。术是君主暗藏在心中的权术,是驾驭群臣和统治万民的手段。势是君主的重权尊位形成的威势,是控制臣民的凭借力量。韩非把三种学说综合起来合成一种有机联系的统一体。这样他的政治思想就不同于前期法家的某一个人的政治思想,而是法制、术治、势治三种政治主张的混合体。就是说,君主凭借政权的威力,运用术数来驾驭群臣,而使群臣百姓都守法奉令。

前面我们阐述了韩非进化的历史观和法制思想。指出韩非子与孟荀不同,提出了进化论的历史观,他把古代历史分为三个阶段,即"上古之世""中古之世"和"近古之世"。他还从经济的角度,对这种历史观做出了解释。并

---

① 《韩非子·外储说左上》。
② 《韩非子·六反》。
③ 《韩非子·难一》。
④ 《韩非子·六反》。

由此得出了"世异则事异""事异则备变""故事因于世,而备适于事"的结论。韩非对复古主义进行了尖锐的批评,进而论证了法制学说是历史发展的必然。韩非子这种进化论的历史观,符合历史发展的趋势,对战国诸国尤其是对秦国建立与时俱进的政治制度起到了积极的推动作用。韩非子的法制思想是以建立中央集权的专制主义为核心,他强调君主要以法为主,把法、术、势三者结合起来。韩非批判了商鞅、申不害和慎到只专注于一方面,并论证了法、术、势三者不可偏废。他认为法、术、势三者相互联系,缺一不可。韩非主张法制,为此他还对儒家的仁义惠爱进行了批判。韩非子把法、术、势结合起来,并形成了完整的法制理论,代表先秦法治思想的新高度。

第六章　其他各家的代表
人物及思想要旨

战国时期诸子百家除了儒家、墨家、道家和法家之外,还有名家、兵家、阴阳家、纵横家、杂家、农家等学派,他们在中国思想史上均占有重要地位。

一、名家的代表人物及思想要旨

名家是战国时期的重要学派之一,因从事论辩名(名称、概念)实(事实、实在)为主要学术活动,而被后人称为名家。名家提倡"正名实",目的是正彼此之是非,使名实相符。战国时期社会动荡、政治混乱,许多礼法名存实亡。名家由此崛起,强调事物应该"名乎其实",以此使天下一切事情走上正确的轨道。名家注重辩论"名"与"实"之间的关系,是一种逻辑学。名家与各家不同之处,正是在于"正名实"的方法。他们主要是以逻辑原理来分析事物,而辩论的内容,又多半是与政治事务无关的哲学问题。因此,名家的理论在中国五千年来的学术传承里,一直被冠上一个"诡辩"的恶名。战国时期名家的主要代表人物是惠施和公孙龙。

在名家学派出现以前,诸子百家在相互辩驳中也曾对名和实的关系进行过讨论。如孔子提出"正名",子路问孔子说:"卫君待子而为政,子将奚先?"即卫国国君请你主持政务,你将从哪里抓起? 孔子回答:"必也正名乎!"①孔子认为一定要从正名开始。然而孔子的正名思想,并没有从逻辑的角度进行论证。老子主张"无名",老子说:"无名天地之始,有名万物之母。"②他认为无名是天地的本始,有名是万物的根源。老子的"无名"思想具有很强的思辨性,但是却带有神秘主义的色彩。墨子主张以"实"定"名",提

———————————

① 《论语·子路》。
② 《老子》第一章。

出"明故"和"察类"两个命题。有人非难墨子,墨子曰:"子未察吾言之类,未明其故者也。"①墨子指出人们并没有搞清他说法的类别,不明白其中的缘故。墨子还以"谈辩"为专门学问教育学生,他说:"为义犹是也,能谈辩者谈辩,能说书者说书,能从事者从事,然后义事成也。"②即行义就是这样,能演说的人演说,能解说典籍的人解说典籍,能做事的人做事,这样就可以做成义事。战国时期,名家作为一个学派是以惠施和公孙龙辩学的出现为标志。

(一)惠施的思想要旨

惠施是战国中期宋国人,曾经做过魏惠王的相,他与庄子是好朋友。惠施是名家"合同异"派的代表人物。记载惠施言行事迹的材料散见于《庄子》《韩非子》《荀子》和《吕氏春秋》等书中。他思想中最重要的是《庄子》一书中记载的"历物十事",这是惠施考察研究自然万物所得出的十个结论。这十事是"至大无外,谓之大一;至小无内,谓之小一。无厚,不可积也,其大千里。天与地卑,山与泽平。日方中方睨,物方生方死。大同而与小同异,此之谓'小同异';万物毕同毕异,此之谓'大同异'。南方无穷而有穷。今日适越而昔来。连环可解也。我知天之中央,燕之北越之南是也。泛爱万物,天地一体也。"③大意是说,探究分析事物之理,大到极点而没有外围的,叫作"大一";小到极点而没有内核的,叫作"小一"。没有厚度,不可累积,但可以扩展到千里大。天和地一样低,山和泽一样平。太阳刚正中就偏斜,万物即起就灭。大同和小同差异,这个叫作"小同异";万物完全相同也完全相异,这个叫作"大同异"。南方没有穷尽却有穷尽,今天到越地而昨天已来到。连环可以解开。我知道天下的中央,在燕的北方越的南方。普爱万物,天地是一个整体。"历物之意"主要是一个哲学命题,反映了惠施的逻辑思想。首先是提出了"大一"与"小一",反映了客观世界的无限性和绝对性的概念。惠施认为任何有限的大都是"有外"的,"大一"就意味着无限大。任何有限的小都是可以量度的,"小一"就意味着无限小。"大一"和"小一",从宏观和微观两个方面表述了宇宙无限性的思想。其次是提出来"同中辩异"和

① 《墨子·非攻下》。
② 《墨子·耕柱》。
③ 《庄子·天下》。

"异中求同"的思想。同类事物的个体之间以同为主,叫作"大同",不同类事物之间以异为主,叫"小同"。惠施认为"大同"和"小同"之间的同和异,都是"小同异"。再次是从内涵方面指出了自然观和自然科学中某些"名"的确定性。"至大无外"就是"大一"的内涵,"至小无内"就是"小一"的内涵。给予"大一"和"小一"以确定的内涵,便是揭示宇宙无限性的一种尝试。强调"日方中方睨","今"可成"昔",实际构成了对时空相对性的定义。"无厚不可积,其大千里",实际上是对几何学上"面"的定义。

(二)公孙龙的思想要旨

公孙龙是战国中晚期赵国人,大约生于周显王四十四年,死于周惠王六年,生平与庄子、惠施、孟子、邹衍等同时。曾做过平原君的客卿,深得平原君厚待。① 公孙龙反对惠施的观点,成为"离坚白"派的著名代表人物。他的思想主要保存在《公孙龙子》一书当中,其中《白马论》《指物论》《通变论》《坚白论》和《名实论》五篇被认为是公孙龙自己的作品。《公孙龙子》两个最著名的论点,一个是"离坚白",一个是"白马非马"。

"离坚白"是《公孙龙子》的著名论题,司马迁曾多次提到公孙龙子"为坚白同异之辩"和"善为坚白之辩"。② 他从认识论上讨论了"坚""白""石"三者的关系问题。公孙龙子指出一个石头中蕴涵着坚与白,但坚、白、石三者各自独立且不可分。他认为人在认识上不能同时感知三个组成要素坚、白、石,石是感知的对象,坚和白只是感知的结果。目见、手拊两种感知系统不同,二者并不存在内在统一性。

公孙龙子说:"视不得其所坚而得其所白者,无坚也。拊不得其所白而得其所坚,得其坚也,无白也。"用眼睛看,不能得到石头的坚而得到白,从而得到白而没有了坚。用手敲打石头,不能得到白而能得到坚,从而得到坚而没有了白。"得其白,得其坚,见与不见离。不见离,一一(二)不相盈,故离。离也者,藏也。"③是说由于两种感知系统的不同,认识到石的白就不见石之坚,认识到石的坚就不见石之白,有见得到的,有见不到的,必然要离弃二者

---

① 《史记·平原君列传》。
② 《史记·孟子荀卿列传》《史记·平原君虞卿列传》。
③ 《公孙龙子·坚白论》。

之一。离弃不见其一,二者便不能相互统一,因此相分离。不能同时认识到坚、白、石,所以它的一些属性便"藏"而不见了。公孙龙子将人的某一感知系统不能感知同一对象其他属性的这一特点称为"离"。人们面对同一块坚白石,由于感官的作用不同,视白不得坚,拊坚不得白,被离弃的部分公孙龙称之为"藏",即隐藏。但隐藏起来并不等于不存在,故"藏"只是未被感知的代名词。

公孙龙认为坚和白的属性,并不固定在某一个具体事物上,任何事物都可兼有。他说:"物白焉,不定其所白;物坚焉,不定其所坚。不定者兼,恶乎其石也?""坚未与石为坚,而物兼未与为坚。而坚必坚其不坚。石物而坚,天下未有若坚,而坚藏。白固不能自白,恶能白石物乎? 若白者必白,则不白物而白焉。黄、黑与之然。石其无有,恶取坚白石乎? 故离也。离也者因是。"①公孙龙子认为,看见一事物是白的,并不能以白判定它是什么事物。知道一事物是坚的,也不能以坚判定它是什么事物。白和坚两者都不能判定为何物,又怎么知道其所指石呢? 坚自成其坚之性并未独以石为坚,也未以任何事物为坚。然而,坚一定是坚于不坚之物。以石与物为坚,天下人便都不可见坚了,从而坚就被遮蔽了。白如果不能自白,又怎能使石与物白? 白如果能自白,那么便不必借助石与物而独立存在。黄、黑也是一样如此,坚、白既然于石之外而独立存在,那么为什么又要辨石之坚、白呢? 坚者自坚,白者自白,这就是坚、白与石相离的道理。

"离坚白"的合理性在于,公孙龙指出事物的不同属性要通过人的不同感官去感知,各种感官的感觉功能互不相同且不可相互代替,从而得出人在认识事物上具有片面性。同时,他也看到了任何具体事物都由各种不同属性构成。其缺点在于,割裂事物的属性与感官系统,因此将对事物的认识引向不可知论。

"白马非马"是公孙龙子的另一个著名命题。这一论题在公孙龙以前就已经有人提出过,韩非子曾提道:"倪说,宋人,善辩者也。持白马非马也。服齐稷下之辩者。"②倪说活动的年代早于公孙龙。另据《战国策·赵策二》记载:"夫刑名之家,皆曰白马非马。"然而对这一论说加以系统论述,并且声

①《公孙龙子·坚白论》。
②《韩非子·外储说左上》。

名大振的却是公孙龙。他通过"白马非马"的命题,具体说明了一般脱离个别存在,以及概念的外延和内涵绝对对立的观点。公孙龙子说:"马者,所以命形也;白者,所以命色也。命色者非名形也。故曰:'白马非马。'"①即马是指称马的形体而言,白是就马的毛色而论。马的毛色不能代指马的形体,因此说白马不是马。"马"这一概念的外延,要比"白马"这一概念的外延广。"马"的内涵只考虑"形"。而"白马"的内涵,既要考虑到"形",又要考虑到"色"。公孙龙还说:"马固有色,故有白马。使马无色,如有马已耳,安取白马? 故白者非马也。白马者,马与白也。马与白,马也? 故曰白马非马也。"②马诚然都有颜色,因而有白马。如果马都没有颜色,那就只是有马,哪里会有白马呢? 所以白马并不是马。所谓白马,有白又有马。然而有白又有马,并不能确定为马。因此说白马不是马。公孙龙把"马""白""白马"这些概念各自孤立起来,一旦使"马"这个一般具有了"白"的属性,就不是马了。公孙龙子通过"白马非马",论证了一般脱离个别而存在的观点。

总之,名家是主要讨论名和实关系的学派。惠施的"历物十事"论,指出客观世界的无限性和绝对性,并且提出"同中辩异"和"异中求同"的思想,并从内涵方面指出了自然观和自然科学中某些"名"的确定性。公孙龙子通过"离坚白"和"白马非马",论证了人在认识事物上具有片面性以及一般脱离个别存在的哲学命题,但在论证过程中又不自觉地倒向了不可知论和诡辩论。

二、兵家的代表人物孙膑及思想要旨

兵家是战国时期重要的学术派别之一,因其以军事战略与战争为主要研究内容,故而被称为兵家。兵家可以上溯到春秋晚期的孙武,其代表著作是《孙子兵法》。兵家认为兵者为国之大事,注重了解敌我双方的情况,"知彼知己,百战不殆",③全面分析敌我、众寡、强弱、虚实、攻守、进退等矛盾双方,并通过对战争客观规律的认识和掌握,以实现克敌制胜的目的。兵家认为"兵无常势,水无常形,能因敌变化而取胜,谓之神",④强调了战略战术上

① 《公孙龙子·白马论》。
② 《公孙龙子·白马论》。
③ 《孙子·谋攻》。
④ 《孙子·虚实》。

的"奇正相生"和灵活运用。① 战国时期,兵家的主要代表人物是孙膑。

孙膑,齐国阿鄄人,孙武的后代,大致与商鞅、孟轲同时。他曾与庞涓同学兵法,庞涓任魏惠王将军,嫉妒其才能,把他骗到魏国,处以膑刑,故世人称其为孙膑。后经齐国使者秘密载回,被齐威王任命为军师,协助齐将田忌,用计大败魏军于桂陵、马陵,即历史上著名的桂陵之战和马陵之战。其思想主要保存在《孙膑兵法》一书中。

孙膑的军事思想在继承孙武军事思想的基础上,又有了新的发展和延伸。孙膑明确提出了战争的目的是"布道"的战争观。孙膑说:"战胜,则所以在(存)亡国而继绝世也。战不胜,则所以削地而危社稷也。是故兵者不可不察。然夫乐兵者亡,而利胜者辱。"②即一个国家取得战争的胜利,就可以避免亡国,把江山世代延续下去。如果不能取胜,就会割让土地,以至危及国家的生存。所以,用兵不可不慎重对待。那些喜好战争的国家一定灭亡,贪图胜利的人一定受辱。孙膑认为战争是"先王之傅道","傅",借为"敷""布""施"。即先王传布"道"的工具,所以战争并不是可以经常使用的。战胜固然可以"存亡国而继绝世",而一旦战败,则会"削地而危社稷"。所以对待战争"不可不察",要慎之又慎。孙膑还提出,进行战争一定要合于"义"。他说:"事备而后动。故城小而守固者,有委也;卒寡而兵强者,有义也。夫守而无委,战而无义,天下无能以固且强者。"③城池很小,也能够坚持,这是因为有充足的储备;兵力不足,而战斗力强,是因为正义在自己一方。如果储备不足而守卫,没有正义而进行战争,那样世上没有任何人能够固守不败,也没有任何人能取得战争胜利。而当今之世,"德不若五帝,而能不及三王,智不若周公,曰我将欲责仁义,式礼乐,垂衣裳,以禁争夺。此尧舜非弗欲也,不可得,效举兵绳之。"④当今之世,有些人功德不如五帝,才能不如三王,智慧不如周公,却说我要积蓄仁义以实行礼乐,不用武力来制止争夺。其实这种办法,并不是尧、舜不想实行,而是这种办法行不通,只好用战争去制止战争。孙膑的这种战争观显然比《司马法》所说的"以战止战"的思想更加实际和深刻。

---

① 《孙子·兵势》。
② 《孙膑兵法·见威王》。
③ 《孙膑兵法·见威王》。
④ 《孙膑兵法·见威王》。

孙膑发展了孙武"任势"的军事理论,明确提出了"因势而利导之"的作战原则。《吕氏春秋·不二》说"孙膑贵势",从而指明了孙膑兵法的特点。"势"是指战争的态势,即敌我双方包括兵力、武器装备、军事物资等军事实力的布局。孙武最早提出"任势"的军事理论,他说:"善战者,求之于势,不责于人,故能择人而任势。任势者,其战人也,如转木石。木石之性,安则静,危则动,方则止,圆则行。故善战人之势,如转圆石于千仞之山者,势也。"①善战者追求形成有利的"势",而不是苛求士兵,因而能选择人才去适应和利用已形成的"势"。善于创造有利之"势"的将领,指挥部队作战就像转动木石一样。木石的性情是处于平坦地势上就静止不动,处于陡峭的斜坡上就滚动,方形容易静止,圆形容易滚动。所以善于指挥打仗的人所造就的"势",就像让圆石从极高极陡的山上滚下来一样,来势凶猛。这就是孙武所说的"势"。孙膑则在"任势"的基础上,提出创造和争取有利作战态势的原则。孙膑说:"势者,所以令士必斗也。"②而士的斗都应当在创造优势的条件下进行。齐威王问孙膑说:"两军相当,两将相望,皆坚而固,莫敢先举,为之奈何?"③敌我两军实力相当,两军将领相望,阵势都很坚固,谁也不敢先动,应该怎么办? 孙膑回答:"以轻卒尝之,贱而勇者将之,期于北,毋期于得。为之微阵以触其侧。是谓大得。"④是说先派少量部队,由贱而勇敢的将领率军去试探攻击,接战后只许败不许胜,把主力部队隐蔽地布好阵势,待敌军分兵追击我小部队时,我军从侧翼攻击敌军主力,就可大获全胜。齐威王又问:"敌众我寡,敌强我弱,用之奈何?"⑤在敌军多我军少、敌军强我军弱的战争态势时,我们应该怎么办? 孙膑说:"命曰让威。必臧其尾,令之能归。长兵在前,短兵在□,为之流弩,以助其急者。□□毋动,以待敌能。"⑥在这里孙膑提出要"让威",即避开敌人锋芒,隐蔽好后续部队,以便使我军能随时转移。主力部队将持长兵器的战士排在前面,持短兵器的战士排在后面,选派弩机手援救危急。等待敌人攻击能力下降,再行反击。这也是充

---

① 《孙子兵法·兵势》。
② 《孙膑兵法·威王问》。
③ 《孙膑兵法·威王问》。
④ 《孙膑兵法·威王问》。
⑤ 《孙膑兵法·威王问》。
⑥ 《孙膑兵法·威王问》。

分利用敌我双方的条件,造成有利于我的态势,以扭转敌众我寡的不利形势。孙膑还注意利用地形创造有利的态势。他说:"龙隋陈伏,所以山斗也。""浮沮而翼,所以燧斗也。"①即借助山区复杂的地形设伏,是为了在山地战中消灭敌军。为了便于火攻,要借助风势。由上可知,孙膑主张把握有利战机,利用一切可能的条件,创造有利于我而不利于敌的态势,以争取战争的胜利。

孙膑还重视人在战争中的重要作用。他说:"间于天地之间,莫贵于人。"②孙膑强调世上没有什么比人更宝贵的了,这是战争中人本思想的重要表现。从人本主义的思想出发,孙膑还提出了决定战争胜负的三要素。他说:"天时、地利、人和三者不得,虽胜有殃。"③所谓"人和",就是得众、得人心。他还说:"得众,胜","不得众,不胜。"④孙膑把是否得众,看作是"恒胜"与否的决定因素之一。孙膑在战争中把人的因素放在最重要的位置,是战国时代人本思想在军事学理论方面的重要表现。

总之,孙膑在继承孙武军事思想的基础上,又有了新的发展和延伸。既阐明了战争的目的是"布道"的战争观,又明确提出了"因势而利导之"的作战原则,此外还重视人在战争中的重要作用。以上这些都是孙膑在军事思想上的重要贡献。

三、阴阳家的代表人物邹衍及思想要旨

阴阳家是流行于战国末期到汉初的一个重要学派之一,因提倡阴阳五行学说,并用阴阳五行解释社会人与事而得名。《汉书·艺文志》曰:"阴阳家者流,盖出于羲和之官,敬顺昊天,历象日月星辰,敬授民时,此其所长也。"班固认为阴阳家来源于上古掌管天文历法的羲氏及和氏,这一家的长处是顺应自然,观察日月星辰的变化,并授民以时。阴阳家在历史观上,则把战国以前的五行观,改造为"五德终始",又称"五德转移"。"五德"指五行的属性,即土德、木德、金德、水德、火德。按阴阳家的说法,宇宙万物与五行对应,各具其德,而天道的运行,人世的变迁,王朝的更替等,则是"五德转

---

① 《孙膑兵法·官一》。
② 《孙膑兵法·月战》。
③ 《孙膑兵法·月战》。
④ 《孙膑兵法·篡卒》。

移"的结果。在政治伦理上,阴阳家认为"止乎仁义节俭,君臣上下六亲之施",①赞成儒家仁义学说,同时强调"因阴阳之大顺"。② 在宇宙观上,利用《周易》经传的阴阳观念,提出了宇宙演化论。这一学派的代表人物是战国时期的邹衍。

邹衍,战国晚期齐国人,其生卒年约为公元前305年至公元前240年,因其学问迂大而宏辩,故人称为谈天衍,又称邹子。邹衍曾游学于齐国的稷下学宫,以学问重于齐国。曾至魏国,受到魏惠王郊迎。到赵国,平原君待之以宾主之礼。后去燕国,燕昭王亲自为他在前面扫尘,听他讲学,为他筑竭石宫,并执弟子礼。他的思想在当时有很大影响,受到各国统治者重视。邹衍的著作《邹子》和《邹子终始》,据说有十余万言,但早已亡佚。现只有《吕氏春秋》《史记》的一些段落散见其思想遗留。《史记》集解引刘向《别录》说:"驺(邹)衍之所言五德终始,天地广大,书言天事,故曰'谈天'。"《史记·孟子荀卿列传》说:"驺(邹)衍之术迂大而闳辩,奭也文具难施。淳于髡久与处,时有得善言。故齐人颂曰:'谈天衍。'"可见善于谈天是邹衍的一大特点。

邹衍的思想主要体现在"五德终始"历史观上。阴阳学说认为阴阳是事物本身具有的正反两种对立和转化的力量,可用以说明事物发展变化的规律。五行学说认为万物皆由木、火、土、金、水五种元素组成,其间有相生和相胜两大定律,可用以说明宇宙万物的起源和变化。邹衍将二者综合起来,根据五行相生相胜说,把五行的属性释为"五德",创立了"五德终始"的历史观。《吕氏春秋·应同》篇对"五德终始"说保留有完整的记录。认为古代帝王将兴,上天必先向人们示以征兆。黄帝的时候,"天先见大螾大蝼",大螾和大蝼即大蚯蚓和大蝼蛄,这两种动物都喜欢在土里生活,故而黄帝说这表明"土气胜"。因此黄帝时衣服的颜色尚黄,做事情取法土的属性。到夏禹的时候,"天先见草木秋冬不杀",即草木秋冬时节不凋零,夏禹说这表明"木气胜"。因此夏朝的服色崇尚青色,做事情取法木的属性。到汤的时候,"天先见金刃生于水",即上天先显现水中出现刀剑的景象。商汤说这表明"金气胜",因此商朝的服色崇尚白色,做事情取法金的属性。到周文王的时候,

---

① 《史记·孟子荀卿列传》。
② 《史记·太史公自序》。

"天先见火赤乌衔丹书集于周社",即上天显现由火幻化的红色乌鸦衔着丹书停在周的社庙上。周文王说这表明"火气胜",因此周朝的服色崇尚红色,做事情取法火的属性。邹衍认为根据五德运行的规律,代替火的必将是水,上天将先显现水气旺盛的景象。水气旺盛,所以新王朝的服色应该崇尚黑色,做事情应该取法水的属性。邹衍指出,如果水气到来,却不知气数已经具备,从而取法于水,那么气数必将转移到土上去。① 邹衍以五德相胜关系说明王朝的更替,他认为每个王朝代表一德,当一个王朝衰落后,必然被代表另一德的王朝取代。而新王朝兴起的时候,在天意的支配下自然界必定出现某种符应。君主认识到符应的含义,便成为受命者,取得统治天下的资格,自觉地效法符应显示的那一德的属性,建立新王朝的统治秩序。

"五德终始"历史观的实质主要体现在以下两个方面:首先是认为历史发展的最高主宰者是天。天通过五行盛衰表达意志,使五行具备了道德和政治的意义,是早期五行说被神秘化了的结果。其次是认为王朝崇尚的颜色和具体政治措施发生变化,而且在一个周期之后又要恢复过来,其目的是为当时的社会变革提供理论依据。邹衍的历史观与其他诸家不同,强调历史变革只是现象,循环不变才是历史的本质,因而将历史观引向了循环论。孟子曾说"五百年必有王者兴",②也属于历史循环论。但将王朝的循环演化找出一定的理论依据,却始自邹衍。

总之,邹衍将阴阳学说和五行学说二者综合起来,并根据五行相生相胜说,把五行的属性释为"五德",创立了"五德终始"的历史观。创立这种历史观的初衷是为当时的社会变革提供理论依据,但强调历史循环的本质,从而最终走向了循环论。

四、纵横家的代表人物及思想要旨

纵横家强调以纵横捭阖之策游说诸侯,其代表人物多为从事政治、外交活动的谋士。战国时期,南与北合为"纵",西与东连为"横"。韩非子说:"从(纵)者,合众弱以攻一强也;而衡(横)者,事一强以攻众弱也。"③"合纵"

---

① 《吕氏春秋·应同》。
② 《孟子·公孙丑下》。
③ 《韩非子·五蠹》。

是指战国时齐、楚、燕、韩、赵、魏六国联合抗秦的外交策略；"连横"则是指以上六国分别与秦国结盟的外交策略。所谓"纵横家"，是指鼓吹"合纵"或"连横"外交策略的人。战国时期主要代表人物是苏秦和张仪，他们的活动对于战国时政治、军事格局的变化产生了重要影响。纵横家的言论主要记载在《战国策》一书当中。

（一）苏秦的思想要旨

苏秦，战国时期东周洛阳人。初学纵横之术游说各国，到秦国游说秦惠王，没有受到重用。于是他改变游说策略，东至赵、燕、韩、魏、齐、楚等国说服六国合纵御秦。据记载，他曾为六国之相，主要居住在赵国，被赵王封为武安君。其后秦国使人诳齐国、魏国攻伐赵国，六国不能有效合作，合纵瓦解。于是苏秦便入燕国，然后转入齐国，为齐王客卿。又因与齐国大夫争宠，后被人杀死。一说他自燕国进入齐国从事反间活动，使燕国得以攻破齐国，后因反间活动暴露，被齐国车裂而死。苏秦据说著有《苏子》三十一篇，可惜已经亡佚。其言论主要见于《战国策》一书当中。

起初苏秦以连横游说秦惠王，上了十多次奏书，始终没有被采纳。据《战国策》记载，他的黑貂皮裘破了，随身的财物也用完了，不得已只好离开秦国回洛阳。他腿上打着裹脚，脚上穿着草鞋，负书担囊，身体和面容枯槁憔悴，面目黧黑，非常失意。他回到家后，"妻不下纴，嫂不为炊，父母不与言"。苏秦感叹说："妻不以我为夫，嫂不以我为叔，父母不以我为子，是皆秦之罪也！"于是苏秦从几十个书箱里面找出一部名叫《太公阴符》的书来。从此他发奋钻研，选择其中重要的内容加以熟读，而且一边读一边揣度研磨。当他读书读到疲倦要打瞌睡时，就用锥子刺自己的大腿，鲜血一直流到自己的脚上。他自语道："安有说人主不能出其金玉锦绣，取卿相之尊者乎？"过了一年，他揣度研磨成功，便说："此真可以说当世之君矣！"[①]于是，苏秦就游说赵王，劝他不如团结韩、魏、齐、楚、燕，使六国合纵，互相亲近，以此抵御秦国。通令天下的将相，一齐到洹水之畔集会，交换人质，杀白马缔结盟约。盟约写道："秦攻楚，齐、魏各出锐师以佐之，韩绝食道，赵涉河漳，燕守常山以北。秦攻韩、魏，则楚绝其后，齐出锐师以佐之，赵涉河漳，燕守云中。秦

---

① 《战国策·赵策一》。

攻齐,则楚绝其后,韩守成皋,魏塞午道,赵涉河、漳、博关,燕出锐师以佐之。秦攻燕,则赵守常山,楚军武关,齐涉渤海,韩、魏出锐师以佐之。秦攻赵,则韩军宜阳,楚军武关,魏军河外,齐涉渤海(清河),燕出锐师以佐之。诸侯有先背约者,五国共伐之。"假如秦国攻打楚国,齐、魏都要各出精兵为楚国作战,韩国负责切断秦国的粮道,赵国渡过黄河、漳水,燕国则派大军死守常山以北。假如秦国攻打韩、魏,楚国就切断秦国的后路,齐国派精兵支援韩、魏,赵国则渡过黄河、漳水,至于燕国则派兵死守云中。秦国如果攻打齐国,楚国就负责切断秦国的后路,韩国派兵守住成皋而魏国则封锁午道,赵国越过黄河、漳水、博关,燕国则派精兵援助齐国。假如秦兵攻打燕国,那赵国就守住常山,楚国进兵武关,齐军渡过渤海,韩、魏两国各出精兵援救。秦兵如果攻打赵国,那韩国就要镇守宜阳,楚军列阵武关,魏军则驻扎在河外,齐军渡过渤海,燕国则发精兵救赵。六个诸侯国中有先背弃盟约的,那其他五国就共同出兵讨伐它。苏秦对赵王说,只要六国形成合纵,亲密合作来抵抗秦国,秦国就不敢出兵函谷关侵略山东六国了,这样大王的霸业便形成了。①赵王听了后十分高兴,将苏秦封为武安君,授予他相印。并赐给革车百乘、锦绣千纯、白璧百双、黄金万镒,于是苏秦走上了"约从散横,以抑强秦"的道路。②

(二)张仪的思想要旨

张仪,战国时期魏国人。于魏惠王时进入秦国,秦惠文君任以为客卿。公元前328年,秦国派遣张仪、公子华征伐魏国,魏国割上郡给秦国,因此张仪被任命为秦国的相。惠文君于公元前325年称王,并改次年为更元元年。更元二年,张仪与齐、楚、魏三国的执政大臣在啮桑相会,随即被免去相职。次年,张仪做了魏国的相。更元八年,又回到秦国任相。更元十二年,张仪为相于楚国,后又回归秦国。惠文王去世后,秦武王即位,武王与张仪有矛盾,故而张仪离开秦前往魏国,据《竹书纪年》记载,就在这一年五月,张仪死在了魏国。《汉书·艺文志》纵横家类,记载张仪著有《张子》十篇,可惜此书早已亡佚。其思想言论现主要见于《战国策》一书当中。

---

① 《战国策·赵策一》。
② 《战国策·秦策一》。

张仪来到秦国被秦惠文王拜为客卿后,便开始践行连横政策,游说齐、魏、楚、韩、赵等国策划连横。张仪说服魏王说:"大王不事秦,秦下兵攻河外,拔卷、衍、燕、酸枣,劫卫取晋阳(阳晋),则赵不南;赵不南,则魏不北;魏不北,则从道绝;从道绝,则大王之国欲求无危不可得也。秦挟韩而攻魏,韩劫于秦,不敢不听。秦、韩为一国,魏之亡可立须也,此臣之所以为大王患也。为大王计,莫如事秦,事秦则楚、韩必不敢动;无楚、韩之患,则大王高枕而卧,国必无忧矣。"①即如果大王不臣服于秦国,秦国将发兵进攻河外,占领卷、衍、南燕、酸枣等地,胁迫卫国夺取阳晋,那么赵国就不能南下支援魏国;赵国不能南下,那么魏国也就不能北上联合赵国;魏国不能联络赵国,那么合纵的通道就断绝了。合纵的通道一断,那么大王的国家再想不危险就不可能了。秦国若是挟制韩国来攻打魏国,韩国迫于秦国的压力,一定不敢不听从。秦韩结为一体,那魏国灭亡之期就不远了。张仪劝魏王不如归顺秦国,归顺了秦国,那么楚国和韩国必定不敢轻举妄动;没了楚国和韩国的侵扰,魏王就可以高枕无忧了,国家也一定不会有忧患了。魏王思量再三,最后同意了张仪的观点。不久魏王派太子到秦国朝见,向秦国表示归顺。秦国想要攻伐齐国,而楚国与齐国有姻亲关系,秦惠王非常担心,于是派张仪南见楚王,张仪游说楚王说:"敝邑之王所甚说者,无先大王;虽仪之所甚愿为门阑之厮者,亦无先大王。敝邑之王所甚憎者,无先齐王,虽仪之所甚憎者,亦无先齐王。而大王和之,是以敝邑之王不得事王,而令仪亦不得为门阑之厮也。王为仪闭关而绝齐,今使使者从仪西取故秦所分楚商於之地方六百里,如是则齐弱矣。是北弱齐,西德于秦,私商於以为富,此一计而三利俱至也。"②张仪说,我们秦王所敬重的人没有谁能超过大王您了,即使我张仪愿意为臣下的也首推大王您;我们秦王所憎恶的人没有谁能比得上齐王,就是我张仪也最憎恨齐王。但是大王您却与齐国同好,这样便使秦王不能事奉大王您,我张仪也没法做您的臣子。如果大王能够与齐国断绝关系,臣下将请求秦王把商於六百里地方献给楚国。这样齐国就一定会被削弱,齐国被削弱了,大王就可以使役齐国。这是向北削弱齐国,向西施德于秦,而自己居有商於之地,这是一计三利可得的事情。楚王十分高兴,并颁给张仪

---

① 《战国策·魏策一》。
② 《史记·楚世家》。

楚国相印。接着一面派人去齐国宣布断交,一面派人跟随张仪去接收土地。张仪回到秦国后,称病三月不出。楚怀王得不到土地,以为秦嫌楚国与齐国断绝关系不够坚决。因此特意派勇士前去辱骂齐王。齐王大怒,一面与楚彻底断交,一面派人入秦与秦王商议共同伐楚。目的达到,张仪出见楚国使者,告诉他"从某至某,广袤六里"送给楚王。楚使回报怀王,六百里变成了六里。楚怀王暴跳如雷,发兵进攻秦国,结果大败,还丢了汉中郡。总之,张仪之连横是以秦国的利益为出发点,利用各个诸侯国之间的矛盾,或为秦拉拢,使其归附于秦;或拆散其联盟,使其力量削弱。景春曾评论张仪说:"岂不诚大丈夫哉?一怒而诸侯惧,安居而天下息。"①

总之,纵横家中以纵横捭阖之策游说诸侯。苏秦主张"合纵",合众弱以攻一强,以齐、楚、燕、韩、赵、魏六国联合抵抗强秦。张仪主张"连横",事一强以攻众弱,策划秦国分别与齐、楚、燕、韩、赵、魏等国建立联盟关系,从而蚕食其他弱小国家。苏秦和张仪的策略对于战国时期政治和军事格局的变化产生了重要影响。

五、杂家的代表人物吕不韦及思想要旨

杂家是战国末期的综合学派。《汉书·艺文志》说:"杂家者流,盖出于议官。兼儒、墨,合名、法,知国体之有此,见王治之无不贯,此其所长也。及荡者为之,则漫羡而无所归心。"杂家以兼合儒、墨、名、法诸家的思想,并"于百家之道无不贯综"而得名。② 严格说来,杂家并不是一个严格意义上的学派。自从《汉书·艺文志》第一次把《吕氏春秋》归入杂家之后,才正式被定名为一家。战国时代,诸子各家都有自己的思想主张与治国策略,任何一个流派也都有其特色与长处。杂家是博采众家之长,从而形成一套在思想上兼容并蓄却又切实可行的治国方针。战国时期杂家主要代表人物是吕不韦。

吕不韦,战国后期卫国濮阳人,曾担任秦相国十三年,为秦国最后统一六国奠定了基础。早年他通过经商积累了大量的家产,但他不满足于大商人的地位,一直在寻找机会投身政界。后来他到赵国都城邯郸去做生意,结

---

① 《孟子·滕文公下》。
② 《汉书·艺文志》颜师古注。

识了秦国公子异人。当时异人为秦国之人质于赵国,处境不太好,吕不韦则以为"奇货可居",先是以金钱和美女赐给异人,博得他的欢心。接着游说华阳夫人之姊,贿赂买通秦孝文王之后华阳夫人,立异人为太子。公元前250年秦孝文王死后,公子异人得以回国即位,是谓秦庄襄王。庄襄王即位后,封吕不韦为相国,封文信侯,食邑蓝田十二县。秦庄襄王死后,秦王嬴政即位,吕不韦被尊为"仲父",行摄政之权。秦王嬴政亲政后,吕不韦被免职。先居河南,后徙蜀郡。秦王政十二年,吕不韦在发配蜀郡的途中,自杀而亡。

吕不韦聚集门客编著的《吕氏春秋》,是一部典型的杂家著作。《史记·吕不韦列传》在谈到《吕氏春秋》的缘起时说,当时魏国有信陵君,楚国有春申君,赵国有平原君,齐国有孟尝君,他们都礼贤下士,互相争夺门客。吕不韦认为秦国如此强大,把不如他们当成一件令人羞愧的事,所以他也招纳文人学士,给他们优厚的待遇,门下食客多达三千人。那时各诸侯国都有许多才辩之士,像荀卿等人,他们著书立说广布天下。吕不韦就命他的门客"人人著所闻",并将其汇集在一起,以成"八览、六论、十二纪",共计二十余万言。并认为其中包括了天地万物古往今来的事理,所以将其命名为《吕氏春秋》。将之刊布在咸阳的城门,遍请各国的游士宾客,若有人能增删一字,就赏赐千金。

《吕氏春秋》一书由于是诸子之说兼而有之,所以被称为杂家的代表性著作。清人徐时栋说,考其征引,既有《易》《书》《诗》《礼》《孝经》、周公、孔子、曾子、子贡、子思之言,又有关、列、老、庄、文子、子华子、季子、李子、魏公子牟、惠施、慎到、甯越、陈骈、孙膑、墨翟、公孙龙之书。[①] 清人汪中指出,《劝学》《尊师》《诬徒》(《诋役》)、《善学》(《用众》)四篇都是讲教学方法,与《学记》相表里;《大乐》《侈乐》《适音》(《和音》)、《古乐》《音律》《音初》《制乐》都是谈论乐,他认为这些篇目都是六艺之遗文。《十二纪》发明了明堂礼,则是明堂阴阳之学也。《贵生》《情欲》《尽数》《审分》《君守》五篇,崇尚清净养生之术,则是道家流也。《荡兵》(《用兵》)、《振乱》《禁塞》《怀宠》《论威》《简选》《决胜》《爱士》八篇都讨论兵,则是兵权谋和形势二家之论。《尚农》《任地》《辨土》三篇都是农桑树艺之事,是农家者流。《当染》全取墨

---

① 陈奇猷:《吕氏春秋新校释》,上海古籍出版社2002年版,第1878页。

子,《应言》则深重墨氏之学。① 陈奇猷认为吕不韦的指导思想为阴阳家,其书之《十二纪》每纪之首篇、《八览》首览首篇、《六论》首论首篇,以及《明理》《精通》《至忠》《长见》《应同》《首时》《召类》等篇,皆是阴阳家说。② 但是除了取自阴阳家固有的自然科学与鬼神迷信之内容以外,治国治民之要,哲学政教之论,则恒征取于其他诸家。③ 也有学者批评《吕氏春秋》由于是调和折中的缘故,所以任何一说都没有彻底,不能创立一个体系。④ 我们换个角度来看,博采众家之长,在思想上兼容并蓄,这也正是杂家的特色,其本身亦是一种创新。

总之,杂家博采战国时期众家之长,形成一套在思想上兼容并蓄,且又切实可行的治国理念,在中国思想史上占有重要地位。

六、农家的代表人物许行及思想要旨

农家是战国时期重要学派之一,因注重农业生产而得名。《汉书·艺文志》记载:"农家者流,盖出于农稷之官。播百谷,劝耕桑,以足衣食,故八政一曰食,二曰货。孔子曰'所重民食'此其所长也。及鄙者为之,以为无所事圣王,欲使君臣并耕,悖上下之序。"农家认为农业是衣食之本,应放在一切工作的首位,故其言多重播植百谷,劝农桑以足衣食。农家主张君臣同耕,表现了农家的社会政治理想。此外农家对农业生产技术和经验也注意记录和总结。《孟子·滕文公上》和《吕氏春秋》中的《上农》《任地》《辨土》《审时》等篇,被认为是研究先秦农家的重要资料。战国时期,农家的主要代表人物是许行。

许行,战国时期鲁国人,他的事迹大多不可考。据《孟子·滕文公上》所载,许行倡导神农之言,他曾经从楚国来到滕国,并亲自谒见滕文公,他对滕文公说:"远方之人,闻君行仁政,愿受一廛而为氓。"即我这个由远方来的人听说您实行仁政,希望得到一个住所,做您的百姓。滕文公便给了他房屋,"其徒数十人,皆衣褐,捆屦、织席以为食"。他的门徒几十个,都穿着粗麻织成的衣服,以打草鞋织席子为生活。陈良的门徒陈相和他的弟弟陈辛背着

---

① 陈奇猷:《吕氏春秋新校释》,上海古籍出版社 2002 年版,第 1871 页。
② 陈奇猷:《吕氏春秋新校释》,上海古籍出版社 2002 年版,第 1890 页。
③ 陈奇猷:《吕氏春秋新校释》,上海古籍出版社 2002 年版,第 1891 页。
④ 侯外庐、赵纪彬、杜国庠等著:《中国思想通史》,人民出版社 2011 年版,第 592 页。

农具,从宋国到了滕国。陈相见了许行非常高兴,"尽弃其学而学焉",尽弃以前的学说而向许行学习农术。后来陈相见到孟子,与孟子的一席对话道出了许行的基本主张。

首先是贤者与民并耕。陈相见到孟子,转述了许行的话,并说:"滕君则诚贤君也,虽然,未闻道也。贤者与民并耕而食,饔飧而治。今也滕有仓廪府库,则是厉民而以自养也,恶得贤?"许行认为,滕国的国君确实是个贤明的君主,虽然如此,但是也还不真懂得道理。贤人要和人民一道耕种才食。自己做饭而且还要替老百姓办事。而如今滕国有储谷米的仓廪,存财务的府库,这是损害别人来奉养自己,又怎能叫作贤明呢?孟子问:"许子必种粟而后食乎?"陈相说:"然。"孟子又问:"许子必织布而后衣乎?"陈相说:"否!许子衣褐。"从许行的门徒"皆衣褐"来看,这粗麻布的衣服也是他们自己织的。

其次是主张以数量为标准规定商品价格。陈相说:"从许子之道,则市贾不贰,国中无伪,虽使五尺之童适市,莫之或欺。布帛长短同,则贾相若;麻缕丝絮轻重同,则贾相若;五谷多寡同,则贾相若;屦大小同,则贾相若。"意思是说,如果听从许子的学说,那就会做到市场上的物价一致,人人没有欺诈。纵令小孩子去市场,也没有人来欺骗他。布匹丝绸的长短一样,价钱一样;麻线丝绵的轻重一样,价钱一样;谷米的多少一样,价钱一样;鞋子的大小一样,价钱也一样。

总之,许行的这种贤者与民并耕,以及主张以数量为标准规定商品价格的思想,其根本之点是贯穿着一个自由平等的观念。这种自由和平等的观念虽然源自古代原始民主制度,但在战国时期社会分工和商品经济都已经发展的情况下,从而与其他诸家区别开来,并成为农家在思想上的重要特色。

前面我们阐述了名家、兵家、阴阳家、纵横家、杂家、农家等学派的核心思想。指出名家主要讨论的是名和实关系的学派。惠施的"历物十事"论,指出客观世界的无限性和绝对性,提出"同中辩异"和"异中求同"的思想,并从内涵方面指出了自然观和自然科学中某些"名"的确定性。公孙龙子提出了"离坚白"论和"白马非马"论。"离坚白"论的合理性在于,公孙龙指出事物的不同属性要通过人的不同感官去感知,各种感官的感觉功能互不相同,不可相互代替。同时,他也看到了任何具体事物都由各种不同属性构成。

"白马非马"，主要阐述了一般脱离个别存在，以及概念的外延和内涵绝对对立的观点。兵家是战国时期重要的学术派别之一，孙膑在继承孙武军事思想的基础上，其军事思想又有了新的发展和延伸。他阐述了战争的目的是"布道"的战争观，并发展了孙武"任势"的军事理论，明确提出了"因势而利导之"的作战原则。同时重视人在战争中的重要作用。阴阳家是流行于战国末期到西汉初年的一个重要学派，邹衍将阴阳学说和五行学说二者综合起来，并根据五行相生相胜说，把五行的属性释为"五德"，创立了"五德终始"的历史观。这种历史观与其他诸家不同，强调历史变革只是现象，循环不变才是历史的本质，因而将历史观引向了循环论。纵横家中以纵横捭阖之策游说诸侯。苏秦主张"合纵"，合众弱以攻一强，以齐、楚、燕、韩、赵、魏六国联合抵抗强秦。张仪主张"连横"，事一强以攻众弱，策划秦国分别与齐、楚、燕、韩、赵、魏等国建立联盟关系，从而蚕食其他弱小国家。苏秦和张仪的策略对于战国时期政治和军事格局的变化产生了重要影响。杂家博采战国时期众家之长，形成一套在思想上兼容并蓄，且又切实可行的治国理念，在中国思想史上占有重要地位。农家主张贤者与民并耕，并主张以数量为标准规定商品价格的思想，其根本之点是贯穿着一个自由平等的观念。总之，诸家思想各具特色，在继承前代学说的基础上，又有思想创新。

第七章　战国百家争鸣的特点

战国时期诸子百家之间激烈辩驳,相互争鸣,创造了辉煌灿烂的思想文化,构成了中国文化的源头,并成就了中国的"轴心时代"。总结战国百家争鸣的特点主要可以归纳为以下几个方面。

一、道术上既有继承又有创新

诸子百家都对殷周时期的传统道术有所继承,但又从不同角度突破传统道术的局限,从而提出自己的思想创新。

在天命观上,商人把上帝鬼神观念和天命观紧密联系在一起,商王秉持"有命在天"[①],认为不管自己的德行如何,上帝祖宗鬼神总是保佑自己。到了西周时期,天命观发生了变化。周人在继承了殷人天命观的同时,还认为天命是可以变化的,为此周人提出了"敬天保民"的思想。春秋时期,社会进步人士开始对一些自然现象做出科学的解释,从而反对所谓"有定"的天命思想。孔子对天命采取了怀疑的态度,但是他并不否认天命的存在。虽然子贡说:"夫子之言性与天道,不可得而闻也。"[②]但是孔子并不是不相信天道。孔子曾亲口说过:"予所否者,天厌之! 天厌之!"[③]"天生德于予,桓魋其如予何?"[④]孔子的学生伯牛生了病,孔子去探问他,说:"亡之,命矣夫!"[⑤]由此可见,孔子是相信天命的。孟子虽在更为广泛的意义上讨论了天与人以及命与人的复杂关系,但仍然相信天命。孟子说过:"顺天者存,逆天者

---

① 《尚书·西伯戡黎》。
② 《论语·公冶长》。
③ 《论语·雍也》。
④ 《论语·述而》。
⑤ 《论语·雍也》。

亡。"①他还说："求在我者也求之有道,得之有命,是求无益于得也,求在外者也。"②荀子在天命论上与孔孟有显著的不同,明确提出了"天人相分"的理论。荀子认为:"天行有常,不为尧存,不为桀亡。应之以治则吉,应之以乱则凶。"③"明于天人之分,则可谓至人矣。"④荀子还提出了"制天命而用之"的思想,他说:"大天而思之,孰与物畜而制之!从天而颂之,孰与制天命而用之!望时而待之,孰与应时而使之!因物而多之,孰与骋能而化之!思物而物之,孰与理物而勿失之也!愿于物之所以生,孰与有物之所以成。"⑤荀子强调,不要一味地推崇、仰慕和祈求于天,而应该顺应四时和变化,施展人的才能,掌握自然的顺序,治理万物而达到国治民富的目的。要肯定人能利用规律改造自然,为人类谋福利。此外,墨子也对"以命为有"的命定论思想进行了尖锐的批评。墨子说:"命者,暴王所作,穷人所术,非仁者之言也。"⑥"教人学而执有命,是犹命人葆而去亓冠也。"⑦墨子认为,命是暴君所捏造,穷人所传播,不是仁人的言论。肯定先天的命运而又教人学习,这就好像去掉人的帽子又叫人把头发包起来一样。墨子明确指出了命定论给社会造成的危害。他说:"有强执有命以说议曰:'寿夭贫富,安危治乱,固有天命,不可损益。穷达赏罚,幸否有极,人之知力,不能为焉!'群吏信之,则怠于分职。庶人信之,则怠于从事。吏不治则乱,农事缓则贫,贫且乱政之本而儒者以为道教,是贼天下之人者也。"⑧坚持命定论者说,寿夭、贫富、安危、治乱自有天命,不能改变。穷达、赏罚、幸运、倒霉都有定数,人的智慧和力量都无济于事。而墨子认为,官吏相信了这些话,则对分内的事懈怠。普通人相信了这些话,则对劳作懈怠。官吏不治理就要混乱,农事怠慢就要贫困。既贫困又混乱,是违背政事的目的的,而儒者却把它当作信条教导天下人,这便是残害天下人。墨子强调通过人的努力来改变命运,为此,他提出了"力"和"强"的观点。墨子说:"初之列士桀大夫,慎言知行,此上有以规谏其君

① 《孟子·离娄上》。
② 《孟子·尽心上》。
③ 《荀子·天论》。
④ 《荀子·天论》。
⑤ 《荀子·天论》。
⑥ 《墨子·非命下》。
⑦ 《墨子·公孟》。
⑧ 《墨子·非儒下》。

长,下有以教顺其百姓。故上得其君长之赏,下得其百姓之誉。列士桀大夫声闻不废,流传至今,而天下皆曰其力也,必不能曰我见命焉。"①"君子不强听治,即刑政乱;贱人不强从事,即财用不足。"②墨子认为,古时候有功之士和杰出的大夫,说话谨慎,行动敏捷,对上能规劝进谏君长,对下能教导百姓。所以,上能得到君长的奖赏,下能得到百姓的赞誉。有功之士和杰出的大夫声名不会废止,流传到今天,天下人都说是他们努力的结果,必不能说是命运所致。墨子指出,君子不努力听狱治国,刑罚政令就要混乱;贱人不努力生产,财用就会不足。从墨子对"以命为有"的命定论思想进行了尖锐的批评,到荀子的"天人相分"和"制天命而用之",都是在继承了商周天命的同时,又有所突破和创新。

在历史观上,孟子以前,关于禹、汤、文、武、周公的崇拜就已经树立起来了。关于禹,《诗经·商颂·长发》曰:"洪水芒芒,禹敷下土方。"《豳公盨》曰:"天令(命)禹尃(敷)土,(堕)山(濬)川,乃(差)(地设)征,降民监德;乃自乍(作)配卿(飨)民,成父女(母),生我王、乍(作)臣。"(《新收》1607)关于汤,《诗经·商颂·殷武》曰:"昔有成汤,自彼氐羌,莫敢不来享,莫敢不来王。"关于文王,《诗经·周颂·我将》曰:"仪式刑文王之典,日靖四方。伊嘏文王,既右飨之。"《诗经·大雅·文王》曰:"文王在上,于昭于天。"关于武王,《诗经·周颂·执竞》曰:"执竞武王,无竞维烈。"《诗经·周颂·桓》曰:"天命匪解,桓桓武王。保有厥士,于以四方,克定厥家。"周公是孔子心目中最敬服的古代圣王之一,相传周公曾制礼作乐。故而孔子曾慨叹曰:"甚矣吾衰也! 久矣吾不复梦见周公!"③孟子继承了前期对先王圣贤的崇拜思想,明确提出了"法先王"的历史观。孟子说:"遵先王之法而过者,未之有也。"④荀子反对孟子"言必称尧舜",盲目崇拜"先王",提出了"法后王"的历史观。荀子说:"欲观圣王之迹,则于其粲然者矣,后王是也。彼后王者,天下之君也;舍后王而道上古,譬之是犹舍己之君,而事人之君也。"⑤又曰:"道不

---

① 《墨子·非命中》。
② 《墨子·非乐》。
③ 《论语·述而》。
④ 《孟子·离娄上》。
⑤ 《荀子·非相》。

过三代,法不二后王;道过三代谓之荡,法二后王谓之不雅。"①荀子认为,想要考察古代圣王流传下的治国之策,就要了解那些后王的治国之策。他指出后王就是掌管天下的国君,如果抛开后王去歌颂远古的君王,这就像抛开自己的君主而去侍奉别人的君主一样。治理国家的方法不能超过夏商周三代,治国用的法度不能违背当代的帝王。治理国家的方法超过三代,叫作荒唐。治国的法令违背了当代的帝王,叫作不正当。韩非子提出了进化论的历史观,把古代历史分为三个阶段。韩非子说:"上古之世,人民少而禽兽众,人民不胜禽兽虫蛇,有圣人作,构木为巢,以避群害,而民说之,使王天下,号之曰有巢氏。民食果蓏蚌蛤,腥臊恶臭而伤害腹胃,民多疾病,有圣人作,钻燧取火以化腥臊,而民说之,使王天下,号之曰燧人氏。中古之世,天下大水,而鲧、禹决渎。近古之世,桀、纣暴乱,而汤、武征伐。"②韩非子认为,"上古之世"人口稀少而禽兽众多,人们敌不过禽兽蛇虫等野生动物。这时圣人出现了,他教人们架起木头搭成像鸟巢一样的住处,来避免各种禽兽的伤害,而人民就高兴了,让他统治天下,称他为有巢氏。人民食用瓜果河蚌蛤蜊等动植物,腥臭难闻而且伤害肠胃,人民因此经常生病。这时又有圣人出现了,用钻擦木燧的方法取得火种,烧熟食物来除去腥臭臊气,而人民就高兴了,让他统治天下,称他为燧人氏;"中古之世"天下洪水泛滥,而鲧、禹疏通河道;"近古之世"夏桀、商纣残暴昏乱,而商汤、周武王征伐了他们。韩非子进化的历史观,把历史从圣王的观念中解放出来,并且还原为社会的历史,这种进化论的历史观显然比孟荀更加的进步。邹衍根据五行相生相胜说,把五行的属性释为"五德",创立了"五德终始"的历史观。他认为黄帝是土德,衣服颜色尚黄,做事情取法于土;夏禹是木德,衣服颜色尚青,做事情取法于木;商汤是金德,衣服颜色尚白,做事情取法于金;周文王是火德,衣服颜色尚赤,做事情取法于火。邹衍认为,根据五德运行的规律,代替火的必将是水,上天将先显现水气旺盛的景象。水气旺盛,所以新王朝的服色应该崇尚黑色,做事情应该取法于水。③ 邹衍的历史观与孟子、荀子、韩非都不同,他强调历史变革只是现象,循环不变才是历史的本质,因而将历史观引

---

① 《荀子·王制》。
② 《韩非子·五蠹》。
③ 《吕氏春秋·应同》。

向了循环论。从孟子的"法先王"、荀子的"法后王",到韩非子进化论的历史观,再到邹衍的"五德终始"的历史观,都是在继承前代的同时,又有所发展和创新。

在人性论上,在春秋以前,只有族性而没有人性。到了战国时期,随着生产力的提高,人性获得了解放,从而人性问题开始成为诸子所关注的对象。孔子就曾讨论过人性问题。如孔子在《论语·阳货》篇中说:"性相近也,习相远也。"孔子认为人性本相近,因为习染和生活环境不同,从而逐渐相距悬远了。孟子创造性地提出了"性善"论,并以此作为他哲学思想的理论基础。孟子回答公都子说:"乃若其情,则可以为善矣,乃所谓善也。若夫为不善,非才之罪。"①即从天生的性情来说,都可以使之善良,至于说有些人不善良,那不能归罪于天生的资质。孟子认为人本性就是先天赋予的,从人性的最初看,每个人都存在着为善的可能性。孟子还将道德伦理与"性善"说联系起来,认为仁义礼智根于心性。孟子说:"恻隐之心,人皆有之;羞恶之心,人皆有之;恭敬之心,人皆有之;是非之心,人皆有之。恻隐之心,仁也;羞恶之心,义也;恭敬之心,礼也;是非之心,智也。仁义礼智,非由外铄我也,我固有之也,弗思耳矣。"②即"恻隐之心""羞恶之心""恭敬之心""是非之心",人人都有。这"四心"又称为"四端",犹如人有四体一样,他们分别是仁、义、礼、智的发端。仁义礼智都不是由外在的因素加给我的,而是我本身固有的,只不过平时没有去想它,因而不觉得罢了。荀子主张"性恶"论,提出了"人之性恶,其善者伪也"的著名观点。③ 荀子指出:"今人之性,饥而欲饱,寒而欲暖,劳而欲休,此人之情性也。"即当今人的本性是饥饿了想吃饱,冷了想温暖,疲劳了想休息,这是人的情性。荀子认为,有人饿了,见到长者在却不敢抢先去吃,那是因为要有谦让。疲劳了不敢要求休息,那是因为要代劳。做儿子的谦让父亲,做兄弟的谦让兄长,做儿子的为父亲代劳,做弟弟的为兄长代劳,这两种行为都是违反本性而背离性情的。但这正是孝子做人的道理,是礼仪的秩序。在荀子看来,人的本性是恶的,那些善是人们后天的所作所为。即"人之性恶明矣,其善者伪也"。④荀子主张"性

①《孟子·告子上》。
②《孟子·告子上》。
③《荀子·性恶》。
④《荀子·性恶》。

恶"论，反对孟子的"性善"论，提出了道德规范和礼义制度是后天才形成的，这种思想具有唯物主义的因素，有一定的进步意义。庄子也讲人性，但是与孟子的性善说和荀子的性恶说都有所不同，庄子主张的是自然人性说。在庄子看来，人的本性就是人的自然性，他说："性者，生之质也。"①就是说性是自然本性。他认为："万物皆出于机，皆入于机"，即万物都由物种精微生出，又都返回于它。所以，庄子主张回归人的本性，即"素朴"的状态。他说："同乎无知，其德不离。同乎无欲，是谓素朴。素朴而民性得矣。"②庄子提出人的本性就是人的自然性，并认为仁义破坏了素朴的人性，在当时是石破天惊之论，在当今社会对我们讨论人权问题仍有启示作用。总之，孟子、荀子、庄子关于人性的辩论，他们继承前人的同时，又将人性问题的讨论推向深入，从而促进了传统哲学中关于人性问题的发展。

二、以治国平天下为己任

战国诸子各家观点不同，主张各异，但殊途同归，都是在设计治国平天下的方案。

孟子发扬了孔子"仁"的思想，并将其发展成为一种政治学说，即"仁政"学说。这种"仁政"学说，在经济上主张"制民恒产"和"薄税敛"。《孟子·梁惠王上》说："无恒产而有恒心者，惟士为能。若民，则无恒产，因无恒心。苟无恒心，放辟邪侈，无不为已。"在孟子看来，没有固定的产业收入却有固定的道德观念，只有士人才能做到。对于一般老百姓而言，则没有恒产也没有恒心，一旦没有了恒心，就什么事情都做得出来。孟子"制民之产"的具体方案就是实行"井田制"。孟子说："方里而井，井九百亩，其中为公田。八家皆私百亩，同养公田；公事毕，然后敢治私事。"③即一里见方的土地为一个井田，每一井田包含九百亩，中间一块一百亩为公田。公田之外的八块一百亩土地分给八家耕种，收获物归八家所有。这八家共同耕作公田，公田收入全部作为税收上缴统治者。先耕公田，公田耕种完毕八家才能到各自的农田上劳作。孟子还主张"薄税敛"，即反对横征暴敛。孟子说："施仁政于民，省

---

① 《庄子·庚桑楚》。
② 《庄子·马蹄》。
③ 《孟子·滕文公上》。

刑罚,薄税敛。"①在孟子看来,仁政既要减省刑罚,更要减轻税收征敛。

荀子的政治思想中最突出的就是"礼"制。荀子说:"学恶乎始? 恶乎终? 曰:其数则始乎诵经,终乎读礼。"②荀子认为,学习要从读经开始,终于读礼。荀子关于"礼"的思想源于孔子,但却与孔、孟所要恢复的周礼有明显的不同。他首先是将礼与法并举。荀子说:"礼者,法之大本,类之纲纪也。"③他认为礼是法的纲领和基础,法应该根据礼来制定。又说:"隆礼至法则国有常。"④尊崇礼仪完善法制,那么国家就会有秩序。其次是孔孟维护的是世袭的等级制度,荀子主张建立的是新的等级制度。荀子说:"礼者,贵贱有等,长幼有差,贫富轻重皆有称者也。"⑤他说"礼"就是要使社会上每个人在贵贱、长幼、贫富等等级中都有恰当的地位。这种等级制度并不是按照宗族血缘关系建立的世袭等级制,而是按照新的政治标准建立起来的新的等级制。

墨子认为造成天下大害的根源在于缺乏"兼爱"精神。墨子说:"圣人以治天下为事者也,不可不察乱之所自起。当察乱何自起? 起不相爱。"⑥在墨子看来,混乱起自人与人"不相爱"。于是他依据社会现实的"不相爱",提出了兼爱的具体要求。即"视人之国,若视其国。视人之家,若视其家。视人之身,若视其身"。⑦ 看待别人国家就像自己的国家,看待别人的家族就像自己的家族,看待别人之身就像自己之身。墨子在宣扬兼爱的同时,还发出了"非攻"的呐喊。"非攻"就是反对攻伐战争,它是兼爱原则在国与国之间的应用。在"兼爱"和"非攻"的基础上,墨子提出了"尚贤"和"尚同"的基本政治主张。"尚贤"就是崇尚贤能之人,墨子曰:"贤者,举而上之,富而贵之,以为官长。不肖者抑而废之,贫而贱之以为徒役,是以民皆劝其赏,畏其罚,相率而为贤者。是以贤者众,而不肖者寡,此谓进贤。然后圣人听其言,迹其行,察其所能而慎予官,此谓事能。故可使治国者,使治国。可使长官者,

① 《孟子·梁惠王上》。
② 《荀子·劝学》。
③ 《荀子·劝学》。
④ 《荀子·君道》。
⑤ 《荀子·富国》。
⑥ 《墨子·兼爱上》。
⑦ 《墨子·兼爱中》。

使长官。可使治邑者,使治邑。凡所使治国家、官府、邑里,此皆国之贤者也。"①对待贤者要推举他,使他富贵,并任他为官长。而对待不肖者要抑制废黜他,让他既贫且贱,并让他服徒役。这样便可做到人民相互劝赏而畏罚,争相做贤人。因此,贤者就多了,而不肖者就少了,这叫作"进贤"。于是,圣人听其言、观其行,观察其所能,从而谨慎授予官职,这叫作"事能"。让有能力治理国家的人治国,让有能力当官的人居官,让有能力治理邑里的人治邑,这样治理国家、官府、邑里,便都是国家的贤人了。墨子还说:"故古者圣王之为政,列德而尚贤,虽在农与工肆之人,有能则举之,高予之爵,重予之禄,任之以事,断予之令。"②墨子认为,古代圣王为政,崇尚贤德之人,即使是从事农业或手工业或经商的人,有能力的就选拔他,给他高爵厚禄,赋予他职务和权力。墨子尚贤的思想,是对儒家任人唯亲之用人原则的否定。虽处在社会底层的农民与手工业工人之中的贤者,也有参与政事管理国家的机会,这种主张在当时无疑是一种进步的观念。墨子还提出尚同思想,尚同思想是尚贤思想的发展。由里长、乡长、国君至天子,逐级以上一级的是非为是非,墨子说:"闻善而不善,皆以告其上。上之所是,必皆是之。所非,必皆非之。"③即听到善和不善,必须报告给上级正长。上级正长认为对的,大家都必须认为对;上级正长认为错的,大家都必须认为错。

庄子在政治上主张"无为"。庄子说:"顺物自然而无容私焉,而天下治矣。"④顺应自然的规律而不夹杂主观成见,这样天下就达到大治了。庄子还说:"闻在宥天下,不闻治天下也。在之也者,恐天下之淫其性也,宥之也者,恐天下之迁其德也。天下不淫其性,不迁其德,有治天下者哉。"⑤即只听说存养固守天下人的本性,没听说对天下人加以治理。所谓存养其性,是怕超出他们自性的本来状态;所谓固守其性,是怕改变他们恒常之德。如果天下人能不超出自性,不改变常德,又何须加以治理呢!庄子在政治上强调"无为",从某种程度上也是一种治理天下的方案。

法家则倡导法制。商鞅主张轻罪重罚,他说:"重罚轻赏,则上爱民,民

---

① 《墨子·尚贤中》。
② 《墨子·尚贤上》。
③ 《墨子·尚同上》。
④ 《庄子·应帝王》。
⑤ 《庄子·在宥》。

死上；重赏轻罚，则上不爱民，民不死上。兴国，行罚，民利且畏；行赏，民利且爱。行刑重其轻者，轻者不生，重者不来。国无力而行知巧者，必亡。怯民使以刑必勇，勇民使以赏则死。怯民勇，勇民死，国无敌者强，强必王。"①商鞅认为，加重刑罚，慎用赏赐，那么国君就是爱护民众，民众也会拼死为君主效命。强盛的国家使用刑罚，民众利之而且心中畏惧；使用赏赐，民众亦利之而且一心要得到。对于较轻的犯罪，施以重罚，那么轻的犯罪就不会发生，重的犯罪也不会来。国家没有实力，却使用智谋和欺诈的办法，国家就一定会灭亡。对于胆小的人用刑罚来让他们作战，一定会勇敢。勇敢的人使用奖赏的办法，他们就会不怕牺牲，舍生忘死去作战。胆小的人勇敢，勇敢的人不怕牺牲，国家就没有对手，这样就会强大。国家强大了，就一定能称王天下。商鞅主张轻罪重罚目的是为了达到"以刑去刑""以杀去杀"。他说："以杀去杀，虽杀可也；以刑去刑，虽重刑可也。"②商鞅还主张"刑无等级"，即在法律面前人人平等。

韩非子的法制思想是以建立中央集权的专制主义为核心，他强调君主要以法为主，把法、术、势三者结合起来，从而形成了完整的法制理论。法是官府公布的成文法，是编著在图籍中的国法条规。术是君主暗藏在心中的权术，是驾驭群臣和统治万民的手段。势是君主的重权尊位形成的威势，是控制臣民的凭借力量。韩非把三种学说综合起来合成一种有机联系的统一体。这样他的政治思想就不同于前期法家的某一个人的政治思想，而是法制、术治、势治三种政治主张的混合体。君主凭借政权的威力，运用术数来驾驭群臣，而使群臣百姓都守法奉令。

此外，还有杂家、阴阳家、农家等，都提出了关于治理国家平治天下的方案。这种关注社会、积极参与现实的学术风尚，反映了中国传统文化中的实用理性。

三、重视"民本"思想

诸子百家均对社会的黑暗持严厉批评态度，主张宽以待民的"民本"思想，成为除法家以外其他各家的共同立场。

---

① 《商君书·去强》。
② 《商君书·画策》。

周人克商后提出了"敬天保民"的思想,《尚书·康诰》说:"往敷求于殷先哲王用保乂民。汝丕远惟商耇成人宅心知训。别求闻由古先哲王用康保民。"周公告戒卫康叔到了封地后,要广泛访求殷圣明君王的治国之道,以此来安定治理民众。要很好地思考殷商年高望重者如何度量民心,从而知道训导民众的方法,还要寻求古代圣明君王用以安民保民之道。《尚书·酒诰》周公引古人之言曰:"人无于水监,当于民监。"统治者不要以水为镜,要把人民当作自己政绩好坏的镜子。到了春秋时期,民本思想获得了进一步发展。《左传·襄公三十一年》记载,吴国使者屈狐庸对赵文子说:"若天所启,其在今嗣君乎!甚德而度,德不失民,度不失事,民亲而事有序,其天所启也。有吴国者,必此君之子孙实终之。"即上天所要立的应该就是现在的国君,他很有德行而且行为合于法度。有德行就不会失去百姓,合于法度就不会办错事情。百姓亲附而事情有秩序,故而他是上天所立的君主。保有吴国的,最终一定是这位国君的子孙。《左传·僖公十九年》记载,宋襄公使邾文公用鄫子作为人牲去祭社,司马子鱼反对说:"祭祀以为人也。民,神之主也。用人,其谁飨之。"祭祀之事本是为人民考虑。民是神之主,用人做牺牲,那么又让谁来食用呢?《左传·桓公六年》记载,季梁对随侯曰:"夫民,神之主也。是以圣王先成民而后致力于神。"民是神之主,因此圣王一定先安定百姓然后才从事神事。

墨子提倡"兼爱",主张"视人之国,若视其国。视人之家,若视其家。视人之身,若视其身"。① 他还鼓吹"非攻",反对攻伐战争。在"兼爱"和"非攻"的基础上,墨子提出了"尚贤"政治主张,崇尚贤能之人。墨子认为,虽处在社会底层的农民与手工业工人之中的贤者,也有参与政事管理国家的机会,② 这种思想无疑是"民本"思想的体现。墨子还反对奢侈的生活,主张节俭,提出节用、节葬、非乐的主张,也是出于统治者大量耗费百姓的民力和财力,使人民生活陷于困境的现实考虑。他主张凡不利于实用,不能给百姓带来利益的,应一概取消。墨子说:"圣王为政,其发令兴事,使民用财也。无不加用而为者,是故用财不费,民德不劳,其兴利多矣。"③ 他认为,圣王施政,

---

① 《墨子·兼爱中》。
② 《墨子·尚贤上》。
③ 《墨子·节用上》。

发布命令、举办事业、使用民力和财物,没有不是有益于实用才去做的。所以,使用财物不浪费,民众能不劳苦,他带来的利益就多了。

孟子将古代的"民本"思想又向前推进了一大步。孟子明确提出了"民贵君轻"的思想,他说:"民为贵,社稷次之,君为轻。"孟子认为:"得乎丘民而为天子,得乎天子为诸侯,得乎诸侯为大夫。"只要民心不移,社稷和君都可变。"诸侯危社稷",则变置其君。"早(旱)干水溢",则变置社稷之神。他认为夏桀和商纣王之所以失去天下,是因为失去了百姓支持的缘故。之所以失去老百姓的支持,是因为失去了民心。得天下有道,"得其民,斯得天下矣"。得其民有道,"得其心,斯得民矣"。得其心有道,"所欲与之聚之,所恶勿施",这样便接近了获得民心之道。百姓归服仁德,就像水往低处流,兽向旷野跑一样。当今之世如果有哪位诸侯喜好仁德,那么其他诸侯就会像水獭驱鱼、鹯鹰驱乌雀一样替他把百姓赶来。替商汤王和周武王把百姓赶来的,正是残害百姓的夏桀和殷纣王。① 为此,孟子发出"保民而王,莫之能御也"的呼声。② 故而我们说,孟子在一定程度上发扬了"民本"的思想。

庄子关于精神和心灵逍遥的思想虽然带有幻想的成分,但是却在中国古代第一次提出了人的精神自由的命题,对人生的价值、意义和境界等问题进行了别开生面的思考。

此外,兵家的孙膑还重视人在战争中的重要作用。他说:"间于天地之间,莫贵于人。"③孙膑认为世上没有比人更宝贵的了,这是战争中人本思想的重要表现。从人本主义的思想出发,孙膑还提出了决定战争胜负的三要素。即"天时、地利、人和"。④ 所谓"人和",就是得众、得人心。他还说:"得众,胜","不得众,不胜。"⑤孙膑把是否得众,看作是胜利与否的决定因素之一。孙膑在战争中把人的因素放在最重要的位置,是战国时代民本思想在军事学理论方面的重要表现。

总之,战国时期的这种"民本"思想,虽然是古代氏族民主传统的回光返照,但它反映出诸子思想中带有强烈的人民性,仍是非常值得称道的。

---

① 《孟子·离娄上》。
② 《孟子·梁惠王上》。
③ 《孙膑兵法·月战》。
④ 《孙膑兵法·月战》。
⑤ 《孙膑兵法·篡卒》。

四、针锋相对进行批评

百家之学虽有一定的片面性,但当时"皆自以为真尧舜",提名道姓地进行批评。有显学,但没有统治思想和非统治思想,没有主流意识和非主流意识的区别,各家齐流并进。

《韩非子·显学》篇说:"世之显学,儒墨也。儒之所至,孔丘也。墨之所至,墨翟也。"①社会上名声显赫的学派,是儒家和墨家。儒家造诣最高的是孔子,墨家造诣最高的是墨翟。然而,越显赫的学派,越容易成为批评的重点。孔子依照宗法制的"亲亲"原则标榜"爱人",对亲疏不同的人有先后轻重之分。孔子说:"君子笃于亲,则民兴于仁;故旧不遗,则民不偷。"②是说在上位的人能用深厚感情对待亲族,百姓就会走向仁德;在上位的人不遗弃他的故旧,百姓就不致对人冷淡无情。孔子主张在家族内部做到"己欲立而立人,己欲达而达人","己所不欲勿施于人"。③孟子继承了孔子的这一政治思想,主张"推己及人",孟子说:"老吾老,以及人之老;幼吾幼,以及人之幼,天下可运于掌。"④认为由近及远地把恩惠推广开去,便足以安定天下了。这种试图通过稳定传统家族来稳定社会,具有一定的现实合理性。但是,墨子却将这种爱称为"别爱",他认为"别爱"会带来天下之害。墨子说:"大国之攻小国也,大家之乱小家也,强之劫弱,众之暴寡,诈之谋愚,贵之敖贱","为人君者之不惠也,臣者之不忠也,父者之不慈也,子者之不孝也","今人之贱人,执其兵刃毒药水火,以交相亏贼。"⑤墨子认为,大国攻伐小国,大家族侵扰小家族,强大者强迫弱小者,人众者虐待人少者,狡诈者算计愚笨者,尊贵者傲视卑贱者。做国君的不仁惠,做臣下的不忠诚,做父亲的不慈爱,做儿子的不孝敬。现如今贱民拿着兵刃、毒药、水火,用来相互残害,这些都是由于"别爱"造成的。因此,墨子对这种"别爱"进行尖锐批评。墨子说,假如对待别人的国家,像治理自己的国家,谁还会动用本国的力量去攻伐别人的国家呢? 对待别人的都城,像治理自己的都城,谁还会动用自己都城的力量去

---

① 《韩非子·显学》。
② 《论语·泰伯》。
③ 《论语·雍也》《论语·卫灵公》。
④ 《孟子·梁惠王上》。
⑤ 《墨子·兼爱下》。

攻伐别人的都城呢？对待别人的家族，像对待自己的家族，谁还会动用自己的家族去侵扰别人的家族呢？国家、都城不相互攻伐，个人、家族不相互侵扰残害，这必然是天下之利了。① 所以，墨子坚决主张用兼爱打倒儒家的别爱。

儒家的"别"还体现在区分君臣、父子、夫妇、长幼的秩序上。《论语·子路》说："上好礼，则民莫敢不敬，上好义，则民莫敢不服。"统治者讲究礼节，百姓就没有人敢不尊敬；统治者行为正当，百姓就没有人敢不服从。《论语·宪问》曰："上好礼，则民易使也。"是说在上位的人若遇事依礼而行，就容易使百姓听从指挥。又说："博学于文，约之以礼，亦可以弗畔矣夫！"即君子广泛地学习文献，再用礼节来加以约束，也就可以不致离经叛道了。照儒家看来，稳定统治秩序就没有比礼更管用的东西了。而与儒家相反，道家却从"存性葆真"出发，把礼看作是束缚精神自由的枷锁。庄子认为，自从所谓的圣人"摘僻为礼，而天下始分矣"。② 礼产生之后，天下才开始产生了尊卑贵贱的种种区分。庄子还说："失道而后德，失德而后仁，失仁而后义，失义而后礼。礼者，道之华而乱之首也。"③失去道而后才有德，失去德而后才有仁，失去仁而后才有义，失去义而后才有礼。礼是道的华丽外表，更是祸乱的罪魁祸首。庄子批评儒家"明乎礼义而陋乎知人心"。④指其明于知礼义而浅于知人心，从而忽视了最值得珍爱的东西。

周礼崩坏后，孔子适时地提出了"仁"，主张"克己复礼为仁"，从而使礼由外在的规范内化为人们追求君子境界的自觉理念和内在需求，并发展出了中国独特的伦理学和修身模式，影响非常深远。但是，这种思想却遭到了道家的蔑弃，老子说："大道废，有仁义。"⑤即大道废弛，仁义才出现。庄子也说："毁道德以为仁义，圣人之过也。"⑥他认为，毁坏道德以推行仁义，这是圣人的罪过。法家也对仁义大加挞伐。韩非子说："夫施与贫困者，此世之所谓仁义；哀怜百姓，不忍诛罚者，此世之所谓惠爱也。夫有施与贫困，则无功

---

① 《墨子·兼爱下》。
② 《庄子·马蹄》。
③ 《庄子·知北游》。
④ 《庄子·田子方》。
⑤ 《老子》第十八章。
⑥ 《庄子·马蹄》。

者得赏;不忍诛罚,则暴乱者不止。"①是说施舍周济贫困就是世俗所谓的仁义,同情怜悯百姓而不忍心施行惩罚就是世俗所谓的惠爱。但有了对贫困者的施舍,没有功劳的人就会得到奖赏。不忍心施行惩罚,暴虐作乱的人就不会得到禁止。韩非子说:"夫婴儿相与戏也,以尘为饭,以涂为羹,以木为菔,然至日晚必归饷者,尘饭涂羹可以戏而不可食也。夫称上古之传颂,辩而不悫,道先王仁义而不能正国者,此亦可以戏而不可以为治也。"②在韩非看来,儒家所谓的仁就好比小孩做游戏时候的土饭泥羹,可以用来玩而不可以食用。韩非子认为:"夫慕仁义而弱乱者,三晋也;不慕而治强者,秦也,然而未帝者,治未毕也。"③韩、赵、魏三国钦慕仁义而变得弱小混乱,而秦国不钦慕仁义却能治理得很强大,然而还没有称帝天下,是治理的方法还没有完善。与儒家相反,韩非子提出:"君通于不仁,臣通于不忠,则可以王矣。"④即国君"不仁",臣子"不忠",才可以称王天下。

墨家代表小生产者的利益,主张"节用""节葬""非乐",反对一切浪费和统治者的享乐行为。墨家大力提倡"兼爱",宣传"非攻",倡导身体力行。但是道家却认为墨学过于苛刻。庄子说:"歌而非歌,哭而非哭,乐而非乐,是果类乎? 其生也勤,其死也薄,其道大觳;使人忧,使人悲,其行难为也,恐其不可以为圣人之道,反天下之心,天下不堪。"⑤庄子认为,墨家反对唱歌、哭泣、奏乐,这并不合于人的感情。人活着时勤劳,死了后还要那样寒酸,其学说太过苛刻。墨家的学说使人伤悲,故而难以实行。这种主张也并非圣人之道,因为它违反天下人心,天下人不堪忍受。孟子的批评更加直白,他说:"杨氏为我,是无君也;墨氏兼爱,是无父也。无父无君,是禽兽也。"⑥即杨朱主张个人第一,这便否定对君上的尽忠,就是目无君上;墨翟主张天下同仁,不分亲疏,这便将否定对父亲的尽孝,就是目无父母。目无君上、目无父母,那就成了禽兽了。荀子则从建立新的等级制度的角度,认为:"儒术诚

---

① 《韩非子·奸劫弑臣》。
② 《韩非子·外储说左上》。
③ 《韩非子·外储说左上》。
④ 《韩非子·外储说右下》。
⑤ 《庄子·天下》。
⑥ 《孟子·滕文公下》。

行,则天下大而富,使而功,撞钟击鼓而和。"①如果儒家学说真的能够实行,那么天下就会平安而且富足,民众就能被役使而且有成效,从而敲钟打鼓和睦相处。荀子认为"墨术诚行",则会"天下尚俭而弥贫,非斗而日争,劳苦顿萃而愈无功,愀然忧戚非乐而日不和。"②如果墨子的学说真正实行了,就会天下崇尚节俭却变得越来越贫穷,反对斗争却变得天天都有争战,勤劳辛苦困顿憔悴却没有成效,哭丧着脸忧愁地反对音乐却一天比一天更加不和睦。各家由于立场不同,对社会矛盾产生的根源认识不同,其政治观点不仅大相径庭,而且针锋相对。正如墨子所说:"夫是墨子之俭,将非孔子之侈也;是孔子之孝,将非墨子之戾也。"③是说如果肯定墨家的节俭,就将会否定孔子的奢侈浪费。如果要肯定孔子的孝,就将会否定墨家的违逆。司马迁也说:"世之学老者,则绌儒,儒学亦绌老子。"④即当世学习老子学说者则贬黜儒家,学习儒家学说者同样贬黜老子。

除了儒墨以外的其他各家也难以幸免。诸子中如它嚣、魏牟、陈仲、史鰌、宋钘、尹文、彭蒙、田骈、慎到、许行、惠施、邓析、公孙龙等,都常被驳得体无完肤。即使同一学派,相互争论也属常态。孟子曾用水虽无分于东西,却必"就下",来批评告子的人性"无分于善不善"说,⑤荀子著《性恶》篇专批孟子的性善论。韩非说:"孔墨之后,儒分为八,墨离为三,取舍相反不同,皆自谓真孔、墨。"⑥即在孔子、墨子死后,儒家分成八派,墨家分为三派,他们学问取舍各不相同,都自称为真正的孔家、墨家思想。庄子也说:"相里勤之弟子,五侯之徒,南方之墨者苦获、已齿、邓陵子之属,俱诵墨经而倍谲不同,相谓别墨,以坚白异同之辩相訾,以觭偶不仵之辞相应,以巨子为圣人,皆愿为之尸,冀得为其后世,至今不决。"⑦北方墨者相里勤的弟子、伍侯的门徒,南方的墨者苦获、已齿、邓陵子一派,都诵读《墨经》,然而却相互背离相互矛盾,相互指责对方是"别墨";以坚白同异的辩论相互诽谤非议,用奇偶不合

① 《荀子·富国》。
② 《荀子·富国》。
③ 《韩非子·显学》
④ 《史记·老子韩非列传》。
⑤ 《孟子·告子上》。
⑥ 《韩非子·显学》。
⑦ 《庄子·天下》。

的言论相互应对;把巨子当作圣人,却愿意为他而尽死,希望为他的后世继承人,至今没有决断。这正从一个侧面反映了自由批评之风是何等的炽烈。

由上可知,战国虽有显学,却没有主流意识和非主流意识的差别,各家地位平等,不存在不可摇撼的最高权威。因为不承认权威,所以诸子在开展批评时便百无禁忌,常对被批评者提名道姓毫不留情。孟子不仅直斥杨朱、墨翟为禽兽,他还当面指责告子"率天下之人而祸仁义者,必子之言夫!"①荀子也用"纵情性,安恣睢,禽兽行,不足以合文通治",来评论它嚣、魏牟。又用"好治怪说,玩琦辞,甚察而不惠,辩而无用,多事而寡功,不可以为治纲纪"来评论惠施、邓析。② 这些都既切中要害,又直截了当。庄子曾指斥"曾、史、杨、墨、师旷、工倕、离朱,皆外立其德而以爚乱天下者也。"③即曾参、史鱼、杨朱、墨翟、师旷、工倕、离朱这类人,都是建树其所得于外,并以之迷乱天下人心。庄子还说子贡"独弦哀歌以卖名声于天下"。④ 批评子贡是独自弹唱哀歌来向天下人博取好名声的人。说杨、墨如"鸠鸮之在于笼""虎豹在于囊槛",⑤认为杨朱和墨翟就像鸠鸟和虎豹被关在笼子里,却自以为得。说儒家企图行周礼于战国之世,是"以舟之可行于水也而求推之于陆",必"没世不行寻常",终至"劳而无功"。⑥ 庄子曾借老聃之口骂儒、墨不知耻;借盗跖之口骂孔子为"巧伪人"和"盗丘"。说孔子是"尔作言造语,妄称文武,冠枝木之冠,带死牛之胁,多辞缪说,不耕而食,不织而衣,摇唇鼓舌,擅生是非,以迷天下之主,使天下学士不反其本,妄作孝弟,而侥幸于封侯富贵者也。子之罪大极重,疾走归! 不然,我将以子肝益昼浦之膳!"⑦批评孔子花言造巧语,虚妄地称道文王、武王,头戴装饰像树枝般的桂冠,腰缠死牛胁的皮带,余辞缨论,不耕而食,不织而衣,摇唇鼓舌,专生是非,用以迷惑天下的君主,使天下的书生不务正业,装作孝悌,而侥幸得到封侯富贵。庄子还骂孔子罪大恶极,快滚回去吧! 不然,就要用孔子的肝当作午餐。

---

① 《孟子·告子上》。
② 《荀子·非十二子》。
③ 《庄子·胠箧》。
④ 《庄子·天地》。
⑤ 《庄子·天地》。
⑥ 《庄子·天运》。
⑦ 《庄子·盗跖》。

百家争鸣中诸子相互批评虽然直抒胸臆毫不隐晦，但往往又是充分说理的。如墨子为了辩明"别非而兼是"，不仅提出人皆本之于天、天对天下之百姓"兼而有之""兼而食焉"的"天志"思想，借以对抗儒家由人皆本之于父母出发的孝悌观，而且列举《泰誓》《禹誓》《汤说》《周诗》，以证禹、汤、文、武、周公的成功皆在于"均分赏贤罚暴，无有亲戚兄弟之所阿"，因"先从事乎爱利人之亲"，才换来了"人报我以爱利吾亲"的结果。① 韩非为了说明法、术、势结合的必要性，收集了 350 多个故事或传说，写成《说林》《内外储说》等八篇文字，以备游说或驳斥他人之用。而庄子为了张扬"独与天地精神往来而不敖倪于万物"的逍遥论，不惜"以卮言为曼衍，以重言为真，以寓言为广"。②这一时期还出现了我国学术批评史上具有开创性的几篇历史名文，主要有《庄子》的《天下》篇、《荀子》的《非十二子》和《解蔽》篇、《韩非子》的《显学》篇等。庄子《天下》篇每述一家之学，必溯其渊源，颂其成就，然后指出其不足。荀子在《非十二子》篇中专讲六说十二子之失，其《解蔽》篇在肯定各家皆有所见的前提下，责其"蔽于一曲，而暗于大理"。而韩非在《显学》篇中提出，如果没有经过验证的材料做根据，就胡乱判定是非，必然会产生"愚诬之学，杂反之行"。这些在充分说理的情况下，针锋相对批评的学术氛围，至今仍让人心生向往。

五、享有充分学术自由

百家争鸣中的学者，遭遇命运虽然不同，但人格都是独立的，学术界和学者都享有充分的自由。战国时期的学术自由主要体现在以下几个方面。

首先是学者流动的自由。战国时期，士人以弘道为己任，合则留不合则去。《论语·公冶长》说："道不行，乘桴浮于海。"主张不能施行，就坐着木筏浮海而去。《论语·泰伯》亦云："笃信好学，守死善道。危邦不入，乱邦不居。天下有道则见，无道则隐。邦有道，贫且贱焉，耻也；邦无道，富且贵焉，耻也。"即坚定相信我们的道，努力学习它，誓死保全它。不进入危险的国家，不居住祸乱的国家。天下太平，就出来工作；天下不太平，就隐居起来。政治清明，自己贫贱是耻辱；政治昏暗，自己富贵也是耻辱。曾子说："士不

---

① 《墨子·天志上》《墨子·兼爱下》。
② 《庄子·天下》。

可以不弘毅,任重而道远。仁以为己任,不亦重乎?死而后已,不亦远乎?"①
曾子认为,读书人不可以不刚强而有毅力,因为他负担沉重,路程遥远。以
实现仁德于天下为己任,责任是沉重的。到死方休,道路是遥远的。所以曾
子强调要"弘毅"。可见,儒家的弘道就是宣传以仁学为核心的思想体系。
实际上,诸子各有其道,且都认为自己的道是最好的。故章学诚说,孔子之
后"诸子纷纷则已言道矣,庄生譬之为耳目口鼻,司马谈别之为六家,刘向区
之为九流,皆自以为至极,而思以其道易天下"。② 诸子认为环境和条件适合
于道的就是"义",相反便是"不义"。孟子对宋勾践说:"尊德乐义,则可以
嚣嚣矣。故士穷不失义,达不离道。穷不失义,故士得己焉;达不离道,故民
不失望焉。古之人,得志,泽加于民;不得志,脩身见于世。"③指出崇尚德,喜
爱义,就可以自得其乐了。所以,士人穷困时,不失掉义;得意时,不离开道。
穷困时,不失掉义,可自得其乐。得意时,不离开道,不致失去百姓。古代的
人,得意便惠泽普施于百姓,不得意便修养个人品德以此表现于世人。孟子
最后指出"穷则独善其身,达则兼善天下"④。穷困便独善其身,得意便兼善
天下。白圭向邹公子夏后启问关于正直之士的节操,夏后启说:"以为可为,
故为之;为之,天下弗能禁矣。以为不可为,故释之;释之,天下弗能使矣。"⑤
认为可以做,所以就去做,做了,天下谁都不能禁止他。认为不可以做,所以
就不去做,不去做,天下谁都不能够驱使他。白圭又问,难道利益和威严不
能驱使他们吗?夏后启说:"生不足以使之,则利曷足以使之矣?死不足以
禁之,则害曷足以禁之矣?"即就连生存都不能够驱使他,那么利益又怎么能
够驱使他呢?连死亡都不能禁止他,那么祸害又怎么能禁止他呢?⑥ 义或不
义成了士人决定进退去就的准则,利益和威严都不能禁止士人的自由流动。
在诸子看来,"义"就是"谏行言听"。孟子指出,身在朝廷做官,而自己的道
却不能施行,则是耻辱。他认为只有"谏行言听,膏泽下于民",即臣下有劝
谏君主接受,臣下有建议君主听从,并且政治上的恩惠下达到老百姓。这样

---

① 《论语·泰伯》。
② 章学诚:《文史通义》,上海古籍出版社 2015 年版,第 40 页。
③ 《孟子·尽心上》。
④ 《孟子·尽心上》。
⑤ 《吕氏春秋·恃君览》。
⑥ 《吕氏春秋·恃君览》。

才可以出仕,君臣关系才能和谐。士人如果有事不得不离开,君主要"使人导之出疆,又先于其所往;去三年不反,然后收其田里。"君主一定要打发人引导他离开国境,并且先派人到他要去的那个地方做一番布置。离开了三年还不回来,才收回他的房屋。这样国君死了,臣下才会为他服丧。孟子批评当今之世"谏则不行,言则不听;膏泽不下于民;有故而去,则君搏执之,又极之于其所往;去之日,遂收其田里。"臣下劝谏不被接受,建议不被听从,政治上的恩惠到不了百姓。有什么事不得不离开,国君还把他捆绑起来。到了一个地方,国君还想方设法使他穷困万分。离开那一天,就收回他的土地房屋。孟子称这种君臣关系为"寇仇"。① 墨子的态度与孟子相似。有一次墨子派弟子公上过到越国去宣传墨家之道,越王很高兴,对公上过说:"子之师苟肯至越,请以故吴之地,阴江之浦,书社三百,以封夫子。"告诉他,你的老师如果愿到越国来,我愿把过去吴国的土地阴江沿岸三百社的地方封给他。公上过回来将越王的话告诉给墨子,墨子问公上过说:"子之观越王也,能听吾言,用吾道乎?"墨子说,你看越王能够听从我的言论,实行我的主张吗? 公上过回答:"殆未能也。"墨子便叹道:"不唯越王不知翟之意,虽子亦不知翟之意。若越王听吾言,用吾道,翟度身而衣,量腹而食,比于宾萌,未敢求仕。越王不听吾言,不用吾道,虽全越以与我,吾无所用之。"②意思是说,不仅越王不了解我的心意,即使你也不了解我的心意。如果越王听从我的言论,实行我的主张,我将测量自己的身体而穿衣,估量自己的肚腹而吃饭,和宾客之民一样,不敢要求做官。如果越王不听从我的言论,不实行我的主张,即使把整个越国都给我,我也没有什么用。于是,便不再考虑去越国的事。孟子和墨子的话都是孔子所谓君子"谋道不谋食""忧道不忧贫"的具体体现。③ 其实,不仅儒家和墨家如此,诸子百家中各家代表人物几乎都能做到"非其义也,非其道也,一介不以与人,一介不以取诸人"。④如果不合道义,一点也不给予别人,一点也不取于别人。他们重视道义,坚持"志意修则骄富贵,道义重则轻王公"。⑤ 志向美好从而傲视富贵,把道义看得重就能

① 《孟子·万章下》。
② 《吕氏春秋·高义》。
③ 《论语·卫灵公》。
④ 《孟子·万章上》。
⑤ 《荀子·修身》。

藐视天子、诸侯。他们均以其道是否被采纳为旨归,"傀然独立天地之间而不畏"。①岿然屹立于天地之间而无所畏惧。

诸子还提出入仕的基本原则。如孟子说:"非其君不事,非其民不使;治则进,乱则退,伯夷也。何事非君,何使非民;治亦进,乱亦进,伊尹也。可以仕则仕,可以止则止,可以久则久,可以速则速,孔子也。"②孟子提出,不是他理想的君主,他不去服事;不是他理想的百姓,他不去使唤;天下太平就出来做官,天下混乱就退而隐居,伯夷是这样的人。任何君主都可以去服事,任百姓都可以去使唤。太平也做官,不太平也做官,伊尹就是这样的人。应该做官就做官,应该辞职就辞职,应该继续干就继续干,应该马上走就马上走,孔子就是这样做的。面对这些古之圣人,孟子说:"吾未能有行焉;乃所愿,则学孔子也。"即他们都是古代的圣人,可惜我都没有做到,至于我所希望的,是学习孔子。孟子表示要学习孔子的做法,在"君子何如则仕"这一问题上,他总结出了"所就三,所去三"的入仕原则,就职的情况有三种,离职的情况也有三种。首先是"迎之致敬以有礼;言,将行其言也,则就之。礼貌未衰,言弗行也,则去之。"国君有礼貌恭敬地来迎接,对他的言论,又打算实行,便就职。礼貌虽未衰减,但言论不能实行,便离开。其次是"虽未行其言也,迎之致敬以有礼,则就之。礼貌衰,则去之。"虽然没有实行他的言论,还是很有礼貌很恭敬地来迎接,也便就职。礼貌衰减,便离开。最下是"朝不食,夕不食,饥饿不能出门户,君闻之,曰:'吾大者不能行其道,又不能从其言也,使饥饿于我土地,吾耻之。'周之,亦可受也,免死而已矣"。最差的是早晨没有吃,黄昏也没有吃,饿得不能够走出屋子,君主知道了便说,我上者不能实行他的学说,又不听从他的言论,使他在我国饿着肚皮,我感到耻辱。于是周济他,这也可以接受,免于死亡罢了。③ 孟子接着又补充说,做官不是因为贫穷,但有时候也因为贫穷。如果因为贫穷而做了官,便应该拒绝高官,居于卑位。并拒绝厚禄,只受薄俸。做个"抱关击柝"的职位就可以了。孟子认为:"位卑而言高,罪也;立乎人之本朝,而道不行,耻也。"④位置低下,而议论朝廷大事,这是罪行。在君主的朝廷上做官,而自己正义的主张不能

---

① 《荀子·性恶》。
② 《孟子·公孙丑上》。
③ 《孟子·告子下》。
④ 《孟子·万章下》。

实现,这就是耻辱。到了荀子的时候,他更进一步以"从道不从君"相标榜,公开宣称:"诸侯之骄我者,吾不为臣;大夫之骄我者,吾不复见。"①诸侯傲视我,不做他的臣子;大夫傲视我,便不再见他。他的学生韩非也曾表示:"夫为人臣者,君有过则谏,谏不听则轻爵禄以待之,此人臣之礼义也"。② 做臣子的,君主有了过错就劝谏,劝谏不听就看轻爵位俸禄辞职,以待君主的省悟,这才是做臣子的礼节与行为方式。从总体上来看,战国诸子的意见对战国士子的影响是非常深远的。

　　由于士人多能坚持善道,不仰慕权势,更不肯轻易附就,所以士人阶层在战国时期呈现出流动性的特征。墨子曾任职于宋国、齐国、卫国、楚国,后想去越国而未果;孟子曾先后到过齐国、宋国、滕国、鲁国、梁国,其间两次回到他的母邦邹国;荀子曾游学于齐国,后来又到过楚国、赵国、秦国,晚年定居于楚国的兰陵,这些例子均可证明战国士人自由流动的频繁。孔子阨于陈蔡,孟子困于齐梁,固然可归咎于学说的曲高和寡,恐怕更是他们坚持"进以礼,退以义"的结果。③ 孟子曾经说过,孔子每到一地,总是先试一下他的主张可以行得通而君主却不肯推行下去,这才离开。孟子认为:"孔子有见行可之仕,有际可之仕,有公养之仕也。于季桓子,见行可之仕也;于卫灵公,际可之仕也;于卫孝公,公养之仕也。"孔子有时因可以行道而做官,也有时因为君主对他的礼遇不错而做官,也有时因国君养贤而做官。对于鲁国的季桓子,是因为可以行道而做官。对于卫灵公,是因为礼遇不错而做官。对于卫孝公,是因为国君养贤而做官。孟子称他"是以未尝有所终三年淹也。"④是说孔子不曾在一个朝廷待过三年。这句话无疑道出了士无不游的一个重要原因。也有部分士人为了洁身自好,竟终生不出来做官。更有甚者认为世间只有生命最重要,"论其贵贱,爵为天子,不足以比焉;论其轻重,富有天下,不可易之;论其安危,一曙失之,终身不复得",即论及贵贱,即使是天子的位置,也不能与生命相比。谈论及轻重,即使有天下那么富裕,也不能交换到生命。如果拿生命的安危来议论,一旦失去就永远都不能够再

---

① 《荀子·臣道》《荀子·大略》。
② 《韩非子·难一》。
③ 《孟子·万章下》。
④ 《孟子·万章下》。

得到。所以主张"全生为上,亏生次之,迫生为下"。① 把在名利重压下的苟活看得连死都不如。他们或为匹夫亲耕田亩,或脱离世俗荣华岩穴,这些人代表了士人流动的另一趋向。

其次是学者自由著述。进入战国时期,儒、墨、道、法、名、兵、阴阳、农、杂诸家蜂起,学者们"各著书,言治乱之事,以干世主"。② 仅据《史记》记载,孟子"退而与万章之徒序《诗》《书》,述仲尼之意,作《孟子》七篇"。慎到"著十二论"。环渊"著上下篇",荀子"推儒、墨、道德之行事兴坏,序列著数万言",③老子"著书上下篇,言道德之意五千余言",申不害"著书二篇,号曰《申子》",韩非子作"《孤愤》《五蠹》《内外储》《说林》《说难》十余万言",庄子"著书十余万言"。④ 此外,齐国稷下先生如淳于髡、慎到、环渊、接子、田骈、驺奭之徒各有所著;赵国有公孙龙子"坚白异同之辩",剧子之言;魏国有"李悝尽地力之教";楚国有"尸子、长卢、阿之吁子"。从孟子到吁子,世人多藏其书。⑤

在这一时期,学术活动也已由孔子时代"述而不作,信而好古"的书籍整理,正式转为思想创作。在战国中前期,以儒、墨为主的一些学者,常常取法先王,祖述尧、舜、禹、汤、文、武、周公,"言必称先王,语必道上古"。⑥ 他们祖述先王是假,借助先王的名义宣传自己的思想主张是真。这种托古言理的做法是私家著述初兴阶段的特点。虽然比起孔子借整理六经以寓褒贬进了一步,但却不利于各种思想的自由表达。所以到了战国中后期,便受到学术界的广泛批评。庄子说:"道隐于小成,言隐于荣华。故有儒墨之是非,以是其所非而非其所是。"⑦是说道的本质隐蔽在片面认识的后面,言论的性质隐蔽在花言巧语之中,因此才有儒墨显学的是非之争,他们都各自肯定对方之所非,而非议对方之所是。荀子说,五帝以前的事情没有流传下来,不是因为当时没有贤人,而是因为时代久远的缘故。五帝这一时期的治国政绩没

① 《吕氏春秋·重己》。
② 《史记·孟子荀卿列传》。
③ 《史记·孟子荀卿列传》。
④ 《史记·老子韩非列传》。
⑤ 《史记·孟子荀卿列传》。
⑥ 《史记·日者列传》。
⑦ 《庄子·齐物论》。

有流传下来,并不是他们没有好的治国政绩,而是因为时代太久远了。夏禹和商汤有政绩流传下来却不像周朝的史料那样详细,并不是他们没有好的治国政策,而是因为时代太久的原因。流传的东西时间一长,那么谈起来就简略了。近代的事情,谈起来才详尽。简略的,就只能列举它的大概。详尽的,才能列举它的细节。愚蠢的人听到了那简略的论述就不再去了解那详尽的情况,听到了那详尽的细节就不再去了解它的大概情况。因此,礼仪制度便因为年代久远而湮没了,音乐的节奏便因为年代久远而失传了。① 荀子还说:"道不过三代,法不贰后王。道过三代谓之荡,法贰后王谓之不雅。"②治理国家的方法不能超过夏商周三代,治国用的法度不能违背当代的帝王。治理国家的方法超过三代叫作荒唐,治国的法令违背了当代的帝王叫作不正当。他还说:"百家之说,不及后王,则不听也。"③荀子认为,诸子百家的学说,没有谈及后王则可以不必听了。韩非子也说:"尧舜不复生,将谁使定儒墨之诚乎?"④即尧舜不能再生,那么有谁能确定儒墨二家所谈论的是真的呢? 墨子在《五蠹》篇中客观分析了"上古之世""中古之世""近古之世"和"当今之世"的区别,深刻阐明了"有美尧、舜、禹、汤、武之道于当今之世者,必为新圣笑矣"的道理,提出了"圣人不期修古,不法常可"的主张。这种与时俱进思想,进一步打破条条框框,使思想更加解放。

从战国中期开始,离事言理蔚然成风,从而进入了自由创作的时代。由于可以不受局限的独立创作,从而形成了"老耽贵柔,孔子贵仁,墨翟贵廉,关尹贵清,子列子贵虚,陈骈贵齐,阳生贵己,孙膑贵势,王廖贵先,儿良贵后"等各具特色学术思想,⑤从而成就了百家争鸣的时代。据《汉书·艺文志》记载,诸子有"百八十九家",共著有"四千三百二十四篇",其中绝大多数作品出自战国。若将六艺、诗赋、兵书、数术、方技类的书也包括进来,则要多至五百九十六家,万三千二百六十九卷。可以说,没有数量庞大且又凝结着各派学术思想结晶的私家著作,百家争鸣就无由产生。

再次是学者自由讲学。春秋晚期私学逐渐兴起,其中代表人物就是孔

---

① 《荀子·非相》。
② 《荀子·王制》。
③ 《荀子·儒效》。
④ 《韩非子·显学》。
⑤ 《吕氏春秋·不二》。

子。据《史记·孔子世家》记载,孔子有弟子三千,其中身通六艺者就有七十有二人。当时与孔子私学教育齐名的还有少正卯,根据《论衡·讲瑞》记载,少正卯与孔子同在鲁国讲学。此外还有郑国邓析的私学,因其能教人胜讼,故追随其学诉讼刑法者多到不可胜数。《吕氏春秋·审应览》说:"子产治郑,邓析务难之,与民之有狱者约,大狱一衣,小狱襦裤。民之献衣襦裤而学讼者,不可胜数。"是说子产治理郑国,邓析极力刁难他,跟有狱讼的人约定。学习大的狱讼要送上一件上衣,学习小的狱讼要送短衣下衣。于是献上上衣短衣下衣以便学习狱讼的人不可胜数。到了战国时期,诸子讲学如雨后春笋般蓬勃兴起。不仅儒墨显学弟子不可胜数,就连惠施等人,外出时追随的门徒也常常"多者数百乘,步者数百人;少者数十乘,步者数十人"。① 齐国筑有规模宏大的稷下学宫,齐宣王时邹衍、淳于髡、田骈、接予、慎到、环渊之徒七十六人皆在此讲学,且"皆赐列第,为上大夫,不治而议论"。齐国稷下学宫鼎盛之时,学士共有"数百千人"。② 伴随着贵族养成教育和世卿世禄制度的解体,人想要由贱而贵,由愚而智,由贫而富,便只有"学"这一条途径了。③ 庄子曾说:"遂至使民延颈举踵曰:'某所有贤者'。赢粮而趋之,则内弃其亲而外去其主之事,足迹接乎诸侯之境,车轨结乎千里之外。"④即当今之世,竟然要让民众伸长脖子、踮起脚跟企盼。听说某地方有贤人,就带足食粮,奔往贤人之处,搞得在家里抛弃了亲人,在外面丢掉了所主管之政事,他们的足迹踏遍诸侯国土,车子的辙印交错于千里之外。这段描述虽不免夸张,却充分展现了民间私学的巨大号召力。

战国时期,已有择师"不论其贵贱贫富"的说法。⑤ 荀子说:"尊严而惮,可以为师;耆艾而信,可以为师;诵说而不陵不犯,可以为师;知微而论,可以为师。"⑥有尊严而使人敬畏,可以成为老师;年老而有威信,可以成为老师;诵读解说经典而在行动上不冒犯、不违反它,可以成为老师;懂得精微的道理而又能加以阐述,可以成为老师。在荀子看来,在这些师术里面,"博习不

---

① 《吕氏春秋·不屈》。
② 《史记·田敬仲完世家》。
③ 《荀子·儒效》。
④ 《庄子·胠箧》。
⑤ 《吕氏春秋·劝学》。
⑥ 《荀子·致士》。

与焉"，博学并不包括在这里面。对为师者的门槛降低，只要是有一定知识，并且有受众，都可以讲学。从讲学的内容看，不仅超越了古时的六艺，而且也超越了经书的范畴，传授的内容包括政治论、人性论、历史发展论、宇宙论等各家之言。由于师承各异，渐渐出现了"师法"，也出现了"树落则粪本，弟子通利则思师"的报恩思想以及"言不称师谓之畔，教而不称师谓之倍"的道德观念。① 这种以师为核心，以师承为纽带，以师法为准则的风尚，促进了不同学派的形成。

某些名师出身"布衣之士"，却起着设计治国平天下方案和化民成俗的作用。因此，不仅普通的向学之人不远千里投靠学习，就连在上位者也莫不与之结为师徒。魏文侯"师卜子夏""友田子方""礼段干木"，费惠公师子思，燕昭王师郭隗、邹衍，说明随着自由讲学的普遍化，真正进入了"贵师而重传"的历史新阶段。社会公认师、友、臣属于三个不同的层次，韩非子假托周文王对太公说："君与处皆其师。"②即国君与之相处的都是他的老师。《吕氏春秋·劝学》说："为师之务，在于胜理，在于行义。理胜义立则位尊矣，王公大人弗敢骄也，上至于天子，朝之而不惭。"指出做老师的要务在于依循事理，在于施行道义。只要事理被依循，道义得以树立，那么老师的地位就尊贵了，王公大人对他们不敢轻慢，即使上至天子朝拜这样的老师也不会感到羞愧。《吕氏春秋·尊师》亦云："天子入太庙祭先圣，则齿尝为师者弗臣。"③天子来到明堂祭祀先代圣人时，要和他过去的老师同站在一列，而不能视他为臣。《吕氏春秋·骄恣》也记载："能自为取师者王，能自取友者存，其所择而莫如己者亡。"把择师与国家的存亡相联系，师的地位可以说已经至高无上了。由此可见社会对学习的敬重和对老师的尊敬。师的独立和自由讲学促进了学派的发展，这对百家争鸣运动的兴起起到了至关重要的作用。

赵世超先生曾指出，百家争鸣之所以勃兴和发展，关键是自由。没有自由百家争鸣就无从谈起。有自由就有创造，有自由才能使各种思想火花竞

---

① 《荀子·儒教》《荀子·致士》《荀子·大略》。
② 《韩非子·外储说左下》。
③ 《吕氏春秋》。

相迸发,使各种新知喷涌而出,从而造成百花齐放式的真正的学术繁荣。①

战国百家争鸣的特点主要可以归纳为以下几个方面:首先,诸子百家在道术上既有继承又有创新。诸子在天命观、历史观和人性论等方面,都对殷周时期的传统道术有所继承,但又从不同角度突破传统道术的局限。第二,诸子百家都以治国平天下为己任。诸子各家观点不同,主张各异,但却殊途同归。孟子提出"仁政"学说,荀子的政治思想中突出"礼"制,墨子提出"兼爱""非攻"以及"尚贤""尚同"的政治主张,庄子在政治上主张"无为",法家倡导法制等,都是在设计治国平天下的方案。第三,诸子百家重视"民本"思想。诸子百家均对社会的黑暗持严厉批评态度,主张宽以待民的"民本"思想,成为除法家以外其他各家的共同立场。墨子主张兼爱和尚贤,庄子倡导人的精神自由的命题,孟子提出民贵君轻思想等,都是"民本"思想的体现,而孟子的民贵君轻思想更是把这一立场发展到极致。第四,诸子百家均能针锋相对相互批评。百家之学虽有一定的片面性,但当时"皆自以为真尧舜",提名道姓地进行批评。有显学,但没有统治思想和非统治思想,没有主流意识和非主流意识的区别,各家齐流并进。最后,诸子百家享有充分的学术自由。百家争鸣中的学者,人格都极其独立,学术界和学者都拥有相当充分的自由。这种自由主要表现在学者自由流动、自由著述和自由讲学等方面。

---

① 赵世超、卫崇文:《论战国时期的百家争鸣运动》,《陕西师范大学学报(哲学社会科学版)》2006 年第 4 期。

第八章　百家争鸣的消亡

　　战国时期是由分裂割据走向统一的时代,随着国家的统一和中央集权的加强,国家加大了对思想文化领域的监管,文化专制主义悄然增长,从而扼杀了思想界的自由,使百家争鸣成为了历史的绝唱。

　　文化专制主义的根苗孕育于诸子的思想中。孔子是文化专制主要的首倡者和践行者。孔子说:"攻乎异端,斯害也已。"①"攻"字,在此引申为批判。"异端",是指与儒学不合的议论。孔子认为批判那些不正确的议论,祸害就可以消灭了。孔子强调通过批判异端邪说来消除祸害,反映了孔子思想中蕴含的文化专制主义因素。据《荀子·宥坐》记载,孔子"为鲁摄相,朝七日而诛少正卯",倘若孔子果行此举,他便不仅是一个文化专制主义的倡导者,而且也已经开始付诸实践了。

　　稍晚于孔子的墨子也为"天下之人异义"的问题忧心忡忡。他说:"古者民始生,未有刑政之时,盖其语,人异义。是以一人则一义,二人则二义,十人则十义。其人兹众,其所谓义者亦兹众。是以人是其义,以非人之义,故交相非也。是以内者父子兄弟作怨恶,离散不能相和合;天下之百姓,皆以水火毒药相亏害。至有余力,不能以相劳;腐臭余财,不以相分;隐匿良道,不以相教。天下之乱。若禽兽然。"②墨子认为,古时人类刚刚诞生,还没有国家组织和刑罚政令,人们用言语表达意见因人而异。一人就有一种意见,两人就有两种意见,十人就有十种意见。人越多他们不同的意见也就越多。每个人都认为自己的意见对而别人的意见错,因而相互攻击。父子兄弟常因意见不同而相互怨恨,使得家人离散而不能和睦相处。天下的百姓都用水火毒药相互残害,以致有余力的人不能帮助别人。有余财者宁愿让它腐

———————

①　《论语·为政》。
②　《墨子·尚同上》。

烂,也不分给别人。有好的道理也自己隐藏起来,不肯教给别人,以致天下混乱,有如禽兽一般。为此,墨子开出的治世良药是"尚同"。其具体做法是里长尚同于乡长,乡长尚同于国君,国君尚同于天子,最终天子尚同于天,并且各以其上一级的是非为是非。① 墨子提出"上之所是,必皆是之。所非,必皆非之"的观点,其中亦蕴含了中央集权之专制主义的思想。墨子认为国家设置行政长官,用来治理人民,就好像丝线有纪、网罟有纲一样。因此远在数千或数万里之外,如果有人做了好事,他的家人还未完全知道,他的乡人也未完全听到,天子就已知道并赏赐他;远在数千或数万里之外,如果有人做了坏事,他的家人还未完全知道,他的乡人也未完全听到,天子就已知道并惩罚了他。因此,天下的所有人十分害怕并震动战栗,不敢做淫暴的事。从而达到"治天下之国若治一家,使天下之民若使一夫"的目的。② 最终,墨子把尚同思想引向了专制主义。

《孟子》一书中也有明显的文化专制主义思想。公都子问孟子说别人都说你好辩,这是为什么呢?孟子回答说:"昔者禹抑洪水,而天下平;周公兼夷狄,驱猛兽,而百姓宁;孔子成春秋,而乱臣贼子惧。《诗》云:'戎狄是膺,荆舒是惩,则莫我敢承。'无父无君,是周公所膺也。我亦欲正人心,息邪说,距诐行,放淫辞,以承三圣者。岂好辩哉?予不得已也。能言距杨墨者,圣人之徒也。"③从前大禹制服了洪水,天下才得以太平。周公兼并了夷狄,赶跑了猛兽,百姓才得安宁。孔子作了《春秋》,乱臣贼子才有所恐惧。《诗经》说过攻击戎狄,惩罚荆舒,就没有人再敢抗拒了。像杨朱和墨翟这样目无君上的人,正是周公所要惩罚的对象。我要端正人心,消灭邪说,反对偏激的行为,驳斥荒唐的言论来继承大禹、周公和孔子三位圣人的事业,我不是喜欢辩论,我是不能不辩论。能够以言论来反对杨朱和墨翟,也就是圣人的门徒了。在孟子看来,"世衰道微,邪说暴行有(又)作","圣王不作,诸侯放恣,处士横议。杨朱、墨翟之言盈天下,天下之言不归杨,则归墨。"④太平之世和仁义之道在逐渐衰微,荒谬的学说和残暴的行为又发展起来。自那以后,圣王便不再出现,诸侯无所忌惮,一般士人也乱发议论。杨朱和墨翟的

① 《墨子·尚同中》。
② 《墨子·尚同中》。
③ 《孟子·滕文公下》。
④ 《孟子·滕文公下》。

学说充满天下,于是所有的主张不属于杨朱学派,便属于墨翟学派。如果任其下去,儒家的学说便得不到弘扬,仁义的道路便被堵塞了。于是他公开向杨、墨两家宣战,他说:"杨氏为我,是无君也;墨氏兼爱,是无父也。无父无君是禽兽也。"①孟子认为,杨朱主张个人第一,这便否定了对君主尽忠,就是目无君上。墨翟主张天下同仁,不分亲疏,这便否定对父亲的尽孝,就是目无父母。目无君上,目无父母,被孟子蔑称为禽兽。可见,孟子所说的"息邪说,距诐行,放淫辞",②首先就是要把杨朱、墨翟两派的学说彻底扑灭。此外,孟子还对许行的"贤者与民并耕而食"、③告子的"仁内义外"和"人性之无分于善不善",④及齐士巨擘陈仲所标榜的"廉",⑤进行过严厉的批评,并骂投靠农家的陈相兄弟是"下乔木而入于幽谷者"。⑥ 综上可知,孟子继承了孔子,在其思想中亦存在浓厚的文化专制主义因素,他所捍卫的"先王之道",实际上也只不过是儒家一家而已。

荀子生活的时代已到了战国晚期,为了实现政治统一的需要,他对规范舆论做了充分的论证。荀子明确提出了"天下无二道,圣人无二心"的观点。荀子说,人的忧患是被事物的某一个局部所蒙蔽而不明白大道理。他认为"治则复经,两疑则惑矣。天下无二道,圣人无两心"。荀子强调整治思想就能回到正道上来,在偏见与大道理两者之间拿不定主意就会疑惑。天下不会有两种对立的正确原则,圣人不会有两种对立的思想。他指出,现今诸侯各国的政治措施不同,各个学派的学说不同,那么必定是有对有错,有的能导致安定,有的会造成混乱。搞乱国家的君主,弄乱学派的学者,这些人没有不想找一条正道来为自己服务,只是由于他们对正确的原则既嫉妒又带有偏见,别人就能根据他们的爱好去引诱他们。他们偏爱自己平时积累的学识,只怕听到对自己学识的非议。他们凭自己所偏爱的学识去观察与自己不同的学说,只怕听到对异己学说的赞美。因此,他们与正确的治理原则背道而驰,却还自以为是,不能勒马。这就是被事物的一个局部所蒙蔽,而

---

① 《孟子·滕文公下》。
② 《孟子·滕文公下》。
③ 《孟子·滕文公上》。
④ 《孟子·告子上》。
⑤ 《孟子·滕文公下》。
⑥ 《孟子·滕文公下》。

失去了对正道的追求。如果心思不用在正道上，那么白的黑的就是摆在面前而眼睛也会看不见，雷鼓就在身旁敲击而耳朵也会听不进，何况对那些被他们视为异端的用心于正道的人，就更看不见听不进了。① 透过这段话，我们可以看到荀子的真正目的是为了统一思想。荀子还适时地提出了愚民思想。荀子说："民易一以道，而不可与共故。"②在荀子看来，民众容易用道来统一，却不可以让他们知道缘由。因此，荀子认为对于一些理论和学说，"王公好之则乱法，百姓好之则乱事"，③王公贵族爱好这些学说就会乱了法度，老百姓喜欢这些学说就会把各项工作搞乱，暗指还是尽量不要让人们知晓为好。荀子设计了一套禁绝"无用之辩"而"一民以道"的方案。荀子指出："临之以势，导之以道，申之以命，章之以论，禁之以刑。"④用权势来统治他们，用正道来引导他们，用命令来告诫他们，用理论来晓喻他们，用刑法来禁止他们。统治下的民众融化于正道就像被神仙支配了一样，哪里还用得着辩说其所以然呢？荀子又特别强调"今圣王没，天下乱，奸言起，君子无势以临之，无刑以禁之"⑤即现在圣明的帝王死了，天下混乱，奸诈邪恶的言论产生了，君子没有权势去统治他们，没有刑法去禁止他们。可见，在五者当中，他所依靠"一民以道"是威权、政令和刑罚，已经突破了自由辩论的范畴。荀子还把孔子抬到超越诸子的至尊地位，试图树立一个权威以打压其他诸子思想。荀子说："若夫总方略，齐言行，壹统类，而群天下之英杰，而告之以大古，教之以至顺，奥窔之间，簟席之上，敛然圣王之文章具焉，佛然平世之俗起焉，六说者不能入也，十二子者不能亲也。"⑥荀子认为，至于总括治国的方针策略，端正自己的言论行动，统一治国的纲纪法度，从而汇聚天下的英雄豪杰，把根本的原则告诉给他们，拿最正确的道理教导他们；在室堂之内、竹席之上，圣明帝王的礼义制度集中地具备于此，太平时代的风俗便蓬勃地兴起于此。上述六种学说是不能侵入这讲堂的，十二子是不能接近这讲席的。荀子所说的这段话，实际上是要大家都接受他通过继承孔子而创立的

---

① 《荀子·解蔽》。
② 《荀子·正名》。
③ 《荀子·正名》。
④ 《荀子·正名》。
⑤ 《荀子·正名》。
⑥ 《荀子·非十二子》。

礼治学说。为此，他专门著有《非十二子》篇，对六家十二子逐个痛斥。打压十二子之后，最后他捧出了孔子："无置锥之地，而王公不能与之争名；在一大夫之位，则一君不能独畜，一国不能独容，成名况乎诸侯，莫不愿以为臣。是圣人之不得势者也，仲尼、子弓是也。"①是说虽然没有立锥之地，但天子诸侯不能与之竞争名望；虽然只是处在一个大夫的职位上，但不是一个诸侯国的国君所能单独任用，不是一个诸侯国所能单独容纳，盛名等同于诸侯，各国诸侯无不愿意让其来当自己的臣子。这是圣人中没有得到权势的人，孔子、子弓就是这种人。荀子把孔子捧到无以复加的地步，正是借孔子之名"息十二子之说"。荀子认为大家都这样做了，"则天下之害除，仁人之事毕，圣王之迹著矣"。② 天下的祸害除去了，仁人的任务就完成了，圣明帝王的事迹也就彰明了。故而赵世超先生认为荀子应该是中国文化专制主义理论的真正奠基人，荀派儒学对古代专制制度的建设产生了不可估量的影响。③

韩非也主张统一诸子各家及其言行，在构建文化专制主义理论的道路上，相比于荀子他有过之而无不及。韩非把是否有利于治强和耕战，看成衡量学术活动的主要标准。他说："居学之士，国无事不用力，有难不被甲。礼之，则惰修耕战之功；不礼，则周主上之法。国安则尊显，危则为屈公之威，人主奚得于居学之士哉？"④那些专门搞学问的人，国家没有事不用力，国家有难也不披甲上阵。礼遇他们，人们就会懒惰于修筑耕耘作战；不礼遇他们，则周全君主上级的法规。国家安定时他们尊贵而显赫，国家有危难他们则屈从公事的威势，既然这样，君主为什么还想得到饱学之士呢？韩非子还说："夫吏之所税，耕者也；而上之所养，学士也。耕者则重税，学士则多赏，而索民之疾作而少言谈，不可得也。立节参民，执操不侵，怨言过于耳必随之以剑，世主必从而礼之，以为自好之士。夫斩首之劳不赏，而家斗之勇尊显，而索民之疾战距敌而无私斗，不可得也。国平则养儒侠，难至则用介士，所养者非所用，所用者非所养，此所以乱也。"⑤他认为，官吏们征税的对象是

①《荀子·非十二子》。

②《荀子·非十二子》。

③ 赵世超、卫崇文：《论战国时期的百家争鸣运动》，《陕西师范大学学报（哲学社会科学版）》2006年第4期。

④《韩非子·外储说左上》。

⑤《韩非子·显学》。

种田的人,而君主供养的却是那些著书立说的学士。对于种田的人征收重税,对于学士却给予厚赏,这样再想督责民众努力耕作而少说空话,是根本不可能的。讲求气节,标榜高明,坚持操守而不容侵犯,听到怨恨自己的话,马上拔剑而起。对于这样的人,君主一定会礼遇他,以为这是爱惜自我的贤士。对战场上杀敌立功的人不予奖赏,对那些逞勇报私仇的人反要使之尊贵,这样要想求得民众奋勇杀敌而不去私斗,是根本不可能的。国家太平时供养儒生和侠客,危难到来时用战士打仗。所供养的人不是所要用的人,所要用的人不是所供养的人,这就是发生祸乱的原因。韩非子指出,这样下去结果必然造成"儒服带剑者众而耕战之士寡"。① 再想使国家富强,更不可能了。韩非子认为,范雎、虞庆的言论,都能做到文辞动听过人,但却违背了实际情况。君主对这一类话喜爱而不加禁止,这就是事情败坏的根源。"夫不谋治强之功,而艳乎辩说文丽之声,是却有术之士而任坏屋折弓也。""今世之为范雎、虞庆者不辍,而人主说之不止,是贵败折之类而以知术之人为工匠也。工匠不得施其技巧,故屋坏折弓。知治之人不得行其方术,故国乱而主危。"②君主不谋求治国强兵的实际功效,却羡慕那种华丽动听的诡辩,这就是排斥有法术的人士,而去采纳那种导致屋塌、弓折之类的胡说。当今之世像范雎、虞庆那样的人物还在不断出现,而君主对他们仍然欣赏不止,这就是尊重导致屋塌、弓折之类的议论,而把懂得法术的人当作被动的工匠看待。工匠不能施展技巧,所以会有屋塌、弓折的结果。懂得治理国家的人不能实行自己的方略,所以国家混乱而君主处于险境。在韩非子看来,唯一可行的办法便是绝"辩说文丽之声"而"谋治强之功"。韩非的"治强之功"完全依靠法令来维持。从确保法令尊严的立场出发,他更把私学当作加强统治、稳定社会的对立物。韩非认为:"凡乱上反世者,常士之有二心于私学者也","所以治者,法也;所以乱者,私也。法立,则莫得为私矣。"③凡是犯上作乱反对社会现实的人,常常是读书人中那些怀有异心在私下里搞私学的人。天下治理是由于有法制,天下混乱是由于有私欲。法制建立了,那么就没有人能谋私利了。所以,他得出结论说:"道私者乱,道法者治。上无其道,则

① 《韩非子·问辩》。
② 《韩非子·外储说左上》。
③ 《韩非子·诡使》。

智者有私词,贤者有私意。上有私惠,下有私欲,圣智成群,造言作辞,以非法措于上。上不禁塞,又从而尊之,是教下不听上、不从法也。是以贤者显名而居,奸人赖赏而富。贤者显名而居,奸人赖赏而富,是以上不胜下也。"①本着私利来治国就会混乱,本着法制来治国就能治理。君主没有明白这个道理,那么有智慧的人就会有维护私利的言论,贤能的人就会有谋私利的欲望。上级君主有满足下级私利的赏赐,下级就会有私欲,那些有智慧贤能的人就会成群结队,编造胡言乱语杜撰奇谈怪论,用非法的手段来措置君主。上级君主不加以禁止杜绝,又跟随着而尊重他们,这是在教育臣下不听从君主、不服从法治。因此,那些所谓的贤者以显赫的名声而处高位,奸邪的人就靠赏赐而大发横财,从而上级君主就不能控制臣下。韩非子认为只有对私学严加"禁塞",才能使"上不胜下"的问题得到彻底解决。韩非所要禁止的是包括儒家在内的一切学派和一切学术活动。韩非子说:"畏死远难,降北之民也,而世尊之曰'贵生之士'。学道立方,离法之民也,而世尊之曰'文学之士'。游居厚养,牟食之民也,而世尊之曰'有能之士'。语曲牟知,伪诈之民也,而世尊之曰'辩智之士'。行剑攻杀,暴憿之民也,而世尊之曰'磏勇之士'。活贼匿奸,当死之民也,而世尊之曰'任誉之士'。"②贪生怕死逃避危难,是在战场上投降败北的民众,而当世却尊称他们为"珍爱生命的读书人"。学习人生道路立定奋斗方向,是背离法度的民众,而社会上却尊称他们为"有文化的读书人"。到处游说寄居篱下得到丰厚供养,是侵夺别人的寄生虫,而社会上却尊称他们为"有才能的读书人"。讲起歪理来很聪明,是虚伪诡诈的民众,而社会上却尊称他们为"雄辩有智慧的读书人"。玩弄利剑行凶杀人,是凶残冒险的暴徒,而社会上却尊称他们为"刚正勇敢的斗士"。救活乱臣贼子藏匿奸邪之人,是应当判处死刑的罪犯,而社会上却尊称他们为"保护美名的读书人"。韩非不仅对这六种人痛加贬斥,还斥责儒、墨之学为"愚诬之学",他说:"无参验而必之者,愚也;弗能必而据之者,诬也。故明据先王,必定尧、舜者,非愚则诬也。愚诬之学,杂反之行,明主弗受也。"③即不用事实加以检验就对事物做出判断,那就是愚蠢;不能正确判

---

① 《韩非子·诡使》。
② 《韩非子·六反》。
③ 《韩非子·显学》。

断就引为根据，那就是欺骗。所以，公开宣称依据先王之道，武断地肯定尧舜的一切，不是愚蠢，就是欺骗。对于这种愚蠢欺骗的学说，杂乱矛盾的行为，明君是不能接受的。韩非还说："儒以文乱法，侠以武犯禁，而人主兼礼之，此所以乱也。"①儒家利用文献扰乱法纪，游侠使用武力违犯禁令，而君主却都要加以礼待，这就是国家混乱的根源。韩非子公开指出要对儒墨二家进行整治。他明确提出以威势、法令和严刑来禁绝诸子言论。韩非说："故明主之国，无书简之文，以法为教；无先王之语，以吏为师；无私剑之捍，以斩首为勇。是境内之民，其言谈者必轨于法，动作者归之于功，为勇者尽之于军。是故无事则国富，有事则兵强，此之谓王资。既畜王资而承敌国之衅，超五帝，侔三王者，必此法也。"②在明君的国家里，不用有关学术的文献典籍，而以法令为教本；禁绝先王的言论，而以官吏为老师；没有游侠刺客的凶悍，而只以杀敌立功为勇敢。这样国内民众的一切言论都必须遵循法令，一切行动都必须归于为国立功，一切勇力都必须用到从军打仗上。正因如此。太平时期国家就富足，战争时期兵力就强盛，这便奠定了称王天下的资本。既拥有称王天下的资本，又善于利用敌国的弱点，建立超过五帝、赶上三王的功业，一定得采用这种办法。韩非明确提出要废"书简之文"而"以法为教"，废先王之语而"以吏为师"，并把学者、言古者、带剑者、患御者和商工之民视作为害国家的五大蠹虫。可见，在韩非子那里，文化专制主义达到了登峰造极的程度。

如果说从孔子到韩非子还是基于学者的空谈，那么商鞅则是将文化专制主义落到实处的实干家。商鞅从小就喜好刑名之学，他听说秦孝公下令求贤，便西入秦国。先后以帝道、王道说服秦王，都没有获得赏识。最后说以"强国之术"，孝公为之大悦，并与之谈论数日不厌。于是任商鞅为左庶长，主持秦国的变法。法令"行之十年，秦民大说"，不仅"道不拾遗，山无盗贼，家给人足。民勇于公战，怯于私斗，乡邑大治"，而且百姓从此"莫敢议令"③。虽然秦孝公死后，商鞅遭到车裂而亡，但"秦法未败"④。商鞅主持的变法是以"农战"为核心，围绕富国强兵的目标构建专制统治体系。在商鞅

---

① 《韩非子·五蠹》。
② 《韩非子·五蠹》。
③ 《史记·商君列传》。
④ 《韩非子·定法》。

的统治体系当中，凡是有妨碍于"农战"和富国强兵目标的，都被商鞅列为打压的对象。在《商君书·算地》篇中，商鞅就列出五类要打击的人。但其所指还只有褊急之民、狠刚之民、怠惰之民、费资之民、巧谀恶心之民，大体仅以人性为断。在《商君书·算地》篇里，打击的对象仍是五类，具体包括《诗》《书》谈说之士、处士、勇士、技艺之士、商贾之士。儒家、道家、墨家都成了打击的目标。而在《商君书·农战》篇里，又把打击的对象扩大到十类，即《诗》《书》、礼、乐、善、修、仁、廉、辨、慧，儒家学者至少要占六种。《商君书·去强》篇把打击的对象归纳为"八者"或"十者"。"八者"是指《诗》《书》、礼、乐、孝、弟、善、修，儒家依旧作为指斥的主要目标。《商君书·靳令》篇，把要打击的人称为"六虱"，说："六虱：曰礼、乐；曰《诗》《书》；曰修善、曰孝悌；曰诚信、曰贞廉；曰仁、义；曰非兵、羞战。"礼、乐、《诗》《书》、修善、孝悌、诚信、贞廉、仁、义等都直指的是儒家，非兵、羞战所指的是墨家。商鞅死后，在秦主政的张仪、樗里疾、甘茂、魏冉、范雎、蔡泽、吕不韦、李斯等，都延续实行商君之法。①

　　韩非对在各国变法改革中涌现出来的早期法家思想进行了批判性的总结。他说："申不害不擅其法，不一其宪令，则奸多。故利在故法前令则道之，利在新法后令则道之，利在故新相反，前后相悖，则申不害虽十使昭侯用术，而奸臣犹有所谲其辞矣。故托万乘之劲韩，七十年而不至于霸王者，虽用术于上，法不勤饰于官之患也。"是说申不害不去统一旧法和新法，也不去统一新旧政令，那么奸邪之事就多了。所以，人们看到利益存在于原有的法律和从前的政令中就按原来的办，看到利益存在于新法律和新政令中就按现在的办，如果利益在旧法与新法中相互对立且前后违背，那么申不害虽然以十倍的努力让韩昭侯运用术治，而奸臣们仍然有办法用言辞来进行诡辩。所以，韩国的君主即使有万乘兵车之强大，但经过七十年还没有成为霸主，虽然是在上面运用了术治，但这是没有用法治对官吏进行整顿所造成的祸患。韩非子又说："公孙鞅之治秦也，设告相坐而责其实，连什伍而司其罪，赏厚而信，刑重而必。是以其民用力，劳而不休，逐敌而不却，故其国富而兵强；然而无术以知奸，则以其富强也资人臣而已。"②公孙鞅治理秦国，设立了

---

① 《史记·范雎蔡泽列传》《史记·李斯列传》。
② 《韩非子·定法》。

告发奸邪株连定罪的制度而求得犯法的真实情况,将株连什伍的人定同样的罪,奖赏丰厚而且信守承诺,刑罚很重而且一定执行。因此,他治理下的民众努力劳作而不休息,追击敌人很危险而不退却,所以他的国家富裕而且兵力强盛;然而他没有运用术治来识别奸邪,那就只能把富强资助给臣下了。韩非进而得出结论说:"君无术则弊于上,臣无法则乱于下,此不可一无,皆帝王之具也。"君主不掌握术治就会在上面被蒙蔽,臣子没有法治那么就会在下面出乱子,二者皆不可或缺,都是帝王所应该具备的。不仅如此,韩非还高度强调保持国君绝对威势的重要性,主张以抱法、处势、用术三位一体的办法来治理国家。他十分赞赏慎到的"势治"思想,认为:"贤智未足以服众,而势位足以缶(诎)贤者也。"①贤智不足以制服民众,而势位足以使贤人屈服。韩非子进而认为:"民者固服于势,寡能怀于义。"②即人们一向屈服于权势,很少能被仁义感化。可以说,韩非综合法家各派的思想,将"法""术""势"熔为一炉,使法家理论体系更加趋于完备。韩非虽然在秦国忧愤而死,但他的理论却借助李斯之手化为实际行动,从而对后世产生了巨大的影响。

秦始皇统一六国后,以商鞅、韩非为代表的法家思想便成为垄断全国的统治思想。随着皇权的逐渐加强,文化专制主义正式登上历史舞台。公元前213年,李斯借博士淳于越建言师古分封,上书说:"古者天下散乱,莫之能一,是以诸侯并作,语皆道古以害今,饰虚言以乱实,人善其所私学,以非上之所建立。今皇帝并有天下,别黑白而定一尊,私学而相与非法教,人闻令下,则各以其学议之。入则心非,出则巷议,夸主以为名,异取以为高,率群下以造谤,如此弗禁,则主势降乎上,党与成乎下。"③他认为古时天下松散混乱,不能够统一,因此诸侯纷纷兴起,说话皆称道往古而损害当今,都说一些虚妄的言论来扰乱社会,人人都认为自己所擅长私学好,而非议君上所建立的东西。如今始皇帝您统一了天下,辨别是非而确定皇帝权威,私学相互授受并非议法令教化,百姓听到法令下达,则各以其私学加以议论。来到朝堂嘴里不说而心里反对,出了朝堂则在大街小巷议论纷纷,夸耀君上是为了

---

① 《韩非子·难势》。
② 《韩非子·五蠹》。
③ 《史记·秦始皇本纪》。

博取名利，旨趣不同才能显示自己高明，并带领追随者诽谤朝廷。这样不禁止，则皇帝的权威就会降低，还会在私下里结成党羽。为此李斯提请始皇帝把《秦纪》以外的史书和百姓所藏的"诗、书、百家语"全部焚毁，今后有敢两人以上谈论《诗经》《尚书》等书者将执行弃市的刑罚，用古代非议当今社会的人将被灭族，官吏发现后而不及时举报则与犯禁者连坐同罚，命令下达后三十日不烧者"黥为城旦"，并发配北地服筑作劳役。李斯的提议获得秦始皇的首肯，一时间代表古代人类思想结晶的诸子著作多被付之一炬，只剩下《秦纪》和纯属实用性质的医药、卜筮、种树之书。次年又因卢生、侯生求仙药未果而逃走，秦始皇则以诽谤罪名将诸生四百六十余人"皆坑之咸阳"，并告知天下人以示警诫。① 后来秦始皇病死于沙丘，李斯与赵高共谋立秦二世皇帝，李斯为了与赵高争宠，他建议秦二世"行督责之术"，督，察也，即察其罪，责之以刑罚。李斯认为设置督责之术，"则臣不敢不竭能以徇其主矣。此臣主之分定，上下之义明，则天下贤不肖莫敢不尽力竭任以徇其君矣。"行使督责的统治术后，臣子们不敢不竭尽全力为君主效命。这样君主和臣子的职分一经确定，上下关系的准则也明确了，那么天下不论贤或不肖者都不敢不竭尽全力为君主效命了。秦二世信以为然，不仅益发致力于"灭仁义之涂（途），掩驰说之口，困烈士之行，塞聪掩明，内独视听"，而且以"税民深者为明吏""杀人众者为忠臣"，在严厉的督责下，终于造成"刑者相半于道，而死人成积于市"的局面。②

　　西汉初年，由于采取休养生息的政策以及最高统治者崇尚黄老之术，从而创造了相对宽松的政治环境。于是学术活动日渐繁荣起来，虽然直到汉惠帝时才明令废除《挟书律》，但实际上其早已名存实亡，自由学术氛围再次复燃。故而我们看到伏生口授《尚书》，儒生讲习礼乐，《诗》学开始萌芽，诸子的部分遗著也逐渐失而复得。这一时期由于国家尚有兵戈之事，统治阶层还没有形成统一的上层意识形态，因此就如何进行文化统治的问题一直未能提上议事日程。直到汉武帝时期董仲舒对以天人三策后，才发生了根本的改变。董氏在政治和思想上主张更化，他认为："《春秋》大一统者，天地之常经，古今之通谊也。今师异道，人异论，百家殊方，旨意不同，是以上无

---

① 《史记·秦始皇本纪》。
② 《史记·李斯列传》。

以持一统；法制数变，下不知所守。臣愚以为诸不在六艺之科孔子之术者，皆绝其道，勿使并进。邪辟之说灭息，然后统纪可一而法度可明，民知所从矣。"①董仲舒指出，《春秋》推重统一，这是天地永恒的原则，是古今共通的道理。如今为师者所述的道理彼此不同，人们的议论也彼此各异，诸子百家研究的方向不同，意旨也不一样，所以处在上位的人君不能掌握统一的标准。法令制度多次改变，在下的百姓就会不知道应当怎样遵守。他认为凡是不属于六艺的科目和孔子学术的学说都一律禁止，不许它们同样发展。邪僻的学说消失，然后学术的系统可以统一，法令制度就可以明白，人民也便知道服从的对象了。原来董氏所谓更化，并不是化回到百家争鸣去，而只是把秦朝定法家为一尊变为汉朝定儒家为一尊，只是改换一个新的思想权威而已。希望借此来整齐舆论，实现思想上的统一。此举使得儒家逐渐活跃起来，不仅可以公开阅读儒家经典书籍，而且可以做官。儒家被定位一尊之后，其他诸子的思想和书籍则受到了冷遇，所以士人纷纷改换门庭，战国时期百家争鸣的学术盛况终究没能再现。然而被汉武帝定为一尊的儒学，已不再是孔、孟、荀所代表的原始儒学，而是经过董仲舒改造的新儒学。这种新儒学的特点是以阴阳家所创之天人感应学说为框架，以儒家"五常之道"为核心，积极吸收法家的专制主义思想，主张德刑并用，正式提出王道三纲。"霸王道杂之"的汉家制度就其实质而言，是一种伪装在儒家思想体系下的文化专制制度。翦伯赞先生曾说："董仲舒的办法，从表面看来，似乎比李斯的办法要和平得多，因为他不用火烧，也不用活埋。但在实际上，董仲舒的办法比之李斯的办法，更要刻毒。因为李斯的办法，是盲目地毁灭文化，而董仲舒的办法，是有意识地统制文化。换言之，董仲舒用文化反对文化，用知识分子反对知识分子。"②董仲舒所倡导的这一制度更为刻毒，也更为隐蔽、有效和稳妥。董仲舒的思想宣传在汉代一经成功，就成为历代皇帝所沿袭的范本。从此，战国时期出现的以自由为特征的百家争鸣，便真正成了历史的绝唱。

　　总之，战国时期是由分裂割据走向统一的时代，随着政治统一后加强皇权的需要，国家加大了对思想文化领域的监管，文化专制主义悄然增长，从

① 《汉书·董仲舒传》。
② 翦伯赞：《秦汉史》，北京大学出版社1983年版，第489页。

而扼杀了思想界的自由,使百家争鸣成为了历史的绝唱。文化专制主义的根苗孕育于诸子的思想中。孔子是文化专制主要的首倡者和践行者。墨子提出了"尚同"思想,并最终把它引向了专制主义。孟子继承了孔子的文化专制主义因素,他所捍卫的"先王之道",实际上是对其他学派进行排挤。荀子对规范舆论做了充分的论证,成为中国文化专制主义理论的真正奠基人。韩非主张统一诸子各家及其言行,将文化专制主义推向了登峰造极的程度。如果说从孔子到韩非子还是基于学者的空谈,那么商鞅则是将文化专制主义落到实处的实干家。秦始皇统一六国后,以商鞅、韩非为代表的法家思想便成为垄断全国的统治思想。随着皇权的逐渐加强,文化专制主义亦正式登上历史舞台。西汉初年,虽然出现了相对宽松的政治环境,但紧接而来的是汉武帝接纳了董仲舒的新儒学,这种新儒学的特点是以阴阳家所创之天人感应学说为框架,以儒家"五常之道"为核心,积极吸收法家的专制主义思想,主张德刑并用,正式提出王道三纲。"霸王道杂之"的汉家制度就其实质而言,是一种伪装在儒家思想体系下的文化专制制度。这一制度更为刻毒,也更为隐蔽、有效和稳妥。董仲舒的思想在汉代一经成功,便成为历代皇帝所沿袭的范本。从此,战国时期出现的以自由为特征的百家争鸣,便真正成了历史的绝唱。

第九章　百家争鸣出现的历史原因

战国时代出现的百家争鸣,在中国文化长河中转瞬即逝,然而它留给人类思想的财富却永放光芒。历史不能够复制,但却可以留给后人去总结和反思。任何社会现象的出现都不能脱离开其存在的历史背景,百家争鸣也是如此。探究其出现的历史原因,主要可以归纳为以下三个方面。

一、新旧统治思想交替为百家争鸣提供了思想空间

在百家争鸣的时代,传统的以血缘关系为核心的宗法制度和礼乐制度瓦解了,而新的统治思想尚未确立,新旧交替留下的空档为各派思想的自由发展提供了难得机遇和空间。

中国先秦时期,自原始社会一直到春秋时期,家族或氏族一直是社会政治经济生活的基本单位。商代以前,人名后多冠以"氏"或"族",如《左传·昭公十七年》记载,黄帝氏、炎帝氏、共工氏、大皞氏和少皞氏,少皞氏的内部又分为凤鸟氏、玄鸟氏、伯赵氏、青鸟氏、丹鸟氏、祝鸠氏、鴡鸠氏、鳲鸠氏、爽鸠氏、鹘鸠氏等。《左传·文公十八年》记载,高阳氏有才子八人:苍舒、隤敳、梼戭、大临、龙降、庭坚、仲容、叔达;高辛氏有才子八人:伯奋、仲堪、叔献、季仲、伯虎、仲熊、叔豹、季狸,文中称此为"十六族"。而帝鸿氏之不才子浑敦、少皞氏之不才子穷奇、颛顼氏之不才子梼杌、缙云氏之不才子饕餮,被称为"四凶族"。夏人称"夏后氏";[①]启的母亲被认为是"涂山氏"之女;因为大禹传子而家天下,"有扈氏"不服;[②]太康时期,"有穷氏"后羿代夏;后来"伯明氏"之子寒浞杀羿自立;夏之遗臣靡逃奔"有鬲氏";寒浞之子浇灭"斟灌

---

① 《国语·鲁语上》。
② 《史记·夏本纪》。

氏"及"斟寻氏";①少康复国以前曾做过"有仍氏"的牧正和"有虞氏"的庖正。② 这些传说和历史上的人物称"氏"或"族",说明他们不仅是该族的族长名,可能还是整个氏族的名字。这一时期陕西临潼姜寨、内蒙古兴隆洼、安徽蒙城尉迟寺、河南郑州大河村、河南邓县八里岗、陕西华县元君庙、江苏邳县刘林等考古遗迹中的族居和族葬现象,更能说明这一时期族或氏族的存在。③ 商代卜辞有关族的记载也很多,有王族、子族、多子族,也有单称族,以及族字前加族名或数字的例子。④ 还有大量没有明确记载为族,但从人名、地名相同的情况,推知也应该代表的是族。西周初期分封鲁、卫、晋的"殷民六族""殷民七族"和"怀姓九宗"都以"族"或"宗"为单位,说明直到商代晚期家族依然存在。商代家族的存在,在安阳殷墟西区、殷墟的孝民屯北及梅园庄北的考古发掘中均得到了证明。⑤ 西周时期家族仍然普遍存在,周初分封时所授之民大多不脱离集团整体,有的甚至是以家族或国族为单位分封给诸侯。如《尚书·多士》记载:"今尔惟时宅尔邑,继尔居;尔厥有干有年于兹洛。尔小子乃兴,从尔迁。"曾运乾曰:"小子,同姓小宗也","盖诰殷士大夫为大宗者。大宗既往,小宗乃兴,所谓宗以族得民也。周迁殷民,皆以族相从。"⑥青铜器《荣簋》《大克鼎》《中方鼎》《宜侯夨簋》《大盂鼎》《班

---

① 《左传·襄公四年》。

② 《左传·哀公元年》。

③ 半坡博物馆等:《姜寨——新石器时代遗址发掘报告》,文物出版社 1988 年版,第 353 页;中国社会科学院考古研究所内蒙古考古工作队:《内蒙古敖汉旗兴隆洼遗址发掘简报》,《考古》1985 年第 10 期;中国社会科学院考古研究所内蒙古考古工作队:《内蒙古敖汉旗兴隆洼聚落遗址 1992 年发掘简报》,《考古》1997 年第 1 期;中国社会科学院考古研究所安徽工作队:《蒙城尉迟寺》,科学出版社 2001 年版,第 18—19 页;郑州市文物考古研究所:《郑州大河村》,科学出版社 2001 年版,第 163 页;北京大学考古实习队、河南省南阳市文物研究所:《河南邓州八里岗遗址 1992 年的发掘与收获》,《考古》1997 年第 12 期;北京大学考古实习队、河南省南阳市文物研究所:《河南邓州八里岗遗址发掘简报》,《文物》1998 年第 9 期;王巍:《聚落形态研究与中华文明探源》,《文物》2006 年第 5 期;北京大学历史系考古教研室:《元君庙仰韶墓地》,文物出版社 1983 年版,第 67—68 页;江苏省文物工作队:《江苏邳县刘林新石器时代遗址第一次发掘》,《考古学报》1962 年第 1 期;南京博物院:《江苏邳县刘林新石器时代遗址第二次发掘》,《考古学报》1965 年第 2 期。

④ 朱凤瀚:《商周家族形态研究》,天津古籍出版社 2004 年版,第 28 页。

⑤ 中国社会科学院考古研究所安阳工作队:《1969—1977 年殷墟西区墓葬发掘报告》,《考古学报》1979 年第 1 期;中国社会科学院考古研究所:《殷墟的发现与研究》,科学出版社 1994 年版,第 121 页;王learning荣、何毓灵:《安阳殷墟孝民屯遗址的考古新发现及相关认识》,《考古》2007 年第 1 期。

⑥ 曾运乾:《尚书正读》,中华书局 1964 年版,第 219 页。

簋》《毛公鼎》《簋》等铭文中,赐人、从征、捍卫、服役等都是以族为基本单位。① 从考古发掘的西周墓葬来看,陕西宝鸡斗鸡台、②陕西长安沣西张家坡、③陕西扶风县北吕村、④河南浚县辛村的卫国墓地、⑤河北房山琉璃河的燕国墓地、⑥河南三门峡上村岭虢国墓地、⑦山西天马—曲村和曲沃羊舌晋侯墓地、⑧山西绛县横水墓地、⑨这些都属于族墓地。春秋时期家族依然是社会基本单位。这一时期依然存在族居的现象,如《左传·僖公二十八年》记载,晋文侯率军包围了曹国,为了报答恩惠,"令无入僖负羁之宫而免其族",这

---

① 唐兰:《西周青铜器铭文分代史征》,中华书局 1986 年版,第 161 页;许倬云:《西周史》(增订本),三联书店 1993 年版,第 149—150 页;郭沫若:《两周金文大系图录考释》,《郭沫若全集·考古编》(第八卷),科学出版社 2002 年版,第 263 页;郭沫若:《夨簋铭考释》,《考古学报》1956 年第 1 期;赵世超:《周代国野制度研究》,陕西人民出版社 1991 年版,第 125 页;张光裕:《簋铭文与西周史事新证》,《文物》2009 年第 2 期。

② 北京大学历史系考古教研室商周组编:《商周考古》,文物出版社 1979 年版,第 189—190 页。

③ 北京大学历史系考古教研室商周组编:《商周考古》,文物出版社 1979 年版,第 190 页。

④ 罗西章:《北吕周人墓地》,西北大学出版社 1995 年版,第 134 页。

⑤ 郭宝钧:《浚县辛村》,科学出版社 1964 年版。

⑥ 北京市文物研究所:《琉璃河西周燕国墓地(1973—1977)》,苏大钧:《北京考古集成》,北京出版社 2000 年版;中国社会科学院考古研究所、北京市文物研究所琉璃河考古队:《1981—1983 年琉璃河西周燕国墓地发掘简报》,《考古》1984 年第 5 期;中国社会科学院考古研究所、北京市文物研究所琉璃河考古队:《北京琉璃河 1193 号大墓发掘简报》,《考古》1990 年第 1 期;北京市文物研究所、北京大学考古学系:《1995 年琉璃河遗址墓葬区发掘简报》,《文物》1996 年第 6 期;北京市文物研究所、北京大学考古文博院、中国社会科学院考古研究所:《1997 年琉璃河遗址墓葬发掘简报》,《文物》2000 年第 11 期。

⑦ 中国科学院考古研究所:《上村岭虢国墓地》,科学出版社 1959 年版;河南省文物考古研究所、三门峡市文物考古工作队:《三门峡虢国墓地》(第一卷),文物出版社 1999 年版。

⑧ 北京大学考古系商周组、山西省考古研究所:《天马—曲村(1980—1989)》,科学出版社 2000 年版;北京大学考古系、山西省考古研究所:《1992 年春天马—曲村遗址墓葬发掘简报》,《文物》1993 年第 3 期;北京大学考古系、山西省考古研究所:《天马—曲村遗址北赵晋侯墓地第二次发掘》,《文物》1994 年第 1 期;山西省考古研究所、北京大学考古系:《天马—曲村遗址北赵晋侯墓地第三次发掘》,《文物》1994 年第 8 期;山西省考古研究所、北京大学考古系:《天马—曲村遗址北赵晋侯墓地第四次发掘》,《文物》1994 年第 8 期;北京大学考古系、山西省考古研究所:《天马—曲村遗址北赵晋侯墓地第五次发掘》,《文物》1995 年第 7 期;北京大学考古文博院、山西考古研究所:《天马—曲村遗址北赵晋侯墓地第六次发掘》,《文物》2001 年第 8 期;山西省考古研究所、曲沃县文物局:《山西曲沃羊舌晋侯墓地发掘简报》,《文物》2009 年第 1 期。

⑨ 山西省考古研究所、运城市文物工作站、绛县文化局:《山西绛县横水西周墓地》,《考古》2006 年第 7 期;山西省考古研究所、运城市文物工作站、绛县文化局:《山西绛县横水西周墓发掘简报》,《文物》2006 年第 8 期。

说明僖负羁氏聚族而居。《左传·襄公二十八年》也记载,齐国大夫庆丰逃奔吴国,"吴句余予之朱方,聚其族焉而居之,富于其旧"。"聚其族焉而居之",说明族居的现象仍然很普遍。

家族或氏族作为社会的基本单位而大量存在,一方面意味着统治者只能是针对血缘整体进行统治,无法突破狭隘的血缘界限直接针对单个人实施奴役。统治者有任务下达,只能"以厥庶民暨厥臣达大家","以",由也。"暨",与也。"达",通也。此句是"以大家达厥庶民暨厥臣"之语倒装,即通过大家把命令传达到庶民和臣。[①] 但从另一方面来看,普通民众要受到来自统治者和家族长的双重统治和剥削。氏族或家族集团并不是由统治者分给土地,也并不以禄米之税的形式剥削其剩余劳动,而是服役者的人身集体地为统治者所有。对人身占有的程度及方式尽管和典型奴隶制不同,但人身占有关系的存在却不能因此被否定。另外,服役者并不完全脱离氏族或家族集团而独立生存,他们除受统治者奴役外,在本家族内部也完全处于家长制父权的支配之下。由于单个人生产不能独立,个人的权利、义务和命运均同自身所在的家族联系在一起,个人完全淹没在家族之中,根本没有独立的人权可言,人格也被泯灭。[②] 正如马克思所说:"我们越往前追溯历史,个人,也就是进行生产的个人,就显得越不独立,越从属于一个更大的整体。"[③]这时所谓的自由,也仅是说他们有别于终日靠皮鞭驱赶的典型奴隶,比起有一定私有经济,并从事个体劳动的农奴来说,差距还是很大的。

这一时期与血缘共同体相适应的宗法制度和礼乐制度,便成为统治和维护社会运转的主要支配力量。

宗法制度将血缘组织和国家权力结合在一起,使宗法等级和政治等级完全一致。按照周代的宗法制度,宗族分为大宗和小宗。周王自称天子,成为天下的大宗。天子除嫡长子以外的其他儿子被封为诸侯。诸侯对天子而言是小宗,但在其封国内却是大宗。诸侯的其他儿子被分封为卿大夫。卿大夫对诸侯而言是小宗,但在其采邑内却是大宗。从卿大夫到士也是如此。因此贵族的嫡长子总是不同等级的大宗。大宗不仅享有对宗族成员的统治

---

① 《尚书·梓材》。
② 孙曜:《春秋时代之氏族》,上海中华书局1931年版,第31页。
③ 马克思,恩格斯:《马克思恩格斯选集》(第二卷),人民出版社1995年版,第87页。

权,而且享有政治特权。周初按照宗法原则分封了大量的小宗出去作为地方的诸侯。据《荀子·儒效》记载,周公"兼制天下立七十一国,姬姓独居五十三人焉;周之子孙,苟不狂惑者,莫不为天下之显诸侯"。周公分封了七十一国,姬姓作为小宗分封出去的就有五十三国,周人姬姓子孙只要神志正常都被分封做了诸侯。

礼乐制度是按照血缘亲疏和长幼尊卑区分社会等级的制度,为彰显每个人在社会上的身份地位,在衣、食、住、行等方面都有明确的规定。《左传·庄公十八年》记载,虢公和晋侯朝见天子,周王设宴款待,二者皆受到同样的礼遇和赏赐。而古礼规定:"王命诸侯,名位不同,礼亦异数,不以礼假人。"虢公、晋侯名位不同,却受到同等赏赐,故为非礼。《左传·僖公二十五年》记载,王子带之乱,晋文公勤王有功,周王设宴款待,晋文公请求天子才能用的隧礼来埋葬自己,最终没有被允许。《左传·文公二年》记载,晋人使阳处父与鲁侯盟誓,以羞辱鲁文公,按照礼仪,盟誓双方身份要对等,而阳处父以大夫盟诸侯,故而《春秋》要避讳此事,而仅言"及晋处父盟",只字未提鲁侯。《左传·桓公六年》记载,北戎征伐齐国,郑太子忽帅师营救齐国有功,齐侯馈赠粮草,而鲁国以"周班"排列次序,故而把郑国排到了后面。《国语·鲁语下》记载叔孙穆子聘问晋国,晋悼公设宴招待他,并演奏了天子飨宴元侯与两君相见的音乐,叔孙穆子不敢拜谢,最终只拜了君享宴使臣的音乐。《左传·成公十二年》记载,晋国郤至聘问楚国,楚国亦演奏两君相见之乐,郤至吓得惊慌而跑。可见,礼乐制度已经深入了政治和社会生活的各个方面。战国以前,社会上"礼不下庶人,刑不上大夫"的规定,说明礼乐制度是为维护建立在血缘关系基础之上的等级制度服务的。礼的本质在于明尊卑贵贱之序,使"事有宜适,物有节文","防其淫侈,救其雕敝",以便有效地"宰制万物,役使群众"。① 可以说,建立在血缘基础之上的宗法和礼乐制度,构建和维护了战国以前的社会统治秩序。

到了战国时期,宗法和礼乐制度随着血缘关系的解体,而逐渐失去了其存在的前提,更不能履行应有的社会职能。实际上,血缘纽带从春秋时期就已经开始走向衰落。《左传·僖公二十四年》记载,周襄王想要以狄人征伐郑国,大夫富辰以"扞御侮者莫如亲亲"相劝谏,并引《诗经》:"凡今之人,莫

---

① 《史记·礼书》。

如兄弟"和"兄弟阋于墙,外御其侮"作为佐证。周襄王不听,使颓叔、桃子带领狄师征伐郑国,攻取了栎这个地方,从此兄弟不和谐,诸侯也开始不和睦。此外,晋国于鲁僖公五年灭亡了虢国和虞国;于鲁闵公元年,灭亡了耿国、霍国和魏国,这些都是姬姓之国。《左传·庄公六年》记载,楚文王征伐申国途中路过邓国。邓祁侯因为楚国是邓国的外甥,因而不加军事戒备,结果在楚国征伐申国回来的那一年,楚王便袭击了邓国。鲁庄公十六年,楚国再次征伐邓国,由此灭亡了邓国。在各诸侯国的国内,血缘关系亦遭到不同程度的破坏。《左传·宣公二年》记载骊姬之乱后,"诅无畜群公子",从此晋国便再无姬姓公族了。《左传·昭公三年》记载,叔向说:"栾、郤、胥、原、狐、续、庆、伯,降在皂隶,政在家门,民无所依。君日不悛,以乐慆忧。公室之卑,其何日之有?"又说:"肸闻之,公室将卑,其宗族枝叶先落,则公从之。肸之宗十一族,唯羊舌氏在而已。"栾、郤、胥、原、狐、续、庆、伯都是姬姓氏族,他们都失去了贵族的政治地位,降为皂隶一类的仆役阶层。叔向所在的姬姓宗族共有十一个族支,现在只有叔向所在的羊舌氏一族而已了。这条材料进一步印证了晋国姬姓公族的衰亡。《左传·襄公二十八年》记载,齐国庆舍把女儿嫁给了卢蒲癸,庆舍的家臣对卢蒲癸说:"男女辨姓。子不辟宗,何也?"卢蒲癸曰:"宗不余辟,余独焉辟之? 赋诗断章,余取所求焉,恶识宗?"即庆舍的家臣问卢蒲癸,男女结婚要区别是否同姓,你却不避同宗,这是为什么?卢蒲癸回答说,同宗不避我,我怎么能独独避开同宗呢? 比如赋诗的断章取义,我取得所需要的就是了,哪里知道什么同宗? 庆舍与卢蒲癸不仅同为姜姓,而且是同一宗族。卢蒲癸取其所需,公然违背"同姓不婚"的原则,说明齐国血缘关系已经淡化了。《左传·昭公元年》记载,郑国放逐游楚到吴国,游楚将要动身之时,子产征求其宗主大叔的意见。大叔说:"吉不能亢身,焉能亢宗?"即我连自身都保护不了,哪里还能保护宗族呢? 血缘团体的裂痕既已被撕开,就再也难以完全弥合了。

战国时期血缘亲族关系进一步瓦解,这一时期家族已经不能起到庇族和收族的作用了。如《管子·问》篇曰:"问国之弃人,何族之子弟也?""士之身耕者几何家?""问乡之贫人,何族之别也?"这些"国之弃人""士之身耕者"和"乡之贫人",都是脱离了家族的独立个体。《管子·轻重丁》记载城阳大夫,嬖宠之人穿着葛布做成的衣服,鹅鹜之类都有吃不完的粮食,并且齐备钟鼓之声,吹笙篪,而"同姓不入,伯叔父母,远近兄弟,皆寒而不得衣,饥而不得食"，可见，宗主已经不尽保恤亲戚的义务。《礼记·文王世子》记载："五庙之孙，祖庙未毁，虽及庶人，冠，取妻必告，死必赴，不忘亲也。""五服"以内的族人已经沦落为庶人，那些在冠礼、娶妻和死丧之时的相告，也只是空留其形式而已了。随着血缘亲族关系的瓦解，庶子的地位也获得提升。如《管子·问》篇曰："问乡之贫人，何族之别也？问宗子之收昆弟者，以贫从昆弟者几何家？"乡中的贫困之人是何族的后裔？嫡长子因贫困而寄食于兄弟之家的人有多少？《礼记·曾子问》记载："宗子为士，庶子为大夫，其祭也如之何？"宗族长做士，而庶子做了大夫，那么在祭祀的时候怎么办呢？是按照宗族等级好，还是按照官爵排序好呢？不仅如此，父子、兄弟相忍和相互拂夺的现象也已经相当普遍。如《墨子·兼爱》说："子自爱不爱父，故亏父而自利；弟自爱不爱兄，故亏兄而自利"，"父自爱也不爱子，故亏子而自利；兄自爱也不爱弟，故亏弟而自利。"儿子爱自己而不爱父亲，因而损害父亲以自利。弟弟爱自己而不爱兄长，因而损害兄长以自利。父亲爱自己而不爱儿子，所以损害儿子以自利；兄长爱自己而不爱弟弟，所以损害弟弟以自利。《吕氏春秋·明礼》也提道"父子相忍，弟兄相诬"。父子残忍相待，弟兄互相欺骗。这些都是战国时期真实情况的反映。到了秦孝公时期，据《史记·商君列传》记载，商鞅规定"民有二男以上不分异者，倍其赋"，百姓家里有两个成年男性而不分家居住，就加倍其赋税，由国家强制推行小家庭制度，进一步促进了家族的瓦解。

随着血缘亲族关系削弱，建立在血缘关系之上的宗法和礼乐制度也逐渐走向崩坏。早在周宣王时期宗法制度就受到了挑战。据《国语·周语上》记载，鲁武公以其子括和戏朝见天子，宣王立少子戏为储君。樊仲山父劝谏，宣王不听。最终违背先王既定"嫡长子继承制"之原则，废长立少。鲁武公去世后，鲁人杀掉戏而改立括。宣王便兴兵讨伐鲁国，立孝公而还。如果说西周末年宗法制被践踏是取决于天子之好恶的话，春秋初年的曲沃代晋则开创了小宗代大宗的先例。鲁隐公五年到桓公八年记载了曲沃代晋事件的经过，到了鲁庄公十六年，王使虢公命曲沃伯建立一军，做了晋侯，从而最终取代大宗做了诸侯国的国君。春秋时期礼乐制度亦走向了衰落。《左传·隐公八年》记载，郑公子忽到陈国迎娶妇妫，郑公子忽"先配而后祖"，即先行夫妻之事，然后再回国祭祀祖先并且完婚。而按照传统礼制要先行祭祖之礼后，才能婚配，故陈铖子曰："是不为夫妇。诬其祖矣，非礼也，何以能育?"陈铖子说,这不能算夫妻,欺骗他的祖先,这不合于礼,怎么能够生育呢?《左传·庄公二十年》记载,虢公、郑伯以王子颓"乐及遍舞",杀王子颓及五大夫,纳王于王城,结果郑伯享王亦以"乐备"效尤。《左传·成公二年》记载,卫国石成子在阻击齐国军队时立功,卫国国君赏给他邑。石成子拒绝邑,而请求用曲县、繁缨以朝见国君,结果被允许。《左传·成公二年》记载,宋文公去世,"始厚葬,用蜃炭,益车马,始用殉。重器备,椁有四阿,棺有翰桧"。宋文公死后,开始厚葬。用蚌蛤和木炭,增加车马,开始用人殉葬,加多器物。椁有四面坡,棺材有翰、桧等装饰。按照丧葬礼,身份等级不同,随葬的车马数量亦不同,"益车马"就是增加车马的数量。"椁有四阿"和"棺有翰桧",这些都是天子才能拥有的。晋文公时尚需向天子请求丧葬用的"隧"礼,到这时已经完全可以自己擅作主张了。战国时期除了以儒家为代表的少数流派还在提宗法和礼乐制度外,礼乐制度在社会上已经基本废弃不用了。顾炎武于《日知录·周末风俗》条云:"春秋时犹尊礼重信,而七国则绝不言礼与信矣;春秋时犹宗周王,而七国则绝不言王矣;春秋时犹严祭祀、重聘享,而七国则无事矣;春秋时犹论宗姓氏族,而七国则无一言及之矣;春秋时犹宴会赋诗,而七国则不闻矣;春秋时犹有赴告策书,而七国则无有矣。"①说明从内政、民事到外交,一切都脱出了旧的运作轨道,宗法与礼乐制度在被奉行了数百年之后,终于寿终正寝。

旧的统治思想退出后,新的统治思想还未确立起来。首先诸子中并没有形成一家独大的思想体系。诸子百家虽有显学,但没有统治思想和非统治思想,没有主流意识和非主流意识的区别,孟子倡导"仁政"学说,荀子主张"礼"制,墨子提出"兼爱""非攻"以及"尚贤""尚同",庄子强调"无为",法家提倡法制,各家齐头并进。战国诸子各家观点不同,主张各异,但殊途同归,都是在设计治国平天下的方案。在诸子各家中只有法家将其思想付诸实践,但也主要是满足和服务社会现实的需要,缺乏系统规划。如李悝认为"王者之政,莫急于盗贼",所以他在变法改革中为魏国制订的《法经》六篇便首列《盗法》和《贼法》,因"盗、贼须劾捕",故其次讲《囚法》和《捕法》,《具法》是根据情况加重或减轻刑罚的法律,只有《杂法》才涉及其他犯罪行

---

①　黄汝成:《日知录集释》,上海古籍出版社 2014 年版,第 295 页。

为。① 可见，惩治盗贼是这部法典最为注重的核心内容。这种倾向在商鞅变法和湖北云梦秦墓出土的《秦律》竹简中也有突出反映。而后世在隋代《开皇律》基础上形成的《唐律》，除了在其数量已扩大到十二篇五百条的同时，将《贼律》《盗律》压缩为《贼盗》一篇，《贼盗》仅占其中很小的一部分。② 所以我们说战国的法律还很粗疏，不能满足统治者加强集权专制的需求。

其次各国统治者的统治思想还不明确。在宗法和礼乐制度解体之后，用什么样的办法来维持政权和社会秩序，用什么样的思想作为实施统治的指导思想，各国统治者在认识上还不明确。由于战国时期社会动荡不断，诸侯纷争不止，国君们多为丧地辱师、"天下恶乎定"、如何才能"称帝而王"等问题烦恼焦虑。究竟是实行王道还是实行霸道？究竟是用德治还是用礼治、贤治、势治、法治，抑或干脆无为而治？让各国统治者无所适从，举棋不定，以至于竟出现了燕王哙相信"禅让"说，把君位传于燕相子之的荒唐举动。③ 可以说，除了秦国自商鞅变法之后，一直遵循商鞅学派的治国方针基本未曾动摇外，其他各国都在不同程度上存在着何去何从的犹豫与徘徊。实际上，学者中就如何进行社会统治的问题，也是举棋不定。如《管子·国蓄》篇说："夫以室庑籍，谓之毁成；以六畜籍，谓之止生；以田亩籍，谓之禁耕；以正人籍，谓之离情；以正户籍，谓之养赢。五者不可毕用，故王者遍行而不尽也。"若是征收房屋税，会造成毁坏房屋；若是征收六畜税，会限制六畜繁殖；若是征收田亩税，会破坏农耕；若是按人丁收税，会断绝人们情欲；若是按门户收税，无异优待富豪。这五者不能全面实行，所以成王业的君主虽然每一种都曾用过，但不能同时完全采用。遍行就是要有所侧重，但在五种都有缺陷的税制中，究竟以哪一种为主才好，连作者自己也未予明言。荀子就如何建立新制的问题论述最多，贡献也最大，但他所勾画的不过是个基本框架和蓝图，一深入到操作层面，却只能建议各国不妨"刑名从商，爵名从周，文名从礼，散名之加于万物者，则从诸夏之成俗曲期，远方异俗之乡，则因之而为通"。④ 即刑法的名称依从商朝的，爵位的名称依从周朝的，礼仪制度的名称依从《礼经》，赋予万物的各种具体名称则依从中原地区华夏各诸

---

① 《晋书·刑法志》。
② 韩国磐：《中国古代法制史研究》，人民出版社 1993 年版，第 282、292 页。
③ 《战国策·燕策一》。
④ 《荀子·正名》。

侯国已经形成的习俗与各方面的共同约定。远方不同习俗的地区，就依靠这些名称来进行交流。显然并没有把各种制度融会贯通，铸为一体。学者们在讨论、选择、综合与争鸣，并先后出现过以齐国的稷下学宫和吕不韦的相府为基地的两大研究中心。

总之，由原始社会直接延续下来，以血缘关系为核心的宗法和礼乐制度等旧的统治思想瓦解了，新的统治思想又尚未建立起来，新旧交替留下的空档为各派思想的自由发展提供了难得机遇。由于统一的中央集权的封建专制统治尚未建立起来，故为其服务的统治思想也没有真正形成，统治者只能容忍各家学术齐头并进，在不受干扰的情况下自由发展。贤士"一君不能独畜，一国不能独容"[1]，他们可以出将入相，退可以为王者师友。政治上不得意，则聚徒讲学，著书立说，书传天下。纵然放言高论，也不必担心触禁犯忌，充其量不过是"有道则见，无道则隐而已"[2]。国君听了他们的宣传，也常"心有戚戚焉"[3]。这种情况在秦汉以后便再也难得见到了。所以，我们说百家争鸣是旧统治思想向新统治思想过渡期间的产物。

二、诸侯分立局面下对人才的招徕为百家争鸣提供了政治空间

百家争鸣所处的时代正是战国诸侯分立的时代，诸侯为了实现自己统治天下的蓝图，都想尽各种办法招徕人才，从而为百家争鸣的出现提供了政治空间。

人才招徕现象肇始于春秋时期。平王东迁后，进入了霸主政治的时代，为争夺霸主地位，诸侯国逐渐开始注意到人才的重要性，同时诸侯国国内的政治斗争也为人才招徕提供了可能。于是我们看到春秋时期出现了"亲羁并用""楚材晋用"和"策名委质"等现象。这一时期诸侯国为了争霸，纷纷招纳贤士，出现了"虽楚有材，晋实用之"的现象。《左传·襄公二十六年》记载，楚国伍举出奔晋国，声子为了召回伍举，向令尹子木列举了"楚材晋用"的例子。楚国子仪叛乱，析公逃亡到晋国，晋国让他做了谋士。绕角战役，析公为晋国出谋划策，造成了楚军的崩溃。晋国于是进攻蔡国，袭击沈国，

---

① 《荀子·非十二子》。
② 《论语·泰伯》。
③ 《孟子·梁惠王上》。

俘虏了沈国的国君,在桑隧击败申国和息国的军队,郑国也不敢偏向楚国。楚国由此失去了中原,这些都由于析公的原因。楚国的雍子逃亡到晋国,晋国人给予封地并让他做了谋士。彭城战役,楚国中了雍子的计谋,军队夜里崩溃。晋国允许彭城投降,并将其归还给宋国。楚国由此失去了东夷,子辛也为此而死,这些都是雍子所致。楚国子灵逃亡到晋国,晋国给他封地并让他做了谋士。他让吴国和晋国通好,并教吴国背叛楚国,教他们坐车、射箭、驾车奔驰作战,让他的二子狐庸做了吴国的行人。吴国攻打巢地,占领驾地,攻下棘地,进入州来,从而使楚国疲于奔命,这就是子灵干出来的。若敖叛乱,伯贲的二子贲黄逃亡到晋国,晋国给他封地并让他做了谋士,鄢陵战役,贲黄为晋国谋划,晋国打败楚军,楚王也受了重伤,军队一蹶不振,子反为此而死。郑国背叛,吴国兴起,楚国失去诸侯,这些都是贲黄做的。令尹子木听完声子的讲述后非常害怕,立即向楚王汇报,并增加伍举的官禄爵位而让他回到楚国官复原职。文中所举楚国的析公、雍子、巫臣、贲皇先后仕于晋国,乃其显例,那些未知名的"楚材晋用"之人还不知有多少。实际上,其他诸侯国的人才流动也非常普遍。《左传·昭公七年》记载,郑国罕朔出奔晋国,韩宣子向子产询问安排他什么官位。子产曰:"君之羁臣,苟得容以逃死,何位之敢择?卿违,从大夫之位,罪人以其罪降,古之制也。朔于敝邑,亚大夫也,其官,马师也。获戾而逃,唯执政所置之。得免其死,为惠大矣,又敢求位?"子产认为,君王的寄居之臣,如果能够容他逃避死罪,还敢选择什么官位?卿离开本国,随大夫的班位;有罪的人根据他的罪行降等,这是古代的制度。朔在郑国的班位是亚大夫,官职是马师。得罪而逃亡,就听凭执政安排了。能够免他一死,所施的恩惠就很大了,又岂敢要求官位?宣子觉得子产答复很恰当,于是让他随下大夫的班位。《左传·僖公二十六年》记载,齐桓公的儿子七人,由于国内的政治斗争,在楚国做了七个大夫。由于人才流动的出现,在各诸侯国统治体系的内部,传统宗法和礼乐制度下"亲不在外,羁不在内"的用人制度亦受到撼动。《左传·昭公十一年》记载,楚灵王在陈地、蔡地、不羹筑城。派遣弃疾管理蔡地,做了蔡公。楚灵王向申无宇询问派弃疾在蔡地如何?申无宇回答说:"择子莫如父,择臣莫如君。郑庄公城栎而置子元焉,使昭公不立。齐桓公城谷而置管仲焉,至于今赖之。臣闻五大不在边,五细不在庭。亲不在外,羁不在内。今弃疾在外,郑丹在内,君其少戒!""五大"贾逵注云:"五大谓太子、母弟、贵宠公子、公孙、累世正卿也。""五细"郑众认为即隐公三年传"贱防贵，少陵长，远间亲，新间旧，小加大"之贱、少、远、新、小。弃疾是楚国公子子南的儿子。然丹，据杜预注，是郑穆公的孙子，于鲁襄公十九年出奔楚国。这段话的大意是说，选择儿子没有比父亲更合适的人了，选择臣子没有比国君更合适的人了。郑庄公在栎地筑城而安置子元，让昭公不能立为国君。齐桓公在谷地筑城而安置管仲，到现在齐国还得到利益。臣听说五种大人物不在边境，五种小人物不在朝廷。亲近的人不在朝廷外任职，寄居的人不在朝廷内任官。现在弃疾在朝廷外，郑国然丹在朝廷内，君王恐怕要稍加戒备了！《左传·成公十六年》记载，鲁国的叔孙侨如出奔齐国，齐国使任职于高氏和国氏之间。后来又出奔卫国，亦位列卿职。在各国卿大夫之家的内部，也出现了所谓"亲羁并用"的局面。在各国的出奔者中，不是每个人都能获得入仕的机会，于是就有一些贵族投入私家，如《国语·周语下》记载"晋孙谈之子周适周，事单襄公"晋国孙谈的儿子周逃到周王国，没有任官而投奔了单襄公。《左传·成公十七年》记载，齐国鲍国离开鲍氏，而逃奔鲁国，"为施孝叔臣"，做了施孝叔的家臣。《左传·定公九年》记载，鲁国阳虎之乱失败，阳虎先逃奔齐国，再逃奔晋国，做了赵氏的家臣。自然也有不曾背弃宗国，却又脱离本族仕于他家者。《国语·晋语七》提到的辛俞就是因为"无大援于晋国，而世隶于栾氏"。《左传·昭公三年》记载齐国陈氏爱民如父母，"而归之如流水"。鲁昭公二十年，齐豹引荐宗鲁于公孟，宗鲁于是做了公孟的骖乘。《左传·哀公十四年》记载齐国的陈豹因"远于陈氏"，而做了子我的家臣。《左传·哀公十六年》亦记载卫国子伯季子最初为孔氏的家臣，后来又"登于公"，做了国君的大臣，这些都是脱离本族而仕于他族者。《左传·哀公十四年》记载，宋司马皇野命其徒攻桓氏，"其父兄故臣曰：不可。其新臣曰：从吾君之命"，新臣与父兄故臣并提，说明新臣应该属于异姓之羁臣，这段话正是私家内部"亲羁并用"局面的最好说明。这些异姓家臣与家主之间，还以"策名委质"形式结成了新的主从关系。《左传·僖公二十三年》记载，晋怀公即位，明令臣下不准跟随逃亡在外的人。规定了期限，到期不回来的不赦免。狐突的儿子狐毛和狐偃正跟随重耳在秦国，狐突不肯召他们回国。晋怀公逮住狐突，说让儿子回来就赦免他。狐突说："子之能仕，父教之忠，古之制也。策名、委质，贰乃辟也。今臣之子，名在重耳，有年数矣。若又召之，教之贰也。父教子贰，何以事君？刑之不滥，君之明也，臣之愿也。淫刑以逞，谁则无罪？臣闻命矣。""策名"，即把名字书于策上。"委质"，"质"同贽，"委"置也，即拿着玉帛禽鸟之类给主君作为称臣的信物。整段话的意思是说，当儿子能够做官，父亲用忠诚的道理教导他，这是古代的制度。名字写在简策上，给主子送了进见的礼物，如果三心二意就是罪过。现在下臣的儿子，名字在重耳那里已经有年头了，如果又召他回来，这是教他三心二意。父亲教儿子三心二意，用什么来侍奉国君？刑罚不滥用，这是君王的贤明，也是臣下的愿望。滥用刑罚以图快意，谁能没有罪过？下臣已经明白你的用意了。晋怀公于是杀了狐突。可见"策名委质"现象在春秋中期已经出现。据《国语·晋语八》记载栾氏的家臣辛俞说："三世事家，君之，再世以下，主之"，即三代为大夫的家臣，要侍奉大夫如国君。两代以下，要事奉大夫如主人。此外《国语·晋语九》记载鼓子的家臣夙沙厘说："委质为臣，无有二心，委质而策死，古之法也。"即向君主委质称臣，就不能再有二心。委身成为臣属，就要效忠到死，这是古代的法则。这种新型的君臣关系，已经超越了血缘的界限，并开始向集权政治下的官僚体制发展。

进入战国时代，"古之为万国者，分以为战国七"，既无天子又无霸主，七雄角逐并立，"强者胜弱，众者暴寡，以兵相划，不得休息"。[1] 一不小心，就可能兵挫地削、身死国亡。所以，弱者以谋略图强，强者天天想着成为霸和王，是每个国君所面临的严肃课题。怎样才能强大起来？七国的君主都清楚，关键要看是否得人。故而《管子·七法》篇曰："百姓不安其居则轻民处而重民散，轻民处重民散则地不辟，地不辟则六畜不育，六畜不育则国贫而用不足，国贫而用不足则兵弱而士不厉，兵弱而士不厉，则战不胜而守不固，战不胜而守不固则国不安矣。"百姓不得安居，就会造成为盗者留下而务农者离散的局面。为盗者留下、务农者离散的结果就是土地不得开辟，土地不开辟则六畜不能繁育，六畜不育则国贫而财不足，国贫而财用不足则兵弱而士气不振，兵弱而士气不振，则战争不能取胜、守国也不能坚固，战不胜而守不固，国家就不会安定了。所谓重民是指因谨厚淳朴、遵法守令、顺从长上而有利于农战的人，这些才是各国走向强盛的基础。战国时期要使国家强大，摆在统治者面前最直接的困难是人民少土地多的问题。如梁惠王叹息："邻

---

[1] 《吕氏春秋·观世》。

国之民不加少,寡人之民不加多。"①邻国的人民不见减少,我的人民不增多。商鞅也认为"今秦之地,方千里者五,而谷土不能处二,田数不满百万,其数泽、溪谷、名山、大川之材物、货宝,又不尽为用,此人不称土也"。② 商鞅指出,现在秦国土地有五个方圆一千里的地方,可是能种庄稼的田地还不占十分之二,井田数不到一百万,国中的湖泊、沼泽、山谷、溪流、大山、大河中的原材料、财宝又不能全部被利用,人口与广阔的土地不相称。吴起认为楚国是"所有余者地也,所不足者民也"。③ 可见对人口的需求,已经成为各国的当务之急。

为了解决"邻国之民不加少,寡人之民不加多"和"民之不足以实其地"的问题,各国纷纷采取惠民政策,以招徕和吸引人口。商鞅建议秦王发布优惠政策,"诸侯之士来归义者,今使复之三世,无知军事。秦四境之内,陵阪丘隰不起十年征,著于律也,足以食作夫百万"。凡是各诸侯国的人来归附秦国,立刻免除他们三代的徭役赋税,不用参加作战。秦国四界之内,岭坡、土山、洼湿的土地,十年不收赋税。商鞅认为把这些都写在法律中,足够招来上百万从事农业生产的人。④《荀子·大略》篇记载:"八十者一子不事,九十者举家不事,废疾非人不养者,一人不事,父母之丧,三年不事,齐衰大功,三月不事,从诸侯来,与新有昏,期不事。"八十岁的人,可以有一个儿子不服劳役;九十岁的人,全家都可以不服劳役;残废有病、没有人照顾就不能活下去者,家里可以有一个人不服劳役。有父亲、母亲的丧事,可以三年不服劳役;服齐衰和大功的人,可以三个月不服劳役。从其他诸侯国迁来以及新结婚之人,可以一年不服劳役。《荀于·议兵》篇也记载:"用贫求富,用饥求饱,虚腹张口来归我食,若是则必发夫掌窌之粟以食之,委之财货以富之,立良有司以接之。已期三年,然后民可信也。"是说人民贫穷而追求富裕,饥饿而想吃饱,所以空着肚子张着嘴来投奔我求食。像这样就必须发放米仓地窖中的粮食来供养他们,给他们财物来使他们富足,委任善良的官吏来接待他们。满了三年之后,这些归附的老百姓才可以信任统治者。这里讲的都是为招徕人口而采取的惠民政策。正如《银雀山汉墓竹简·守法守令》所说

① 《孟子·梁惠王上》。
② 《商君书·徕民》。
③ 《吕氏春秋·贵卒》。
④ 《商君书·徕民》。

的,"凡欲富国狠(垦)草仁(仞)邑,必外示之以利,内为禁邪除害"。① 凡是想要使国家富裕、土地得到开垦、都邑得到充实,必须对外展示以利益,对内禁止奸邪去除祸害。

在战国时期各国轰轰烈烈的徕民政策中,高明的国君更懂得"地从于城,城从于民,民从于贤"的道理,深信"得贤者而民得,民得而城得,城得而地得"。可以说,有了贤者就有了一切。所以他们不指望通过"足行其地,户说其民"来吸引民众,而是强调"得其要",即用提纲挈领的战略,从尊贤做起,凭借贤者的道义和影响力使天下人归之。② 这样一来,战国的尊贤便有了非比寻常的意义。一些有道的大贤之人显然是被当作足以感召民众的精神领袖才受到特别礼遇的。魏文侯想要让段干木为相,段干木不肯接受,乃"致禄百万,而时往馆之",文侯给了他丰厚的俸禄,并且时常到家里去探望他。于是国人都很高兴,共同吟咏道:"吾君好正,段干木之敬;吾君好忠,段干木之隆。"国人说,我们国君喜欢廉正,把段干木来敬重,我们国君喜欢忠诚,把段干木来推崇。过了没多久,秦国出兵,想去攻打魏国,司马唐劝谏秦君说:"段干木,贤者也,而魏礼之,天下莫不闻,无乃不可加兵乎?"司马唐说,段干木是个贤者,魏国礼敬他,天下没有谁不知道,恐怕不能对魏国动兵吧? 秦君认为司马唐说得很对,于是止住军队,不再进攻魏国。③ 据此,段干木发挥的就是对内稳定人心、对外扩大政治影响的作用。关键时刻,一贤可抵百万兵,尊贤之效,不可谓不大。这些贤才有的"敢直言而决郁塞",有的如明镜而烛照幽隐,有的能出谋划策,有的能奔走游说,有的能攻城野战,有的能辟土积谷,有的能经办事物,有的能著书立说,大至合纵连横,"一怒而天下惧,安居而天下息",小至鸡鸣狗盗,足以替主人排忧解难。这主要是因为旧的宗法制度和礼乐制度到战国已经进一步崩坏,世官世禄制的弊端暴露无遗,宗室子弟不足依靠,兼并和竞争又使军政事务日趋重要和繁杂,客观形势已发展到"得贤人,国无不安,名无不荣;失贤人,国无不危,名无不辱"的地步了。④ 早先孔、墨都不同程度地讲过"尚贤用智"的道理,但人们还

---

① 银雀山汉墓竹简整理小组编:《银雀山汉墓竹简》(壹)(下编),文物出版社1985年版,第142页。

② 《吕氏春秋·先识》。

③ 《吕氏春秋·期贤》。

④ 《吕氏春秋·求人》。

没有深切体会。到战国时期七国对立的形势越来越严重，这才有了"尊贤者
王，用贤者霸，失贤者亡"的紧迫感。于是魏文侯最先用李悝变法，"食有劳
而禄有功"，"夺淫民之禄以徕四方之士"，"师卜子夏，友田子方，礼段干
木"，重用乐羊、吴起、李克、西门豹、翟角，一度形成了魏国独强的局面。① 接
下来赵烈侯接受荀欣的建议，"选练举贤，任官使能"，以公仲连为相，牛畜为
师，荀欣为中尉，徐越为内史，使赵的国力得到了很大提升。② 吴起自魏国进
入楚国后，帮助楚悼王进行改革，"废公族之疏远者"，"使封君之子孙三世收
其爵禄"，虽还要照顾三代，留有一个尾巴，但一切"无贵于举贤"的理念也在
楚国扎根。③ 邹忌用鼓琴的节奏来说明"治国家而弭人民"的道理，被齐威王
任为相，在齐推行"谨择君子，毋杂小人其间"的用贤政策，奠定了齐国数世
富强的基础。④ 秦国到秦孝公时期才下令求贤，征聘"能出奇计强秦者"，商
鞅正在此时闻风入秦，被任为左庶长，两度进行变法，在建立二十级军功爵
制的同时，明确规定"宗室非有军功，论不得为属籍"，"有功者显荣，无功者
虽富无所芬华"，因对旧制度破坏最彻底，反而后来者居上，带来了"士不产
于秦而愿忠者众"的巨大效应，凡欲建立功业者，如张仪、甘茂、范雎、蔡泽、
李斯之徒，纷纷入秦，为之效力。⑤ 燕昭王当了国君以后，决心招纳天下有才
能之人振兴燕国，于是"卑身厚币，以招贤者"，先尊郭隗为师，结果竟使"乐
毅自魏往，邹衍自齐往，士争凑燕"。⑥ 上述做法的意义，是通过改革和新政
策的出台，进一步清算世官制度，把举贤原则付诸实践，从根本上代替了举
亲。乐毅回答燕惠王说："臣闻贤圣之君，不以禄私其亲，功多者授之；不以
官随其爱，能当之者处之。故察能而授官者，成功之君也；论行而结交者，立
名之士也。臣以所学者观之，先王之举措，有高世之心，故假节于魏王，而以
身得察于燕。先王过举，擢之乎宾客之中，而立之乎群臣之上，不谋于父兄，
而使臣为亚卿。臣自以为奉令承教，可以幸无罪矣，故受命而不辞。"⑦乐毅

---

① 《说苑·政理》《吕氏春秋·察贤》。
② 《史记·赵世家》。
③ 《史记·吴起列传》《韩非子·和氏》。
④ 《史记·田齐世家》。
⑤ 《史记·商君列传》《史记·李斯列传》。
⑥ 《战国策·燕策一》。
⑦ 《战国策·燕策二》。

说,我听说贤明的君主,不用俸禄偏爱他的亲人,而给予才能相当的人。所以考察才能来给予官位的,是成功的君主。评论操行来结交的,是建立名誉的士子。臣拿所学的来观察,先王的举动处置,有高出世俗的想法,所以借着魏昭王的使节,亲自到燕国来考察。先王过分推举,把我从宾客中选拔出来,官爵提升到群臣之上,不跟父兄商量,却命我为次卿。我自以为接受命令秉承教导,可以侥幸无罪,所以接受命令而不辞让。对于秦国而言,李斯认为秦穆公广求天下贤士,在西方的戎人中获得了由余,在东方的宛地获得了百里奚,到宋国迎接了蹇叔,在晋国求取了丕豹和公孙支。这五个人不是秦国人,而秦穆公用之,兼并了二十个国家后,于是独霸西戎。秦孝公启用商鞅,改易风俗,百姓富裕国家富强,诸侯因此臣服,并战败了楚国和魏国,拓展了上千里的土地,从此走上了强大的道路。秦惠王用张仪的计谋,攻下三川的土地,向西兼并了巴国和蜀国,向南夺取了汉中,臣服九夷,控制鄢郢之地,东面据有成皋的险要,获得肥美的土地,离散六国的合纵,并让它们事奉秦国,功劳一直影响到当今。秦昭王得范雎之后,废弃穰侯,放逐华阳,加强公室力量,禁绝私门的权利,蚕食诸侯的土地,最终使秦国成就了帝业。他认为秦国自穆公、孝公、惠王、昭王四世有胜,"皆以客之功"。①触龙问赵太后说:"今三世以前,至于赵之为赵,赵王之子孙侯者,其继有在者乎?"即距今三代以前,直到赵国建立的时候,他们的后嗣继承其封爵的,还有见在的吗?赵太后说没有。触龙又问:"微独赵,诸侯有在者乎?"即不仅限于赵国,其他诸侯还有后嗣继承封爵的吗?赵太后说:"老妇不闻也。"②这段话反映了这场变革的影响极为深远。从此以后,大批贤者进入决策中心,而没有能力和功劳的贵族则作为"淫民"而遭到剥夺,甚至逐步沦落,最终退出政治舞台。尽管变革的过程充满痛苦、矛盾和斗争,但既然关乎国家存亡,有作为的国君就只能义无反顾地推行下去。据《史记·田敬仲完世家》记载,齐威王曾与魏惠王在郊外狩猎,魏惠王以自己有可以"照车前后各十二乘"的"径寸之珠"十枚为宝,大肆夸耀。齐威王回答说:"寡人之所以为宝者与王异",接着就举了檀子、肦子、黔夫、种首等人在治理齐国过程中所发挥的重要作用,齐威王认为有了他们,"将以照千里,岂特十二乘哉!"梁惠王感到惭

① 《史记·李斯列传》。
② 《战国策·赵策四》。

愧,不高兴地离开了。这个故事表明,在战国特殊的环境下,秉持道义、博于学问、有治国强兵才能的贤者已被抬得很高,真正成为国君的珍宝。某些国君和掌权者不仅看到了许多"贤人在而天下服,一人用而天下从"的例证,①进一步增强了对用贤重要性的认识,而且摸准了贤人最需要给予尊重的心理,总结出了吸引贤人的一套基本办法。他们认为:"昔者禹一沐而三捉发,一食而三起,以礼有道之士,通乎己之不足也。通乎己之不足,则不与物争矣。愉易平静以待之,使夫自得之;因然而然之,使夫自言之。亡国之主反此,乃自贤而少人,少人则说者持容而不极,听者自多而不得,虽有天下何益焉?"②是说从前大禹洗一次头要多次握住头发停下来,吃一顿饭要多次站起身来,以便依礼节对待有道之士,弄懂自己所不懂的东西。弄懂了自己所不懂的东西,就能不争外物了。贤主用欢悦平和的态度对待有道之士,使他们各得其所,一切都顺其自然,让他们尽情讲话。亡国之君却与此相反,他们看重自己、轻视别人。轻视别人,那么游说的人就矜持而不尽情劝说了。听闻者只认为自己的看法好,因而就会一无所得。这样即使享有天下,又有什么益处呢? 知道了看重自己、轻视别人,"则说者持容而不极",对真正的有道之士"必礼必知,然后其智能可尽也"。③ 即对待有道之人,则一定要有礼貌,一定要知遇他们,然后他们才肯尽其聪明才智来辅佐你。正如郭隗对燕昭王说的那样:"帝者与师处,王者与友处,霸者与臣处,亡国与役处。诎指而事之,北面而受学,则百己者至。先趋而后息,先问而后嘿,则什己者至。人趋己趋,则若己者至。冯几据杖,眄视指使,则厮役之人至。若恣睢奋击,呴籍叱咄,则徒隶之人至矣。"④成就帝业的国君以贤者为师,成就王业的国君以贤者为友,成就霸业的国君以贤者为臣,行将灭亡的国君以贤者为仆役。如果能够卑躬屈节地侍奉贤者,屈居下位接受教诲,那么比自己才能超出百倍的人就会光临;早些学习晚些休息,先去求教别人过后再默思,那么才能胜过自己十倍的人就会到来;别人怎么做,自己也跟着做,那么才能与自己相当的人就会来到;如果凭靠几案,拄着手杖,盛气凌人地指挥别人,那么供人驱使跑腿当差的人就会来到;如果放纵骄横,行为粗暴,吼叫骂人,大

---

① 《战国策·秦策一》。
② 《吕氏春秋·谨听》。
③ 《吕氏春秋·下贤》。
④ 《战国策·燕策一》。

声呵斥,那么就只有奴隶和犯人来了。倘若国君选择的人才还不如自己,引进的都是蠢材,其国不亡何待! 所以,明君多能"去其帝王之色",①虚心待贤;或为贤者"开第康庄之衢,高门大屋,尊宠之";②或与贤者"曲席而坐,传器而食",③"饮食、衣裘与之同之",④恣其所欲,以顺适其意;闻贤者之善言,或"立倦而不敢息",⑤或"不自知膝之前于席""语数日不厌";⑥对贤者的过失,也常"人非之不为沮",⑦不肯"以人之小恶,亡人之大美"。⑧ 其中有的国君甚至能做到"士虽骄之,而己愈礼之",胸襟如此宽广,"士安得不归之",⑨这样的国家怎么会不强大呢? 风气所及,一些卿相大臣也以养士相尚,竟有"食禄千钟,什九在外",⑩以此来养贤者。可以说,战国七雄间的争雄及大臣间的竞争,其核心都是对人才的竞争。

正是因为七国并立和兼并激烈的紧张局势,使某些明君认识到尊贤者王,失贤者亡的道理,严峻的政治形势迫使各国之君不得不通过招揽人才来图强,为学者周游列国、备受礼遇提供了可能,并给贤者提供了进行思想创新的自由,使其通过创造及相互批评和争辩,形成了学术上的百家争鸣。这种局面一直持续到秦朝,在秦国的"焚书坑儒"和《挟书律》的打击下,百家争鸣才宣告结束。至汉代虽曾改弦更张,但代替秦朝苛政的新办法不过是把以王、霸相杂为特色的儒家思想定为一尊。从此,除了儒家之外的诸子之学受到了冷遇,大规模招徕贤人的社会运动也宣告终止。到了汉哀帝时期,已是"县令不请士,郡守不迎师,群卿不揖客,将相不俛眉,言奇者见疑,行殊者得辟","欲谈者宛(卷)舌而固声,欲行者拟足而投迹",⑪过去凡贤者皆能"恣意所存"、四处"抵掌而谈""决疑应猝""颇得伸其舌而奋其笔"的情况再也见不到了。以贤者自由活动为基础的百家争鸣成了这一时期特有的文化

---

① 《吕氏春秋·下贤》。
② 《史记·孟子荀卿列传》。
③ 《史记·秦本纪》。
④ 《战国策·齐策四》。
⑤ 《吕氏春秋·下贤》。
⑥ 《史记·商君列传》。
⑦ 《战国策·齐策一》。
⑧ 《吕氏春秋·举难》。
⑨ 《吕氏春秋·下贤》。
⑩ 《史记·魏世家》。
⑪ 《汉书·杨雄传》。

现象。

总之，列国并立，兼并激烈，尊贤者王，失贤者亡，严峻的政治形势迫使各国之君不得不通过招徕人才以图强，为学者周游列国、备受礼遇提供了政治空间，并从而创造了百家争鸣这一中国历史上特有的文化现象。

三、授田制下人与土地结合的自由性为百家争鸣提供了经济空间

在战国授田制下，人民普遍摆脱了血缘的羁绊，授田的对象直接落实到单个人。但是土地私有化还没有正式完成，人与土地之间缺乏牢固的结合。在各国徕民和招贤政策的吸引下，人民既可以在这里受田，也可以在那里受田。人与土地结合的自由性，为百家争鸣的人才队伍的流动提供了经济空间。

战国以前，主要的社会关系是族际关系，也可以说是人与人之间的关系，个人与土地的关系还没有确立起来。① 这主要是由当时地广人稀的社会现实所决定。据《左传·哀公元年》记载，夏代少康凭借"有田一成，有众一旅"，并能够广施恩德，开始实施复国计划，以收集夏朝的余部，安抚他的官员，于是灭过、戈等国，最终实现了"复禹之绩"。杜预注"方十里为成，五百人为旅"，② 可见统治地域之狭和人口之少。与之相对，人类足迹所未及的土地一定相当广大。周公辅佐周武王克殷践奄时，竟至"驱虎、豹、犀、象而远之"③，商朝人口与虎豹丛生之荒地的比例可见一斑。关于西周征商的武力，据《孟子·尽心》《书序》及《战国策·魏策一》记载，都是"甲车三百乘，虎贲三千人"。而《逸周书·克殷解》谓"周车三百五十乘"，《墨子·明鬼下》则记录为"车百辆"。关于每一乘的人数究竟有多少，说法并不一致。按照传统说法，每辆战车配备 75 名兵士，如《左传·隐公元年》郑庄公"命子封帅车二百乘以伐京"，杜预注："古者兵车一乘，甲士三人，步卒七十二人。"④据《司马法》云："革车一乘，士十人，徒二十人。"⑤每乘的兵士约有 30 人。也

---

① 卢中阳、赵世超：《再论贡、助、彻：孟子的理想与现实》，《暨南史学》2011 年第 7 辑。
② 上海古籍出版社编：《十三经注疏》，上海古籍出版社 1997 年版，第 2154 页。
③ 《史记·殷本纪》。
④ 上海古籍出版社编：《十三经注疏》，上海古籍出版社 1997 年版，第 1716 页。
⑤ 《周礼·地官·小司徒》郑玄注引。

有人据《左传·闵公二年》,"齐侯使公子无亏帅车三百乘、甲士三千人以戍曹",以及《左传·僖公二十八年》,晋国"献楚俘于王,驷介百乘,徒兵千",认为 10 人配备一辆战车,加上甲士也不过 13 人。① 无论如何,每乘战车的兵士数目不可能很大。就是按照每乘 75 人计算,若此役已动员了全国成年男子,则当时全部人口不过六七万人。《左传·闵公二年》关于卫国的记载似可作为旁证,鲁闵公二年卫国被狄人攻灭,复国之时,"卫之遗民男女七百有三十人,益之以共、滕之民为五千人"。卫国在康叔受封建国时是头等大国,又经过三四百年生育繁衍,而一旦败绩,就只剩下男女 734 人,此后 25 年才恢复到革车 300 乘,此时人口大约也只有 5 万人。

相对过于稀少的人口来说,土地则十分广阔。有了大片的荒地,人们往往在一地垦殖一些年后,便舍弃旧地,迁徙他处另辟新地。据《古本竹书纪年》记载,夏朝的都邑自大禹至夏桀,共迁居了八处。殷商都城的迁徙自商之先祖契开始素来有"前八后五"之说,如《尚书·盘庚》篇说:"不常厥邑,于今五邦!"《尚书序》曰:"自契至于成汤八迁","盘庚五迁"。《史记·殷本纪》也记载:"盘庚渡河南,复居成汤之故居,乃五迁无定处。"据典籍记载,周朝的始祖后稷曾建都于邰,后来公刘迁都于豳,古公亶父迁都于岐,到了文王的时代又迁都丰、镐。② 楚国在历史上也曾屡次迁都,而且所迁的地点很多都称为"郢"。③ 这种"不怀厥攸作,视民利用迁"的频繁迁徙活动,没有广大的空地作为保障是不行的。《左传·昭公十二年》记载,楚国大夫子革说:"昔我先王熊绎辟在荆山,筚路蓝缕以处草莽,跋涉山林以事天子,唯是桃弧棘矢以共御王事。"即从前我们先王熊绎僻处荆山,乘柴车、穿破衣服以开辟丛生的杂草,跋山涉水以事奉天子,只能用桃木弓枣木箭作为进贡。《左传·昭公十六年》记载,子产说:"昔我先君桓公与商人皆出自周,庸次比耦以艾杀此地,斩之蓬蒿藜藋而共处之。"是说从前郑桓公和商人们都是从周朝迁居出来的,并肩协作来清除这块土地,砍去野草杂木,一起居住在这里。

---

① 许倬云著,邹水杰译:《中国古代社会史论——春秋战国时期的社会流动》,广西师范大学出版社 2006 年版,第 78—79 页。

② 分别见于《诗经·大雅·公刘》《诗经·大雅·绵》《诗经·大雅·文王有声》。

③ 清华大学出土文献保护中心编,李学勤主编:《清华大学藏战国竹简(壹)·楚居》,中西书局 2011 年版;卢中阳:《从清华简〈楚居〉多郢看先秦时期的异地同名现象》,《简帛语言文字研究》(第六辑),巴蜀书社 2012 年版。

《左传·襄公十四年》记载,姜戎之子驹支称晋惠公赐给他南鄙的土地是"狐狸所居,豺狼所嗥"。各部戎人砍伐了这里的荆棘,并驱逐了狐狸豺狼等野兽,最终才在这里定居下来。即使到了春秋晚期,宋、郑之间仍然还有六块隙地。① 以上这些都是大量荒野之地存在的例证。

由于人少地多,荒地比比皆是,土地并不是稀缺资源,人与土地的关系并不能牢固树立起来。相对而言,国家与族的关系、族与族的关系、族与个人的关系才是主要的社会关系。对于统治者来说,其国家的强大不在于控制多少土地,而在于控制人口的多少。因此我们看到,战国以前战争的目的主要是以争夺人口及牲畜为主,而不是土地,故而《周易·系辞下》在谈到财富概念时说:"何以守位曰仁,何以聚人曰财。"在这样的社会中要实现剥削,获得剩余产品或剩余劳动,首要条件是对劳动者人身的控制。从统治学的角度来说,当国家还不甚发达且国家结构相对简单的情况下,利用被剥削者固有的集团整体对其实行统治,也是最省力和有效的方式。马歇尔·泰莫斯基指出:"早期国家对人的统治先于对领土的控制。"②由于生产力不发达,个体不能独立生存,个人"正像单个蜜蜂离不开蜂房一样"从属于一个更大的集体。③ 在这样的社会中,个人并不自由,人格也不独立。而土地所有权意识淡薄,同时也意味着土地私有制还并没有发展起来。

从控制人向控制土地转变发生于春秋时期,成熟于战国时期。春秋时期各国纷纷掀起了"辟土服远"浪潮,用武力歼灭小国和在野的部族,西周固已有之,但以开辟封疆为目的的"辟土服远"浪潮却始自春秋。这一时期晋、楚、齐、秦等国都曾进行过大规模的"辟土服远"活动。《左传·成公八年》记载,晋国使者申公巫臣对莒子说:"夫狡焉思启封疆以利社稷者,何国蔑有?唯然,故多大国矣。"即狡猾的人想开辟疆土以利国家的,哪个国家没有呢?唯其如此,所以大国就多了。《左传·昭公元年》记载,晋国赵孟亦云:"封疆之削,何国蔑有? 主齐盟者,谁能辩焉? 吴、濮有衅,楚之执事岂其顾盟?"即边境被侵削,哪个国家没有? 主持结盟的盟主,谁能治理得了? 吴国、百濮有隙可乘,楚国执事难道还能顾及盟约吗? 这两段话准确地揭示了春秋时

① 《左传·哀公十二年》《左传·哀公十三年》。
② 〔波〕马歇尔·泰莫斯基著,刘庆译:《早期国家理论在撒哈拉南部非洲前殖民地国家的运用问题》,袁林:《早期国家政治制度研究》,科学出版社 2014 年版,第 274 页。
③ 马克思、恩格斯:《马克思恩格斯全集》第 23 卷,人民出版社 1972 年版,第 371 页。

期各诸侯国致力于开疆拓土的"良苦用心"。春秋时期各国"辟土服远"活动，带来的直接结果就是领土疆域的扩大，以往列国"一同"之地，均变成了有土"数圻"。如鲁国从周公受封时的"方百里"之地，变成了"方百里者五"。① 楚国也从若敖、蚡冒至于武、文时的"土不过同"，变成了"今土数圻"。②

到了战国时期，经过前期的"辟土服远"和诸侯之间的兼并，"古之为万国者，分以为战国七"，③战国七雄均已经拥有方千里之地。如秦国西有巴、蜀、汉中之富利，北有胡貉、代马可供使用，南有巫山、黔中之阻隔，东有崤山、函谷关的坚固险要，其疆域"折长补短，方数千里"。④ 楚国西有黔中、巫郡，东有夏州、海阳，南有洞庭、苍梧，北有汾陉之塞、郇阳，疆域"地方五千里"。⑤ 赵国前漳、滏，右常山，左河间，北有代，疆域"方二千里"。魏国南有鸿沟、陈、汝南、许、鄢、昆阳、邵陵、舞阳、新郪，东有淮、颍、沂、黄、煮枣、海盐、无疏，西有长城之界，北有河外、卷、衍、燕、酸枣，疆域"地方千里"。⑥ 韩国北有巩、洛、成皋的坚固，西有宜阳、常阪的关塞，东有宛、穰、洧水，南有陉山，疆域"地方千里"。⑦ 燕国东有朝鲜、辽东，北有林胡、楼烦，西有云中、九原，南有呼沱、易水，疆域"地方二千余里"。⑧ 齐国南有太山，东有琅邪，西有清河，北有渤海，此所谓四塞之国也，疆域"地方二千里。"⑨最终秦国并海内，从而形成了统一和领土辽阔的大帝国。

随着战国铁器时代的到来，农民具备了从事个体经营的条件，靠血缘纽带维系的集体劳动压抑了生产积极性，分地私耕成为势在必行的迫切要求。于是，土地由家族共同占有到归个人占有的演变应运而生，以行政干预经济为主要内容的授田制开始出现。《管子·度地》篇记载："常以秋岁末之时阅其民，案家人比地，定什伍口数。"整句话的意思是，每当秋后要对民间普查，

---

① 《孟子·告子下》。
② 《左传·昭公二十三年》。
③ 《战国策·赵策三》。
④ 《战国策·秦策一》《商君书·徕民》《韩非子·初见秦》。
⑤ 《战国策·楚策一》。
⑥ 《战国策·魏策一》。
⑦ 《战国策·韩策一》。
⑧ 《战国策·燕策一》。
⑨ 《战国策·齐策一》。

检查户口和土地,核实人口的数量,并分别统计男女老幼的人数。尹知章注:"案家人比地,有十口五口之数,当受地若干。"《管子·入国》篇记载在城邑和国都要设有"掌媒"的官,"取鳏寡而合和之,予田宅而家室之,三年然后事之"。让鳏寡之人结婚,给予其田宅而使之安家,三年后国家才征税役。《吕氏春秋·乐成》记载魏国的史起说:"魏氏之行田也,以百亩,邺独二百亩,是田恶也。""行田"即授田。这句话的意思是说,魏国分配给人民土地,每户一百亩,邺地偏偏给二百亩,是那里土地不好的原因。《银雀山汉墓竹简·孙子兵法佚篇·吴问》记载:"范、中行是(氏)制田,以八十步为(畹)、以百六十步为(畛)",①"韩、魏(魏)制田,以百步为(畹),以二百步为(畛)","赵是(氏)制田,以百廿步为(畹),以二百四十步为(畛)"。② "制田"亦是指授田,"畹"和"畛"是两级土地单位,"畹"小"畛"大。如果此段记载属实,则春秋末期晋国六家就已经开始施行授田。《睡虎地秦墓竹简·魏户律》记载:"叚(假)门逆吕(旅),赘婿后父,勿令为户,勿鼠(予)田宇",③"勿鼠(予)田宇",即不要给予土地和房屋。这段话讲的是不给予编户和不授给土地的特例。以上这些都是关于授田的记载。

不过,战国授田制只是加速了土地私有化进程,却并未直接导致个体私有。战国农民受田后,到一定的时间又须退田于官。如《韩非子·外储说左上》记载:"中牟之人弃其田耘,卖宅圃而随文学者邑之半。"中牟县里的人放弃耕田除草的农活,卖掉住宅和菜园,以便追随搞私学的文士,占了这个地区人口的一半。"宅圃"可卖,而"田耘"只能弃,这正是国家授田制下田地有还有授的表现。《韩非子·诡使》篇记载:"夫陈善田利宅,所以厉战士也;而断头裂腹,播骨乎原野者,无宅容身,身死田收。"拿出好的田地房屋作为赏赐,是为了鼓励士兵奋勇作战的,而一方面,那些身首异处、尸骨抛撒在荒野上的战士,活着没有房子容身,死后田地还要被夺去。"身死田收",也是建立在国家授田制有还有授基础之上。

关于国家的授田额,一般是以百亩为限。如《管子·臣乘马》篇记载:"一农之量,壤百亩也。"《管子·轻重甲》也说:"一农之事,终岁耕百亩。"

---

① 智氏制田,以九十步为(畹),以一百八十步为(畛)。

② 银雀山汉墓竹简整理小组编:《银雀山汉墓竹简》(壹)(下编),文物出版社1985年版,第30页。

③ 睡虎地秦墓竹简整理小组:《睡虎地秦墓竹简》,文物出版社1990年版,第174页。

《汉书·食货志》记载李悝言:"今一夫挟五口,治田百亩。"《荀子·大略》篇亦云:"家五亩宅,百亩田。"等等。由于有还有授,政府便要经常地"审端径术",核验田界,防止"盗徙封",以便"定什伍口数,别男女大小","案家人比地",①有的地方还要"三岁而壹更赋田",使各户所受之地美恶平均。②

有还有授的授田制意味着土地私有化还没有正式完成,人与最基本的生产资料之间缺乏牢固的结合,安土重迁观念也未形成,在各国徕民和招贤政策的吸引下,既可以在这里受田,也可以在那里受田,甚至能获得大量的土地赏赐。所以,战国人事实上成了既无血缘枷锁也无地产羁绊的自由人。正是在这一背景下,族姓班位渐渐无人提起,有关人性的讨论日趋激烈,各种体现个人政治理念的新学说纷纷产生,甚至出现了杨朱、子华子、庄周等把精神解放看得高于一切的、极度张扬个性的思想家。苏秦曾说过:"且使我有雒阳负郭田二顷,吾岂能佩六国相印乎?"③可见,有了固定的地产,情况就会大不相同。不仅可能销蚀建功立业的斗志,恐怕连"游心于淡,合气于漠,顺物自然而无容私焉"的心境也将破坏无遗。④

授田制自秦至汉逐步废弛并最终走向解体。⑤ 随着土地的私有化和商品化,很快出现了"富者田连阡陌"的情况,而士人也纷纷开始朝着地主化的道路迈进,政府一边用种种禁令和严格的户籍管理"驱民皆归之农",一边大肆奖励孝悌力田,在诱导人民"僇力本业"的同时,又试图通过重建血缘组织来稳定民间社会。汉元帝在一份诏书中说:"安土重迁,黎民之性;骨肉相附,人情所愿。"⑥表明到这时多数人又被地产和宗法两张大网套住,动弹不得了。政府公开打击游侠、游说、游行,士人又失去了冲决网罗的雄心和勇气,所以产生于战国时期的百家争鸣逐渐销声匿迹。由此可见,百家争鸣的消失,还有着十分深刻的经济原因。

总之,战国以前,由于人少地多的社会现实,土地还没有受到足够的重视,土地所有权意识淡薄,土地私有制也并没有发展起来。在当时社会中,

---

① 《礼记·月令》《睡虎地秦墓竹简》《管子·度地》。
② 银雀山汉墓竹简整理小组:《银雀山竹书〈守法〉、〈守令〉等十三篇》,《文物》1985 年 4 期。
③ 《史记·苏秦列传》。
④ 《庄子·应帝王》。
⑤ 吴荣曾:《战国授田制研究》,《思想战线》1989 年第 3 期。
⑥ 《汉书·元帝纪》。

以控制人为特征的国家与族的关系、族与族的关系、族与个人的关系才是主要的社会关系，个人完全淹没在家族共同体中，个人并不自由，人格也不独立。而到了战国时期，由于铁器时代的到来，农民具备了从事个体经营的条件，分地私耕成为势在必行的迫切要求。于是土地由家族共同占有到归个人占有的演变应运而生，以行政干预经济为主要内容的授田制开始出现。有还有授的授田制意味着土地私有化还没有正式完成，人与最基本的生产资料之间缺乏牢固的结合，安土重迁观念也未形成，在各国徕民和招贤政策的吸引下，既可以在这里受田，也可以在那里受田。所以，战国人事实上成了既无血缘枷锁也无地产羁绊的自由人。正是在这一背景下，族姓班位渐渐无人提起，有关人性的讨论日趋激烈，各种体现个人政治理念的新学说纷纷产生。到了秦汉时期，士人纷纷开始朝着地主化的道路迈进，政府采取种种禁令和严格的户籍管理驱民归农，故而产生于战国时期的百家争鸣逐渐销声匿迹。

综上而言，战国时期以血缘关系为核心的宗法制度、礼乐制度等旧的统治思想瓦解了，新的统治思想又尚未建立起来，新旧统治思想的交替为百家争鸣提供了思想空间；这一时期诸侯分立的局面，迫使各国统治者不得不招徕人才图强，从而为百家争鸣提供了政治空间；同时，以控制人为特征的时代已经结束，而授田制下人与土地之间缺乏牢固的结合，人民既无血缘枷锁也无地产羁绊，因此为百家争鸣提供了经济空间。思想空间、政治空间、经济空间三者缺一不可，三者共同造就了中国历史上辉煌的百家争鸣时代。

结　　论

　　战国百家争鸣的时代同时也是一个思想创新的时代,诸子的思想上承夏、商、周三代学术,下开秦、汉、隋、唐、宋、元、明、清两千多年思想的先河,奠定了中国古代文化的基础,开创了中国思想史上的"轴心时代"。

　　战国时代百家争鸣出现,与当时独特的社会背景有着密切的关系。政治上王权衰落和礼崩乐坏,为诸子就如何构建社会秩序和使国家富足强大起来提供了讨论的话题和原动力。经济上随着生产力的提高与个体劳动的出现,"士"阶层开始登上历史的舞台,为百家争鸣的形成储备了人才基础。文化上"学者官府"的打破与文化下移,从而为士人的崛起做出了文化上的准备。

　　儒家是战国时期重要的学派之一,在当时被称为显学。战国时期最有影响力的是孟子和荀子两派。孟子的思想创新主要体现在"仁政"学说、"性善论"和历史观三方面。"仁政"学说,在经济上主张"制民之产"和"薄税敛",在政治上主张实行"王道",反对暴力政治的"霸道",同时还发展古代的"民本"思想,提出了"民贵君轻"的观点。孟子在孔子关于人性论述的基础上,创造性地提出了"性善"论,并以此作为他哲学思想的理论基础。他认为人本性是先天赋予的,还将道德伦理与"性善"说联系起来,认为仁义礼智根于心性。因为"性善"是人的天性,所以为了寻找人的"善端",保存和发展人的善性,必须"自反""求放心""养心"和"养气"。孟子也非常重视后天环境对于人的影响。在历史观上,孟子在前人的基础上,明确提出了"法先王"的思想。荀子的思想创新主要体现在天命观、礼治思想、人性论和历史观等方面。荀子明确提出了"天人相分"的天命观理论。在他那里,天是无目的、无意志的自然界。因此天道自然的变化,从根本上说并不能决定人世间的治乱与否。荀子还提出了"制天命而用之"的思想。荀子的政治思想中最突出的就是"礼"制,荀子的"礼"制思想与孔孟所要恢复的周礼有明显不同。

他首先是将礼与法并举；其次是孔孟维护的是世袭的等级制度,荀子主张建立新的等级制度。荀子在礼的基础上还提出了"明分使群"的观点。他还主张"性恶"论,提出了"人之性恶,其善者伪也"的著名观点。荀子主张人性恶,目的是要为他的礼治思想提供理论依据。荀子认为人能通过努力转化恶的本性,获得善的品质,使之符合道德规范,即"化性起伪"。这种思想具有唯物主义的因素,有一定的进步意义。孟子和荀子一个主性善,一个主性恶;一个重仁义,一个倡礼义;一个内向自律,一个外向他律;一个富于理想,一个偏于操作。他们从不同方向发展了孔子的人性理论,奠定了后来儒学人性论的理论基础。荀子对历史的看法比较注重现实,他反对孟子"言必称尧舜"盲目崇拜"先王"的历史观,提出了"法后王"的历史观。荀子强调对待历史要"以近知远",从今天的社会现实出发,去考察过去的历史。这种注重现实的历史观同样具有积极进步的意义。

墨家是战国时期重要学派之一,创始人为墨翟,与儒家并称为当时的"显学"。战国时期主要代表人物是墨子。墨子的思想创新主要体现在非命、兼爱、非攻、尚贤、尚同,以及节用、节葬和非乐等方面。儒家的孔子和孟子都相信天命,而墨子对"以命为有"的命定论思想进行了尖锐的批判,他明确指出了命定论给社会造成的危害。墨子强调通过人的努力来改变命运,为此他提出了"力"和"强"的观点。在论证非命的过程中,墨子还提出鉴别言论是非真伪标准的三表法。战国以前主张"爱人"是以宗法血缘关系为基础,儒家强调的"爱人"也是有差等的爱,墨子称之为"别爱"或"偏爱"。墨子针对战国时期兼并战争频仍、动乱不已的社会现实,提出了兼爱和非攻的主张。墨子认为造成天下大害的根源在于缺乏"兼爱"精神。他依据社会现实的"不相爱"提出了兼爱的具体要求。即"视人之国,若视其国。视人之家,若视其家。视人之身,若视其身"。墨子在鼓吹兼爱的同时,还发出了"非攻"的呐喊。"非攻"就是反对攻伐战争,它是兼爱原则在国与国之间的应用。墨子站在劳动者的立场上揭露了战争的危害。但是墨子主张"非攻",并不是反对一切战争,为此他区分了战争中的"伐"和"诛"。尚贤和尚同是墨子的基本政治主张。儒家的孔子和孟子所提倡的"举贤才",是以"亲亲"为主要原则,使官有常贵,以更好地巩固世袭特权。墨子在先于孟子的时代就提出了明确的尚贤思想。他规划了对待贤人的具体措施,即"高予之爵,重予之禄,任之以事,断予之令"。墨子还提出"有能则举之"的选贤标

准。除尚贤外,墨子还主张尚同。尚同思想是尚贤思想的发展,即由里长、乡长、国君至天子,逐级以上一级的是非为是非,最后上同于天。但是,墨子提出"上之所是,必皆是之;所非,必皆非之"的思想,也蕴含了中央集权的专制主义因素。墨子还反对奢侈的生活,主张节俭,提出节用、节葬、非乐的主张。节用,就是节约用度。墨子反对统治者穷奢极欲,大量耗费百姓的民力和财力,使人民生活陷于困境。节葬是墨子针对当时统治者耗费大量钱财来铺张丧葬而提出的节约主张。春秋以前,贵族阶级中盛行厚葬的习俗,并且具有严格的等级规定。大至随葬器物,小至丧服礼义,都按照身份等级的不同有所差异。墨子认为厚葬久丧不仅浪费了社会财富,而且还使人们无法从事生产劳动。这既对社会有害,又不符合死者的利益和古代圣王的传统,因而必须加以废止。非乐就是反对从事音乐活动。在春秋以前,国家盛行礼乐制度,统治阶级一般都过着钟鸣鼎食的生活。墨子认为凡事应该利国利民,制造乐器需要聚敛百姓的钱财,荒废百姓的生产,而且音乐还能使人耽于荒淫。因此,必须要禁止音乐。墨子提出的这些创新思想虽然有的带有历史和阶级的局限,但是丝毫掩盖不了它们在人类文明史上留下的光辉印记。

道家是战国时期重要学派之一,战国时期道家学派的主要代表人物是庄子。庄子的创新思想主要体现在自然人性说、追求精神和心灵自由的逍遥论、安命无为和无心无情的社会人生论,以及怀疑主义和直觉主义的认识论等方面。与孟子的性善说和荀子的性恶说有所不同,庄子主张自然人性说。庄子认为,人是"与天一"的自然物,故而人的本性就是人的自然性。因此庄子主张回归人的本性,即"素朴"的状态。庄子提出人的本性就是人的自然性,并认为仁义破坏了素朴的人性,所以他对儒家所提倡的仁义道德进行了批判。这在当时是石破天惊之论,在当今社会对我们讨论人权问题仍有启示作用。庄子的逍遥论建立在其人性说的基础之上,内容是讨论如何获得自由的问题。庄子对战国时期剧烈的政治斗争,采取了回避和批判的态度。现实的道路走不通,所以庄子主张逍遥论,追求精神和心灵的自由。庄子所提倡的逍遥游,是一种"无待"的遨游,即不依赖任何外界物质条件、超然肉体之外、无所不适的绝对逍遥。庄子认为要达到这种境界,其办法就是"坐忘"和"心斋"。庄子关于精神和心灵逍遥的思想虽然带有幻想的成分,但是却在中国古代第一次提出了精神自由的命题,对人生的价值、意义和境界等问题进行了别开生面的思考,这在中国思想史上具有重要的理论意义。"无为"是老子提出来的一种独特政治主张,是指顺应自然的发展规律,排除不必要的作为或妄为。而庄子的哲学是一种寻求自我精神解脱和自救的哲学,所以他所说的"无为"才是真正的无为。庄子社会人生论在政治上强调"无为",但在精神上却坚持独立和自由的理想,这构成了庄子社会人生哲学的一个鲜明特色。庄子还发展了老子的"玄同"思想,形成了自己的怀疑和直觉主义的认识论。庄子认为认识对象的性质都是相对的,并且否认了认识真理的客观性。由此,庄子对人的认识能力和认识的可靠性提出了怀疑。在这一问题上,庄子没有超出人的主观意识去寻找认识真理的客观标准,没有将主客观联系起来思考,而是武断地否认了真理的客观标准,从而陷入了诡辩。但是庄子的怀疑和直觉主义的认识论仍是富有创新和启发意义的。庄子的认识论,对当时的主观偏见和独断僵化的思维方式提出了挑战,时至今日仍然具有启示作用。

法家也是战国时期的重要学派之一,主要代表人物是商鞅与韩非。商鞅的思想创新主要体现在以农战为目的的重农抑商思想、轻罪重罚的法制思想和以序爵代替序齿建立新的乡里秩序等方面。商鞅以农战为目的,提出了重农抑商的思想。他在当政期间推出了许多激励和促进农业发展的政策措施,对秦国农业发展起到了积极的促进作用。在商鞅看来,重农必须抑商,为此他推行了许多抑制商人的措施。如规定商人不得买卖粮食、提高酒肉的价格等。春秋至战国时期法律的发展对商鞅产生了重要影响,商鞅在前人的基础上明确提出了轻罪重罚的法制思想。其目的是"以刑去刑""以杀去杀"。商鞅主张"刑无等级",在法律面前人人平等。为了加强统治,商鞅还推行了告奸和连坐制度。商鞅在重视刑的同时,也注重"壹赏",实行"壹赏"的具体办法就是逐步建立了二十级军功爵制。二十级爵和军功破坏了五等爵和亲亲原则,乡里秩序得到了彻底的改造和重构,对社会分层做了一次全面洗牌。轻罪重罚、告奸和连坐制度以及建立新的乡里秩序,对于维护当时秦国的统治,以及保障战争和劳役的进行,都起到积极的作用,也为秦国的强大奠定了基础,并对秦国最终统一六国产生了深远的影响。韩非的思想创新主要体现在进化的历史观和集法制思想之大成两个方面。韩非子与孟荀不同,提出了进化论的历史观,他把古代历史分为三个阶段,即"上古之世""中古之世"和"近古之世"。他还从经济的角度,对这种历史观做出了解释。并由此得出了"世异则事异""事异则备变""故事因于世,而备适于事"的结论。韩非还对复古主义进行了尖锐的批评,进而论证了法制学说是历史发展的必然。韩非子这种进化论的历史观,符合历史发展的趋势,对战国诸国尤其是对秦国建立与时俱进的政治制度起到了积极推动作用。韩非子的法制思想是以建立中央集权的专制主义为核心,他强调君主要以法为主,把法、术、势三者结合起来。韩非批判了商鞅、申不害和慎到只专注于一个方面,并论证了法、术、势三者不可偏废的道理。韩非子认为法、术、势三者相互联系,缺一不可。韩非主张法制,为此他还对儒家的仁义惠爱进行了批判。这样他的政治思想就不同于前期法家的某一个人的政治思想,而是法制、术治、势治三种政治主张的混合体。这种把法、术、势结合起来,集前期法制思想之大成,形成完整的法制理论,也代表着先秦法治思想发展的新成就。

战国时期诸子百家除了儒家、墨家、道家和法家之外,还有名家、兵家、阴阳家、纵横家、杂家、农家等学派,他们在战国时期也都在各自领域提出了自己的思想创新。名家主要讨论的是名和实关系的学派,战国时期主要代表人物是惠施和公孙龙。惠施的"历物十事"论,指出客观世界的无限性和绝对性,提出"同中辩异"和"异中求同"的思想,并从内涵方面指出了自然观和自然科学中某些"名"的确定性。公孙龙子通过"离坚白"和"白马非马",论证了人在认识事物上具有片面性以及一般脱离个别存在的哲学命题,但在论证过程中又不自觉地倒向了不可知论和诡辩论。兵家是以军事战略与战争为主要研究内容的学术派别,战国时期主要代表人物是孙膑。孙膑在继承孙武军事思想的基础上,又有了新的发展和延伸。既阐明了战争的目的是"布道"的战争观,又明确提出了"因势而利导之"的作战原则,此外还重视人在战争中的重要作用。阴阳家是流行于战国末期到汉初的一个重要学派之一,战国时期主要代表人物是邹衍。邹衍将阴阳学说和五行学说二者综合起来,并根据五行相生相胜说,把五行的属性释为"五德",创立了"五德终始"的历史观。这种历史观初衷是为当时的社会变革提供理论依据,但强调历史循环的本质,最终走向了循环论。纵横家是以纵横捭阖之策游说诸侯的学派,战国时期主要代表人物是苏秦和张仪。苏秦主张"合纵",合众弱以攻一强,以齐、楚、燕、韩、赵、魏六国联合抵抗强秦。张仪主张"连横",事一强以攻众弱,策划秦国分别与齐、楚、燕、韩、赵、魏等国建立联盟关系,从而蚕食其他弱小国家。苏秦和张仪的策略对于战国时期政治和军事格局的变化产生了重要影响。杂家是战国末期的综合学派，主要代表人物是吕不韦。杂家博采战国时期众家之长，形成一套在思想上兼容并蓄，且又切实可行的治国理念，在中国思想史上占有重要地位。农家是因注重农业生产而得名的学派，战国时期主要代表人物是许行。许行主张贤者与民并耕以及以数量为标准规定商品价格的思想，其根本之点是贯穿着一个自由平等的观念。这种自由和平等的观念虽然源自古代原始民主制度，但在战国时期社会分工和商品经济都已经发展的情况下，与其他诸家相区开来，并成为农家在思想上的重要特色。总之，诸家思想各具特色，在继承前代学说的基础上，又有思想创新。

战国百家争鸣的特点主要可以归纳为以下几个方面：第一，诸子百家在道术上既有继承又有创新。诸子在天命观、历史观和人性论等方面，都对殷周时期的传统道术有所继承，但又从不同角度突破传统道术的局限。第二，诸子百家都以治国平天下为己任。诸子各家观点不同，主张各异，但却殊途同归。孟子提出"仁政"学说，荀子的政治思想中突出"礼"制，墨子提出"兼爱""非攻"以及"尚贤""尚同"的政治主张，庄子在政治上主张"无为"，法家倡导法制等，都是在设计治国平天下的方案。第三，诸子百家重视"民本"思想。诸子百家均对社会的黑暗持严厉批评态度，主张宽以待民的"民本"思想，成为除法家以外其他各家的共同立场。墨子主张兼爱和尚贤，庄子倡导人的精神自由，孟子提出民贵君轻思想等，都是"民本"思想的体现，而孟子的民贵君轻思想更是把这一立场发展到极致。第四，诸子百家均能针锋相对相互批评。百家之学虽有一定的片面性，但当时"皆自以为真尧舜"，提名道姓地相互批评。有显学，但没有统治思想和非统治思想，没有主流意识和非主流意识的区别，各家齐头并进。最后，诸子百家享有充分的学术自由。百家争鸣中的学者，人格都极其独立，学术界和学者都拥有相当充分的自由。这种自由主要表现在学者自由流动、自由著述和自由讲学等方面。

战国时期是由分裂割据走向统一的时代，随着政治统一后加强皇权的需要，国家加大了对思想文化领域的监管，文化专制主义悄然增长，从而扼杀了思想界的自由，使百家争鸣成为了历史的绝唱。文化专制主义的根苗孕育于诸子的思想中。孔子是文化专制主要的首倡者和践行者。墨子提出了"尚同"思想，并最终把它引向了专制主义。孟子继承了孔子的文化专制主义因素,他所捍卫的"先王之道",实际上是对其他学派进行排挤。荀子对规范舆论做了充分的论证,成为中国文化专制主义理论的真正奠基人。韩非主张统一诸子各家及其言行,将文化专制主义推向了登峰造极的程度。如果说从孔子到韩非子还是基于学者的空谈,那么商鞅则是将文化专制主义落到实处的实干家。秦始皇统一六国后,以商鞅、韩非为代表的法家思想便成为垄断全国的统治思想。随着皇权的逐渐加强,文化专制主义亦正式登上历史舞台。西汉初年,虽然出现了相对宽松的政治环境,但紧接而来的是汉武帝接纳了董仲舒的新儒学,这种新儒学的特点是采用阴阳家所创之天人感应学说为框架,以儒家"五常之道"为核心,积极吸收法家的专制主义思想,主张德刑并用,正式提出王道三纲。"霸王道杂之"的汉家制度就其实质而言,是一种伪装在儒家思想体系下的文化专制制度。这一制度更为刻毒,也更为隐蔽、有效和稳妥。董仲舒的思想在汉代一经成功,便成为历代皇帝所沿袭的范本。从此战国时期出现的以自由为特征的百家争鸣,便真正成了历史的绝唱。

战国时代百家争鸣的出现有着深刻的历史原因。主要可以归纳为以下三个方面:第一,新旧统治思想交替为百家争鸣提供了思想空间。在百家争鸣的时代,传统的以血缘关系为核心的宗法制度和礼乐制度瓦解了,而新的统治思想尚未确立,新旧交替留下的空档为各派思想的自由发展提供了难得的机遇和空间。第二,诸侯分立局面下对人才的招徕为百家争鸣提供了政治空间。百家争鸣所处的时代正是战国诸侯分立的时代,诸侯为了实现自己统治天下的蓝图,都想尽各种办法招徕人才,从而为百家争鸣的出现提供了政治空间。第三,授田制下人与土地结合的自由性为百家争鸣提供了经济空间。战国时期以控制人为特征的时代已经结束,在战国授田制下,人民普遍摆脱了血缘的羁绊,授田的对象直接落实到单个人。但是土地私有化还没有正式完成,人与土地之间缺乏牢固的结合。在各国徕民和招贤政策的吸引下,人民既可以在这里受田,也可以在那里受田。人与土地结合的自由性,为百家争鸣的人才队伍的流动提供了经济空间。思想空间、政治空间、经济空间三者缺一不可,三者共同造就了中国历史上辉煌的百家争鸣时代。

百家争鸣出现在战国时期这段历史的夹缝中,不仅创造了中国思想史上的辉煌时代,而且还为后人留下了宝贵的文化遗产和思想财富。

参考文献

典籍文献

1. 上海古籍出版社编:《十三经注疏》,上海古籍出版社 1997 年版。

2. 孙星衍:《尚书今古文注疏》,中华书局 2004 年版。

3. 周秉钧:《尚书易解》,岳麓书社 1984 年版。

4. 曾运乾:《尚书正读》,中华书局 1964 年版。

5. 马瑞辰:《毛诗传笺通释》,中华书局 1989 年版。

6. 高亨:《诗经今注》,上海古籍出版社 1980 年版。

7. 杨伯峻:《春秋左传注》,中华书局 1990 年版。

8. 徐元诰:《国语集解》,中华书局 2002 年版。

9. 孙希旦:《礼记集解》,中华书局 1989 年版。

10. 杨伯峻:《孟子译注》,中华书局 2005 年版。

11. 杨伯峻:《论语译注》,中华书局 1980 年版。

12. 孙诒让:《墨子间诂》,中华书局 2001 年版。

13. 梁启雄:《韩非子浅解》,中华书局 2009 年版。

14. 王先谦:《韩非子集解》,中华书局 1998 年版。

15. 王先谦:《荀子集解》,中华书局 1988 年版。

16. 蒋礼鸿:《商君书锥指》,中华书局 1986 年版。

17. 黎翔凤:《管子校注》,中华书局 2004 年版。

18. 陈奇猷:《吕氏春秋新校释》,上海古籍出版社 2002 年版。

19. 黄怀信:《鹖冠子汇校集注》,中华书局 2004 年版。

20. 陈鼓应:《老子注释及评价》,中华书局 2009 年版。

21. 郭庆藩:《庄子集解》,中华书局 1961 年版。

22. 陈鼓应:《庄子今注今译》,中华书局 2009 年版。

23. 朱祖耿:《战国策集注汇考》(增补本),凤凰出版社 2008 年版。

24. 缪文远:《战国策新校注》(修订本),巴蜀书社 1998 年版。

25. 李零:《司马法译注》,河北人民出版社 1992 年版。

26. 方诗铭、王修龄:《古本竹书纪年辑证》,上海古籍出版社 2005 年版。

27. 钟文烝:《春秋穀梁经传补注》,中华书局 2009 年版。

28. 廖平:《穀梁古义疏》,中华书局 2012 年版。

29. 黄汝成:《日知录集释》,岳麓书社 1994 年版。

30. 陈奇猷:《吕氏春秋新校释》,上海古籍出版社 2002 年版。

31. 张震泽:《孙膑兵法校理》,中华书局 1984 年版。

32. 杨丙安:《十一家注孙子校理》,中华书局 1999 年版。

33. 谭戒甫:《公孙龙子形名发微》,中华书局 1963 年版。

34. 王琯:《公孙龙子悬解》,中华书局 1992 年版。

35. 司马迁:《史记》,中华书局 1982 年版。

36. 班固:《汉书》,中华书局 1962 年版。

37. 范晔:《后汉书》,中华书局 1965 年版。

近今论著

1. 半坡博物馆等:《姜寨——新石器时代遗址发掘报告》,文物出版社 1988 年版。

2. 北京大学哲学系中国哲学教程教研室:《中国哲学史》(第二版),北京大学出版社 2003 年版。

3. 北京大学考古系商周组、山西省考古研究所:《天马—曲村(1980—1989)》,科学出版社 2000 年版。

4. 北京市文物研究所:《琉璃河西周燕国墓地(1973—1977)》,苏大钧:《北京考古集成》,北京出版社 2000 年版。

5. 北京大学历史系考古教研室商周组编:《商周考古》,文物出版社 1979 年版。

6. 北京大学历史系考古教研室:《元君庙仰韶墓地》,文物出版社 1983 年版。

7. 陈莹、裴大洋、刘辉主编:《中国哲学史》,陕西人民出版社 1993 年版。

8. 范文澜:《中国通史》,人民出版社 1983 年版。

9. 葛兆光：《中国思想史》，复旦大学出版社 2001 年版。

10. 顾颉刚：《顾颉刚读书笔记》，台北联经出版事业公司 1990 年版。

11. 郭宝钧：《浚县辛村》，科学出版社 1964 年版。

12. 郭沫若：《两周金文大系图录考释》，科学出版社 2002 年版。

13. 韩国磐：《中国古代法制史研究》，人民出版社 1993 年版。

14. 河南省文物考古研究所、三门峡市文物考古工作队：《三门峡虢国墓地》，文物出版社 1999 年版。

15. 侯外庐、赵纪彬、杜国庠：《中国思想通史》，人民出版社 2011 年版。

16. 侯外庐：《中国古代社会史论》，河北教育出版社 2000 年版。

17. 胡适：《胡适文存》，上海书店 1989 年版。

18. 胡适：《胡适学术文集》，中华书局 1991 年版。

19. 翦伯赞：《秦汉史》，北京大学出版社 1983 年版。

20. 刘起釪：《古史续辨》，中国社会科学出版社 1991 年版。

21. 吕思勉：《先秦学术概论》，上海书店 1992 年版。

22. 罗西章：《北吕周人墓地》，西北大学出版社 1995 年版。

23. 牟复礼、崔瑞德：《剑桥中国明代史》，中国社会科学出版社 1992 年版。

24. 李学勤主编，清华大学出土文献保护中心编：《清华大学藏战国竹简（壹）·楚居》，中西书局 2011 年版。

25. 睡虎地秦墓竹简整理小组：《睡虎地秦墓竹简》，文物出版社 1990 年版。

26. 孙曜：《春秋时代之氏族》，中华书局 1931 年版。

27. 唐兰：《西周青铜器铭文分代史征》，中华书局 1986 年版。

28. 童书业：《春秋史》，上海古籍出版社 2003 年版。

29. 王晖：《商周文化比较研究》，人民出版社 2000 年版。

30. 韦政通：《中国思想史》，吉林出版集团有限责任公司 2009 年版。

31. 西岛定生：《中国古代帝国的形成与结构》，中华书局 2004 年版。

32. 许倬云著，邹水杰译：《中国古代社会史论——春秋战国时期的社会流动》，广西师范大学出版社 2006 年版。

33. 许倬云：《西周史》（增订本），三联书店 1993 年版。

34. 杨锡璋、高炜主编，中国社会科学院考古所编著：《中国考古学·夏商卷》,中国社会科学出版社 2003 年版。

35. 杨宽:《战国史》,上海人民出版社 1980 年版。

36. 银雀山汉墓竹简整理小组编:《银雀山汉墓竹简》(壹)(下编),文物出版社 1985 年版。

37. 余英时:《士与中国文化》,上海人民出版社 1987 年版。

38. 袁林:《两周土地制度新论》,东北师范大学出版社 2000 年版。

39. 赵世超:《周代国野制度研究》,陕西人民出版社 1991 年版。

40. 张岂之主编:《中国思想史》,西北大学出版社 1993 年版。

41. 张长寿、殷玮璋主编,中国社会科学院考古所编著:《中国考古学·两周卷》,中国社会科学出版社 2004 年版。

42. 章学诚:《文史通义》,上海古籍出版社 2015 年版。

43. 郑万耕主编:《中国哲学教程》,高等教育出版社 2002 年版。

44. 郑州市文物考古研究所:《郑州大河村》,科学出版社 2001 年版。

45. 中国社会科学院考古研究所:《偃师二里头:1959—1978 年考古发掘报告》,中国大百科全书出版社 1999 年版。

46. 中国社会科学院考古研究所:《殷墟的发现与研究》,科学出版社 1994 年版。

47. 中国科学院考古研究所:《沣西发掘报告》,文物出版社 1962 年版。

48. 中国科学院考古研究所:《上村岭虢国墓地》,科学出版社 1959 年版。

49. 中国社会科学院考古研究所安徽工作队:《蒙城尉迟寺》,科学出版社 2001 年版。

50. 中国社会科学院考古研究所:《殷周金文集成》(修订增补本),中华书局 2007 年版。

51. 马克思、恩格斯:《马克思恩格斯选集》,人民出版社 1995 年版。

52. 马克思:《资本论》,人民出版社 2004 年版。

53. 马克思、恩格斯:《马克思恩格斯全集》,人民出版社 1972 年版。

54. 朱凤瀚:《商周家族形态研究》,天津古籍出版社 2004 年版。

55. 宝鸡市考古工作队:《宝鸡市益门村二号春秋墓发掘简报》,《文物》1993 年第 10 期。

56. 北京大学考古系、山西省考古研究所:《1992 年春天马—曲村遗址墓葬发掘简报》,《文物》1993 年第 3 期。

57. 北京大学考古系、山西省考古研究所:《天马—曲村遗址北赵晋侯墓地第二次发掘》,《文物》1994 年第 1 期。

58. 北京大学考古系、山西省考古研究所:《天马—曲村遗址北赵晋侯墓地第五次发掘》,《文物》1995 年第 7 期。

59. 北京大学考古文博院、山西考古研究所:《天马—曲村遗址北赵晋侯墓地第六次发掘》,《文物》2001 年第 8 期。

60. 北京市文物研究所、北京大学考古学系:《1995 年琉璃河遗址墓葬区发掘简报》,《文物》1996 年第 6 期。

61. 北京市文物研究所、北京大学考古文博院、中国社会科学院考古研究所:《1997 年琉璃河遗址墓葬发掘简报》,《文物》2000 年第 11 期。

62. 北京大学考古实习队、河南省南阳市文物研究所:《河南邓州八里岗遗址 1992 年的发掘与收获》,《考古》1997 年第 12 期。

63. 北京大学考古实习队、河南省南阳市文物研究所:《河南邓州八里岗遗址发掘简报》,《文物》1998 年第 9 期。

64. 郭沫若:《矢簋铭考释》,《考古学报》1956 年第 1 期。

65. 河北省文物管理委员会:《河北石家庄市市庄村战国遗址的发掘》,《考古学报》1957 年第 1 期。

66. 胡寄窗:《关于井田制的若干问题的探讨》,《学术研究》1981 年第 4—5 期。

67. 黄展岳:《近年出土的战国两汉铁器》,《考古学报》1957 年第 3 期。

68. 江苏省文物工作队:《江苏邳县刘林新石器时代遗址第一次发掘》,《考古学报》1962 年第 1 期。

69. 卢中阳:《再论贡、助、彻:孟子的理想与现实》,《暨南史学》2012 年第 7 辑。

70. 卢中阳:《从清华简〈楚居〉多郢看先秦时期的异地同名现象》,《简帛语言文字研究》(第六辑),巴蜀书社 2012 年版。

71. 罗根泽:《慎懋赏本慎子辨伪》,《燕京学报》1926 年第 6 期。

72. [波]马歇尔·泰莫斯基,刘庆译著:《早期国家理论在撒哈拉南部非洲前殖民地国家的运用问题》,袁林:《早期国家政治制度研究》,科学出版社 2014 年版。

73. 南京博物院:《江苏邳县刘林新石器时代遗址第二次发掘》,《考古学报》1965 年第 2 期。

74. 山西省考古研究所、运城市文物工作站、绛县文化局:《山西绛县横水西周墓地》,《考古》2006 年第 7 期。

75. 山西省考古研究所、运城市文物工作站、绛县文化局:《山西绛县横水西周墓发掘简报》,《文物》2006 年第 8 期。

76. 山西省考古研究所、北京大学考古系:《天马—曲村遗址北赵晋侯墓地第三次发掘》,《文物》1994 年第 8 期。

77. 山西省考古研究所、北京大学考古系:《天马—曲村遗址北赵晋侯墓地第四次发掘》,《文物》1994 年第 8 期。

78. 王增新:《辽宁抚顺市莲花堡遗址发掘简报》,《考古》1964 年第 6 期。

79. 王学荣、何毓灵:《安阳殷墟孝民屯遗址的考古新发现及相关认识》,《考古》2007 年第 1 期。

80. 王巍:《聚落形态研究与中华文明探源》,《文物》2006 年第 5 期。

81. 吴荣曾:《战国授田制研究》,《思想战线》1989 年第 3 期。

82. 银雀山汉墓竹简整理小组:《银雀山竹书〈守法〉、〈守令〉等十三篇》,《文物》1985 年 4 期。

83. 赵世超、李曦:《西周不存在井田制》,《人文杂志》1989 年第 5 期。

84. 赵世超、卫崇文:《论战国时期的百家争鸣运动》,《陕西师范大学学报(哲学社会科学版)》2006 年第 4 期。

85. 张光裕:《簋铭文与西周史事新证》,《文物》2009 年第 2 期。

86. 郑绍宗:《热河兴隆发现的战国生产工具铸范》,《考古通讯》1956 年第 1 期。

87. 中国社会科学院考古研究所、北京市文物研究所琉璃河考古队:《1981—1983 年琉璃河西周燕国墓地发掘简报》,《考古》1984 年第 5 期。

88. 中国社会科学院考古研究所、北京市文物研究所琉璃河考古队:《北京琉璃河 1193 号大墓发掘简报》,《考古》1990 年第 1 期。

89. 中国社会科学院考古研究所安阳工作队:《1969—1977 年殷墟西区墓葬发掘报告》,《考古学报》1979 年第 1 期。

90. 中国社会科学院考古研究所内蒙古考古工作队:《内蒙古敖汉旗兴

隆洼遗址发掘简报》,《考古》1985 年第 10 期。

　　91. 中国社会科学院考古研究所内蒙古考古工作队:《内蒙古敖汉旗兴隆洼聚落遗址 1992 年发掘简报》,《考古》1997 年第 1 期。

后　记

　　早在大学时代，我便对战国诸子思想十分感兴趣，考上先秦史研究生后，赵世超师开设了一门先秦思想史的课程，先生的讲授见解独到且自成体系，将思想史和社会史有机地结合在一起，从而点燃了我对先秦思想史研究的热情。之后又看了赵师《论战国时期的百家争鸣运动》一文，更萌生了作一篇学位论文想法。由于赵师主张"做思想史必须从社会史入手"的治学理念，故这一想法最终搁浅。

　　博士毕业后，承蒙李学功先生不弃，相邀作一本关于战国百家争鸣的书籍，我欣然接受。一方面以偿夙愿，另一方面也可以借此领会诸子思想的要旨。有计划地读书、整理思路、分类资料后，我逐渐认识到诸子时代实际上就是一部思想创新的历史，因此最初拟定的题目是"战国诸子思想创新研究"，后来因为丛书的需要改为"百家争鸣"。谁知书稿自2013年完成后，几经磨难，一度搁置。2019年春节前，李老师又打来电话，告知书稿将由黑龙江人民出版社出版，历时六年之后，又见到出版的希望。然而，重新翻看初稿的时候，不由得吓出一身冷汗，感叹当年的勇气和幼稚。于是，再次静下心来，查找典籍，梳理文字，对书稿中的结构和观点进行了大范围的调整。当书稿完成，时将付梓出版之际，让人唯一感到些许欣慰的是，书中引用的资料大部分是由自己爬梳整理出来，并基本理清了诸子思想上的异同和创新之处。本书自然还存在很多不足之处，囿于早年丛书"以学术为主且兼顾通俗"的撰写要求，以及个人学术功底的浅薄，最终未能完全实现预期的设想。

　　本书如能对读者有一定启示，并非我个人之力。首先要感谢我的导师赵世超先生，从想法的萌生，到写作思路的确定，再到观点的形成，其灵感均来自先生的课程和文章。还要感谢张隆琴、任红婷、唐晓宁、李瑞红、贺瑞、张雯迪、张恺晨、时丕远、杨敬州、沈国光、张敏等同学早前对书稿的校勘。更要感谢李学功先生和黑龙江人民出版社为本书出版所做的努力和付出。

　　由于时间紧迫，本书的疏漏和不当之处全部由我个人负责，恳请学界前辈和同仁批评指正。